JN441584

한국행정연구원 비교 및 지역연구총서 | ⑩

독립국가연합의 행정과 공공정책

서용석 편저

신 조 사

Public Administration and Policy Study of CIS

edited by
Seo, Yong-seok

The Korea Institute of Public Administration

Sinjosa, 2011

발간사

국가 간 상호의존성이 증가함에 따라 한국행정연구원은 지난 2008년부터 비교 및 지역연구를 통해 주요 국가의 행정과 정책에 관한 연구를 수행하고 있습니다. 세계 주요 국가의 행정환경, 행정체제, 그리고 공공정책에 대한 비교연구 수행을 통해 우리나라 정부와 관련 학계에 필요한 시사점과 개선방안을 도출하고자 노력해 왔습니다. 이와 같은 비교 및 지역연구를 통해 행정학자 및 정책 실무자는 새로운 환경변화와 이에 따른 행정수요에 대응할 수 있었으며, 글로벌 공공정책의 동향에 대한 이해의 폭을 넓힐 수 있었습니다.

한국행정연구원은 지난 2008년 일본, 중국, 프랑스, 스웨덴 4개 국가를, 2009년에는 미국과 인도, 2010년에는 영국과 싱가포르를 비교 및 지역연구의 대상국가로 선정하여 연구를 수행했습니다. 주요 국가들의 비교 및 지역연구를 통해 각 국가의 행정과 공공정책을 이해하고 우리나라에 적실성 있는 시사점을 도출한 점은 매우 의미 있는 작업이었다고 생각합니다.

한국행정연구원은 2011년에 비교 및 지역연구의 대상으로 유럽연합(EU)과 독립국가연합(CIS)을 선정했습니다. 먼저 유럽연합은 최근의 재정위기를 맞아 어려움이 가중되고 있으나 하나의 연합국가로 발돋움하려는 오랜 과정에서 항상 크고 작은 어려움이 있어 왔습니다. 이러한 어려움을 극복하면서 유럽연합은 지속적으로 하나의 국가형태로의 발전이 이루어지고 있습니다. 특히, 냉전체제의 종식 이후 국제사회와 세계경제에서 유럽연합의 영향력이 날로 커지고 있어 유럽연합이 지향하는 새로운 형태의 “정부”에 대한 연구가 더욱 절실해지고 있습니다. 더욱이 유럽연합은 최근 우리나라와 자유무역협정(FTA)을 체결함으로써 이에 대한 지역적 이해가 더욱 중요하게 되었습니다.

독립국가연합은 비교 및 지역연구의 종합선물세트라고 말할 수 있을 만큼 다양한 지역과 민족, 문화와 종교 등이 분포되어 있습니다. 최근 들어 자원외교의 중요성이 증가하면서 자원이 풍부한 독립국가연합에 대한 관심이 증가하고 있습니다. 그 중에서도 자원대국인 카자흐스탄과 우즈베키스탄은 우리나라의 시장 확대뿐만 아니라, 미래 에너지자원의 공급처로서 그 가치를 인정받고 있습니다. 아울러, 동유럽에 위치한 벨라루스와 우크라이나는 러시아와 함께 독립국가연합 창설을 주도한 국가들로써 수준 높은 기초과학기술능력을 보유하고 있으며, 향후 우리나라의 유망한 협력 파트너로써 기대가 커지고 있습니다. 특히, 2011년은 구소련 연방이 해체되고 독립국가연합(CIS)이 탄생한 지 20주년이 되는 해이기에 이번 연구가 갖는 의미는 크다고 할 수 있습니다.

유럽연합과 독립국가연합 두 지역 모두 하나의 단일국가이기 보다는 정치적 · 경제적 협력을 지향하는 초국가 간 연합체라는 점에서 이전의 비교 및 지역연구와는 연구의 구성과 내용면에서 차이를 두었습니다.

먼저 유럽연합은 지역의 전체적인 행정과 공공정책에 대한 이해를 구하고자 유럽통합의 배경과 기원을 파악하고 이후 발전과정과 새로운 초국가로의 통합과정을 살펴보았습니다. 그 다음으로 유럽연합의 법률적 기반과 다층화된 거버넌스 시스템을 고찰하였습니다. 두 번째로 유럽연합의 행정조직의 변천과 조직구성 및 기능의 분화를 이해하고, 유럽연합의 인사행정과 재무행정 등을 살펴보았습니다. 세 번째로 유럽연합의 공공정책 결정기구와 과정에 대한 이해와 함께, 다양한 공공정책을 다루었습니다. 마지막으로 유럽연합과 우리나라와의 관계로써 FTA 협상과정 및 기대성과, 예상 문제점 및 이후의 추진전략 등에 대한 정책적 시사점을 도출하고자 했습니다.

독립국가연합은 유럽연합과는 달리 하나의 통합된 정치 · 행정체계를 지향하기 보다는 느슨한 협력체의 형태로 구성되어 있습니다. 독립국가연합은 지역적으로 동유럽의 벨라루스와 우크라이나에서부터 중앙아시아의 카자흐스탄과 우즈베키스탄에 이르기까지 유라시아 전 대륙에 걸쳐 포진해 있습니다. 종교적으로도 가톨릭, 러시아 정교, 이슬람교 등 매우 이질적인 종교들이 서로 혼합되어 있습니다. 따라서 독립국가연합지역의 다양성과 역동성을 파악하기 위해 본 연구에서는 동유럽의 벨라루스와 우크라이나, 중앙아시아의 카자흐스탄과 우즈베키스탄을 연구의 대상으로 선정하였습니다. 본 연구는 선정된 4개 국가들의 형성과정, 인문 · 사회적 환경, 법률적 기반을 포함하여 체제 이행에 따른 정치체제와 거버넌스, 행정체계와 정책과정, 공공정책 등을 비교 · 분석하고 있습니다.

이번 유럽연합과 독립국가연합 연구가 행정학계나 정책결정자들에게 지역에 속해 있는 개별 국가차원을 넘어 지역 전체의 큰 그림을 이해하는데 많은 도움이 되리라 생각됩니다. 이번 연구가 향후 이들 지역에 대한 우리나라 국가전략의 중요한 기초자료로 활용될 수 있기를 기대합니다.

끝으로 본 연구의 책임을 맡아 주신 한국행정연구원의 서용석 박사, 그리고 지원업무를 충실히 담당한 이화진 연구원의 노고를 치하합니다. 무엇보다도 본 연구의 집필진으로 참여해 주신 원내외 전문가들께도 감사드립니다.

2011년 12월

한국행정연구원 원장 **박 응 격**

머리말

최근 들어 자원외교의 중요성이 증가하면서 자원부국에 대한 지역연구의 필요성이 높아지고 있습니다. 특히 구소련 연방에서 독립한 독립국가연합(Commonwealth of Independent States: CIS) 국가들의 전략적 중요성이 부각되고 있는 가운데 인구 및 자원대국인 카자흐스탄과 우즈베키스탄에 대한 전략적 가치가 크게 증가하고 있습니다. 이들 국가들은 우리나라의 시장 확대뿐만 아니라, 미래 에너지자원의 공급처로서 그 가치를 인정받고 있습니다. 아울러, 동유럽에 위치한 벨라루스와 우크라이나는 러시아와 함께 독립국가연합 창설을 주도한 국가들로써 수준 높은 기초과학기술능력을 보유하고 있으며, 향후 우리나라의 유망한 협력 파트너로써 기대가 커지고 있습니다.

CIS지역은 비교 및 지역연구의 종합선물세트라고 말할 수 있을 만큼 다양한 지역과 민족, 문화와 종교 등이 분포되어 있습니다. 지역적으로는 동유럽의 벨라루스와 우크라이나에서부터 중앙아시아의 카자흐스탄과 우즈베키스탄에 이르기까지 유라시아 전 대륙에 걸쳐 포진해 있습니다. 종교적으로도 가톨릭, 러시아 정교, 이슬람교 등 매우 이질적인 종교들이 서로 혼합되어 있습니다. 정치적으로는 구소련 붕괴 이전까지 사회주의 이념과 소련의 공산주의 행정체제 속에 편입되어 있었으나, 독립 이후 지난 20년간 체제 이행에 따른 새로운 정치 · 행정제도의 도입과정에서 수반되는 광범위한 변혁의 시기를 맞고 있습니다.

이러한 CIS지역의 다양성과 역동성을 관찰 · 분석하기 위해 본 연구에서는 동유럽의 벨라루스와 우크라이나, 중앙아시아의 카자흐스탄과 우즈베키스탄을 비교 및 지역연구의 대상으로 선정하였습니다. 본 연구는 선정된 4개 국가들의 형성과정, 인문 · 사회적 환경, 법률적 기반을 포함하여 체제 이행에 따른 정치체제와 거버넌스, 행정체계와 정책과정, 공공정책 등을 비교 · 분석하고 있습니다. 특히, 2011년은 구소련 연방이 해체되고 독립국가연합(CIS)이 탄생한 지 20주년이 되는 해이기에 본 연구가 갖는 의미는 크다고 할 수 있습니다. 이번 연구가 향후 이들 국가들에 대한 우리나라 국가전략의 중요한 기초자료로 활용될 수 있기를 기대합니다.

이번 독립국가연합국들의 비교 및 지역연구 총서에 참여하신 집필진에게 감사드립니다. 특히, 독립국가연합국들에 많은 관심을 갖고 연구총서 발간에 아낌없는 지원을 베풀어 주신 한국행정연구원 박응격 원장님께 감사의 말씀을 올립니다.

2011년 12월 20일
저자들을 대신하여 **서용석**

차 례

표 목차

그림 목차

제1장 서 론

서 용 석(한국행정연구원)

제1절 연구의 필요성 및 목적

21세기 초두부터 세계화와 지역화를 결합한 세방화(glocalization)의 논의가 진전되면서 비교연구와 지역연구를 결합한 학제 간 연구가 활발히 이루어지고 있다. 서로 다른 주체에 대한 유사점, 공통점, 차이점 등을 상호 비교하는 비교연구는 사실 꽤 고전적인 접근방법이나, 행정학 분야에서 비교행정의 연구가 시작된 것은 1950년대 전후라는 것이 학자들의 일반적인 견해이다. 강대국이 약소국을 지배하기 위한 국가정책 수단이라는 비판에도 불구하고, 지역연구 또한 제2차 세계대전 이후 미국을 중심으로 하나의 학문적 흐름으로 정착되었다. 비교 및 지역연구 모두 학문적 가치를 지니고 있을 뿐만 아니라 그 목적이 상당히 실용적이며, 정책적 관심과 밀접하게 연관되어 있어 행정연구에 있어서 매우 중요한 접근방법이라 할 수 있다.

최근 들어 에너지와 자원외교의 중요성이 증가하면서 자원부국에 대한 지역연구의 필요성 또한 증대하고 있다. 특히 구 소련연방에서 독립한 독립국가연합(Commonwealth of Independent States: CIS) 국가들의 전략적 중요성이 부각되면서, 이 가운데 특히 중앙아시아의 인구 및 자원 대국인 카자흐스탄과 우즈베키스탄의 전략적 가치가 크게 증대되고 있다. 이들 국가들은 우리나라의 시장 확대뿐만 아니라, 미래 에너지 자원의 공급처로서 그 가치를 인정받고 있다. 아울러 동유럽에 위치한 벨라루스와 우크라이나는 러시아와 함께 CIS 창설을 주도한 국가들임과 동시에 높은 수준의 과학기술능력을 보유하고 있어, 향후 이 분야에 있어서 우리나라의 유망한 협력 파트너로서 기대가 커지고 있다.

또한 CIS 지역은 비교 및 지역연구의 종합선물세트라고 말할 수 있을 만큼 다양한 지역과 민족, 문화와 종교 등이 분포되어 있다. 지역적으로는 동유럽의 벨라루스와 우크라이나부터 중앙아시아의 카자흐스탄과 우즈베키스탄까지 유라시아 전 대륙에 걸쳐 포진해 있다. 민족별로도 러시아, 우크라이나, 벨라루스의 슬라브, 중앙아시아의 이슬람, 시베리아 등 다양한 민족이 존재한다. 종교적으로도 가톨릭, 러시아 정교, 이슬람교 등 매우 이질적인 종교들이 서로 혼합되어 있다. 구소련 붕괴 이전까지 이들 국가들은 마르크스 · 레닌주의라는 사회주의 이념과 소련의 공산주의 행정체제 속에 편입되어 있었으나, 독립 이후 지난 20년 간 체제 이행에 따른 새로운 정치 및 행정제도의 도입과정에서 수반되는 광범위한 변혁의 시기를 맞고 있다.

이러한 필요성에서 본 연구는 동유럽의 벨라루스와 우크라이나, 중앙아시아의 카자흐스탄과 우즈베키스탄을 비교 및 지역연구의 대상으로 선정하였다. 선정된 4개 국가들의 체제 이행에 따른 정치체제와 거버넌스, 행정체계와 정책과정, 공공정책 등을 비교분석함으로써 향후 이들 국가들에 대한 우리나라 국가전략의 중요한 기초자료로서의 활용을 기대할 수 있다. 특히, 2011년은 구 소련연방이 해체되고 독립국가연합이 탄생한 지 20주년이 되는 해이기에 본 연구가 갖는 의미는 크다고 할 수 있겠다.

제 2 절 연구의 범위와 방법

본 연구의 목적은 비교연구와 지역연구의 방법론적인 연계를 통해 우크라이나, 벨라루스, 카자흐스탄, 우즈베키스탄의 행정체계와 정책을 연구함으로써 학문적 차원에서 행정학의 발전을 도모함은 물론, 우리나라 정부의 실질적인 정책 참고 자료로 연계하는 데 있다.

상대적으로 신흥 국가들로 구성되어 있는 지역적 특성으로 인해 행정학 분야에 있어서 CIS 지역 전문가나 연구자가 극히 드문 것이 현실이다. 따라서 인적자원관리, 예산과 재정, 정부 간 관계와 지방행정, 주요 정책 등 행정학 고유의 구체적인 사항을 심도 깊게 다루기에는 많은 한계가 있다. 본 연구는 이러한 한계를 극복하기 위해 인접 분야인 CIS 지역의 역사, 정치, 문학 전공자들과 다학문적(multi-disciplinary) 협업을 통해 연구의 종합화를 시도하였다. 행정학 분야의 구체적이고 세부적인 항목을 심도 깊게 다루기보다는 이들 국가들에 대한 전반적인 이해와 거시적인 중범위 수준에서 분석의 초점을 맞추었다. 정책 분야에 있어서는 우리나라와 이들 국가들 간에 관련성이 높을 것으로 판단되는 자원·에너지 분야와 과학기술 분야를 중심으로 분석하였다.

각각의 개별 국가들에 대한 분석에 앞서, CIS의 배경과 기원, 탄생과 발전 과정, 최근 현황 조사를 통해 CIS의 형성 과정을 개괄하여 독자들의 이해를 돕고자 했다. 그 다음으로 개별 국가들을 인문·사회적 환경, 헌법 및 법률적 기반, 정치체제와 거버넌스, 행정체계와 정책 과정, 주요 공공정책, 한국과의 관계 등 크게 6개의 분야로 나누어 분석하였다. 분석 대상의 시간적 범주는 2011년 현재의 시점을 기본으로 하되, 현재의 문제와 기회를 견인한 과거에 대한 연구(1991년 전후를 중심으로), 향후 우리나라와의 관계발전을 고려한 미래 전망까지도 시도하려 한다.

연구방법으로써 본 연구는 먼저 문헌연구에 초점을 둘 것이다. 자료는 선정된 4개국의 정부 및 행정관련 주요 문헌, 1차 자료(인터뷰), 2차 자료(학술지,

신문 등) 등을 포괄적으로 검토할 것이다. 아울러 연구의 질적 수준을 높이기 위해 해당 국가의 주요 행정학자 및 정부부처 관계자들을 대상으로 심층 인터뷰를 실시할 예정이다.

두 번째로 기술적 연구(descriptive study)에 초점을 둔다. CIS 국가들의 행정과 정책에 대한 현상 및 객관적 사실에 기초한 기술적 연구를 적용하여 정확성과 신뢰성을 제고시킨다. CIS 국가들의 정치 및 행정 현상을 정확하고 체계적으로 서술하되, 부분적으로 실증적 연구를 가미하여 보다 정확성을 높이려 한다. 그리고 부분적으로 분석과 평가를 가미하여 CIS 국가들의 행정과 정책에 대한 이해를 제고할 것이다.

마지막으로 가치중립적 접근방법을 취할 것이다. 비교행정 연구에서 환경적 요인으로서 문화적 배경이 중시되는 것은 당연한 귀결이지만, 연구자가 다른 문화를 비교분석하는 과정에서 주관이나 선입관, 편견 등이 있기 때문에 가치중립적 입장을 견지할 필요가 있다. CIS 행정 및 정책에 대한 연구도 서구의 시각에 매몰되지 않고, 보다 가치중립적이고 객관적인 시각에서 접근하려 한다.

제 2 장 독립국가연합(CIS)의 형성과정과 개요

서 용 석(한국행정연구원)

제 1 절 독립국가연합(CIS)의 배경과 기원

1 고르바초프의 등장과 개혁정책

1) 고르바초프의 개혁정책의 배경

1982년 11월, 18년 동안 이어진 브레즈네프 정권이 그의 사망과 함께 막을 내리면서 공산당 중앙위원회 특별총회는 KGB 수장을 지낸 바 있는 유리 안드로포프를 새로운 당 서기장으로 선출했다. 안드로포프는 브레즈네프 정권의 대외정책을 계승할 것을 선언했으며, 한편으로는 적극적인 대미 군비감축 협상을 제의하는 등 독자적인 노선을 추구했다. 그러나 그는 집권 15개월 만에 사망하였고, 브레즈네프의 측근이었던 체르넨코가 안드로포프의 뒤를 이었지만 그 역시 서기장에 취임한 지 13개월 만에 사망하였다. 1985년 3월, 고르바초프가 새로운 당 서기장으로 선출되면서 소련은 커다란 변혁의 시대를 맞이하게 되었다. 고르바초프의 등장은 소련에서 스탈린주의의 추종자인 브레즈네프 세대의 퇴진과 개혁세력의 등장을 의미하는 것이었다.[1)]

1964년부터 1982년까지의 브레즈네프 집권기 동안에 미국과 더불어 세계를 양분하는 초강대국 소련의 위상은 적어도 대외적으로는 의심받지 않았다. 그러나 이 기간의 후반으로 갈수록 소련 내부에서는 점차 자국의 미래를 우려하는 목소리가 커지고 있었다. 브레즈네프의 1인 권력이 확고히 정착되던 1970년대에 들어서 소련 사회는 내부적으로 점차 개혁과 변화의 원동력을 잃어갔으며, 소련의 사회주의 계획경제체제는 점점 더 '관료주의적 명령경제체제'로 변해갔다. 이 결과 소련 국민경제의 생산성은 투자 대비 효율이 지속적으로 나빠졌으며, 이는 경제성장률의 지속적인 하락을 가져왔다. 소련은 점점 초강대국의 위상을 유지하기 힘들 정도로 경제력이 약화되고 있었던 것이다.

1980년대에 접어들면서 점점 더 많은 소련의 지식인들이 브레즈네프 집권기를 "정체의 시대(age of stagnation)"라고 부르기 시작했으며, 자국의 미래에 대한 불안감 속에서 어떤 변화가 필요하다는 생각이 팽배해졌다. 이러한 시기에 소련 공산당 서기장의 지위는 침체에 빠진 소련 사회의 변화와 개혁을 선도해야 하는 소명을 의미하였다.[2)]

2) 고르바초프의 개혁정책의 실패

1985년 4월부터 고르바초프는 페레스트로이카[3)]를 주창하기 시작했다. 처음에 고르바초프가 내세운 페레스트로이카의 목적은 '국민경제의 생산성 촉진'이라는 경제적인 측면이 부각되었다. 이를 위해 고르바초프는 1985년부터

1) 김경욱, 「이야기 러시아사」, 청아출판사, 2006, pp.424-429.
2) 정여천, 김석환, "현대 러시아 정치 경제의 이해", 대외경제정책연구원, 2004, pp.38-39.
3) 페레스트로이카는 러시아어로 '재건축(re-construction)'을 의미한다.

1986년까지 적자 부패 추방, 금주 캠페인, 품질관리 운동 등을 전개했다. 그러나 이러한 개혁정책들이 당시 소련에 만연한 관료주의와 집단이기주의의 저항에 부딪혔고, 1986년부터 고르바초프는 페레스트로이카를 실천하는 한 방편으로 역사청산 운동이자 정신적 개방운동인 '글라스노스티'를 전개하기 시작했다. 고르바초프가 관료주의의 닫힌 사고방식에 변화를 불러오고 페레스트로이카에 대한 민중의 지지를 끌어 모으기 위해 시작한 글라스노스티 운동은 소련 민주화 욕구 분출의 도화선이 되었다. 그러나 한편으로는 이후에 벌어진 보수와 개혁 진영 간 첨예한 대립의 출발점이기도 하였다.

경제개혁으로서 페레스트로이카의 핵심적인 내용은 1987년에 채택된 두 개의 개혁 법안에 담겨 있다. 그 하나는 '국유기업법'이며, 다른 하나는 '협동조합법'이다. 1987년에 발효된 '국유기업법'은 소련의 국유기업들에게 경영상의 자율권을 대폭 확대해 주는 내용을 담고 있다. 이 법의 핵심적인 내용은 국가가 국유기업들에 일방적으로 하달하던 생산계획을 '국가계약'으로 개칭하고, 개별 기업들에게 국가계약에 의한 생산 활동과 스스로의 계획에 의한 자율적인 생산 활동 사이에 선택할 수 있도록 한 것이었다. '국유기업법'에 담겨진 위와 같은 개혁조치는 주어진 생산계획을 단순히 수행하기만 하던 소련의 국유기업들에게 좀더 많은 자율권을 부여함으로써 의욕과 창의적인 생산 활동을 북돋우고, 이를 통해 경제 전체의 생산성을 높이고자 한 것이었다. 그러나 페레스트로이카의 핵심적인 경제개혁인 '국유기업법'의 도입은 실패로 끝났다. 근본적인 문제는 소련의 국유기업들이 기존의 경제계획체제에 그대로 남기를 원했다는 데에 있었다. 대부분의 소련 기업들은 '국유기업법'의 도입 이후에도 생산 활동의 100%를 국가계약에 의해 수행했는데, 이러한 상태는 결국 과거의 상명하달식 생산계획체제와 크게 다를 바가 없었다.

소련의 기업들이 보여준 위와 같은 행태는 소련의 관료주의에 대한 불신과 새로운 제도에 대한 의구심에서 기인했다. '국유기업법' 도입 이후에도 정부는 여전히 기업들의 생산 활동을 통제하기 위한 다양한 활동을 계속하고 있었기 때문이다. 여전히 각 경제부처들은 거시경제 목표와 산업별 경제운용 계획을 수립하고 있었으며, 특정 산업과 기업들에 대한 재정보조금 역시 지급되었고, 국가가 상품의 가격을 정하는 국정가격 제도도 변함없이 시행되고 있었던 것이다. 이런 상황에서 기업들이 실제로 자율적으로 생산 활동을 계획하더라도 이것을 실행에 옮길 수 있는 가능성이 거의 없었다. 페레스트로이카 경제개혁의 핵심인 '국유기업법'은 생산수단의 국유제나 기업 활동에 대한 국가의 계획과 통제와 같은 사회주의 계획경제 체제의 원칙을 변화시키고자 한 것보다는 기존 체제의 틀 안에서 개별 기업들의 자율경영의 범위를 넓혀 이들의 자발적인 생산의욕을 고취하려는 시도에 불과했던 것이다. 이런 관점에서 볼 때 소비에트 연방 국유기업법과 거의 동시에 채택되었으나, 그 내용에 대한 논란 때문에 1989년에 도입된 '협동조합법'은 좀더 진보적인 경제개혁 조치였다고 할 수 있다.

페레스트로이카의 또 다른 경제개혁의 일환인 '협동조합법'은 3인 이상의 소련 시민들이 공동으로 소규모 생산협동조합을 설립하는 것을 허용하는 내용을 담고 있었다. 전통적으로 소련에서 협동조합이라는 것은 1920년대 말부터 스탈린의 집산화 정책으로 형성되기 시작한 '집단농장'과 같은 집단 소유 형태의 생산단위를 지칭했으며, 이들은 국유기업과 거의 차이가 없을 정도로 국가계획체제에 편입되어 있었다. 1989년에 도입된 '협동조합법'에서는 이 법에 따라 새로 설립되는 협동조합들이 별도로 금지하지 않은 모든 종류의 생산 활동을 자유로이 행할 수 있다고 명시했으며, 종업원의 고용과 수입의 처분은 물론, 생산품의 가격결정도 전적으로 협동조합의 재량에 귀속시켰다.

고르바초프 정부는 협동조합법 역시 사회주의 계획경제체제의 본질을 훼손하지 않는다고 생각했다. 새로운 '협동조합법'을 제정한 목적은 무엇보다도 생필품의 생산과 유통분야에서 소규모 기업 활동을 합법적으로 활성화시켜 국민들에 대한 소비재 공급을 늘이기 위한 것이었다. 그러나 당시 소련에는 새로운 협동조합들이 기업 활동을 자유롭게 영위할 만큼의 시장 환경이 아직 마련되지 않았다는 것이 문제였다. 이에 따라 소련의 새로운 협동조합기업들의 활동은 상품의 제조보다는 유통 차익을 노린 매점매석 행위에 집중되었다.

따라서 페레스트로이카 시기의 개혁 입법인 '협동조합법'은 주민들의 소비생활을 윤택하게 한다는 목적을 달성하는 데에 실패했다. 협동조합 기업들의 매점매석 행위로 곳곳에서 문제가 발생했으며, 많은 소련 국민들은 새로운 협동조합 경영자들을 사기꾼이나 '마피아'와 동일시했다. 그러나 이 법의 도입 이후에 설립된 수많은 협동조합들의 활동은 중앙계획 경제체제 안에서 지시와 통제에 의한 기업 활동만을 알고 있던 소련 시민들에게 결과적으로 사적인 이윤을 추구하는 자유로운 기업 활동의 여러 가능성을 최초로 보여준 셈이었다.

1990년부터 고르바초프의 경제개혁 정책은 현저히 일관성을 잃고 표류하기 시작했다. 페레스트로이카의 핵심 개혁정책인 '국유기업법'과 '협동조합법'이 기업의 생산성이나 시민들의 소비 수준 향상이 아니라 오히려 혼란과 침체를 가져왔다는 원성이 높아졌으며, 국민들의 신임과 권위를 잃은 고르바초프 정부의 공권력은 사회 전반을 제어할 힘을 잃어가고 있었다. 1988년부터 카프카즈 지역과 발트해 연안에서 고개를 들기 시작한 민족주의가 소비에트 연방을 구성하는 15개 공화국들 곳곳에서 독립에 대한 요구로 확대되기 시작한 것도 1990년대에 들어서였다.[4)]

소수민족 분규가 표면화된 배경에는 글라스노스트와 페레스트로이카의 분위기에 편승하여 민족의 복권, 독립, 자치 등을 요구하는 분위기가 있었다. 소련에는 180개 이상의 민족이 있고, 소련연방은 15개의 독립된 공화국, 20여 개의 민족자치 공화국, 8개의 민족자치주, 그리고 10개의 민족자치구가 있었다. 민족별로도 러시아, 우크라이나, 백러시아의 슬라브민족, 발트 3민족, 카프카즈, 중앙아시아의 이슬람 민족, 시베리아 민족 등이 있었으며 이들이 소련에 갖는 감정 또는 각기 달랐다. 또한 종교적으로도 아르메니아와 그루지아는 독자적인 그리스도교를 가지고 있었으며, 아제르바이잔은 수니파의 회교도였다. 그리고 중앙아시아의 제 민족은 19세기에 러시아에 병합되었지만 모

4) 정여천, 김석환, "현대 러시아 정치 경제의 이해", 대외경제정책연구원, 2004, pp. 40-46.

두 이슬람교도였으며, 리투아니아는 가톨릭이어서 이 또한 이질적이었다. 이렇게 민족감정과 종교가 다른 소련연방제를 개혁의 실패로 권위를 잃은 고르바초프 정부가 지켜내기란 여간 어려운 일이 아니었던 것이다.

3) 고르바초프의 실각과 소비에트 연방의 붕괴

고르바초프를 중심으로 한 소련 개혁세력들의 페레스트로이카 실패가 국민들의 불만과 불안을 낳은 상황에서 체제 자체의 변혁으로 방향을 전환하기에는 고르바초프의 정치적 리더십과 이념적 토대에 한계가 있었다. 1991년 8월 18일 보수세력 8인으로 구성된 '비상사태위원회'는 고르바초프를 체포하고 전국에 계엄령을 선포하였으며, 사회주의로의 복귀와 소비에트 연방의 유지를 주장했다. 이로서 고르바초프의 권위는 완전히 추락했으며, 쿠데타를 수습하는 과정에서 당시 러시아 공화국의 대통령이던 옐친이 권력을 장악하였다. 옐친은 러시아 공산당의 활동정지 명령을 내렸으며, 고르바초프는 소련공산당 서기장직을 사임하고 당 중앙위원회의 자진 해산을 요청했다. 쿠데타의 실패는 고르바초프에게서 옐친으로 권력을 이동시켰던 것이다.

고르바초프의 개혁정책으로 고조된 민주화와 자유화의 분위기는 소수민족의 독립 요구로 이어졌다. 특히 아제르바이잔, 그루지야, 우즈베키스탄 등에서는 그 요구가 한층 고조되었으며, 리투아니아는 일방적으로 독립을 선포했다. 이에 고르바초프는 연방의 해체를 막기 위해 경제 봉쇄 정책을 시작했으며, 1911년 11월 각 공화국의 자치권한을 강화하는 신연방조약을 선포하였다. 그러나 이 조약은 리투아니아를 비롯한 연방공화국들의 극렬한 항의에 부딪쳤고, 고르바초프는 같은 해 11월 14일 7개 공화국 지도자들과 '주권국가연방' 조약안을 선포하였다. 이 조약안은 공화국의 독자적인 외교권과 군대 창설권을 부여한 점에서 이전에 비해서 연방권한을 훨씬 축소시켰지만 중앙집권적 명령체계를 갖는 통합군의 구성을 보장하고 연방정부의 핵심기능을 담보해놓고 있었다. 그러나 옐친은 고르바초프의 연방체제 유지를 반대하며 연방공화국 우선주의를 주장했다.

1991년 12월 8일 러시아를 중심으로 한 4개 핵심 공화국들이 소비에트 연방 탈퇴를 선언하고 독립국가연합(독립국가연합: Commonwealth of Independent States) 창설을 선언함으로써 소련은 해체의 단계에 들어갔다. 소련은 그 해 12월 완전히 붕괴되었으며, 고르바초프는 대통령직을 사임하였다. 이로써 스탈린에 의하여 강제 구성되어 70여 년 동안 지속되었던 '소비에트 사회주의 공화국 연방(USSR: Union of Soviet Socialist Republics)'은 사라지게 되었다.[5]

제 2 절 독립국가연합의 탄생과 발전과정

1 독립국가연합의 탄생

1991년 8월 19일 쿠데타의 불발 이후 발트 3국 및 기타 非슬라브계 공화국이 각각 독립을 선언하자 소비에트 연방은 붕괴하기 시작하였다. 소비에트 연방에 대한 실제적인 통치권을 상실한 고르바쵸프 대통령을 우회하여, 옐친 러시아 대통령은 우크라이나 및 벨라루스와 함께 東슬라브민족을 주축으로 하는 '슬라브 민족연합(Slavic Union)'을 구상했다.

東슬라브계의 주류였던 러시아는 소련의 붕괴로 인한 슬라브 제국의 분열을 막기 위해서 東슬라브계라도 묶어 새로운 결속을 시도하고자 했던 것이다.[6] 그러나 다른 공화국들은 완전 독립을 위해 필요한 일시적 조치나 완전 독립을 위한 궁극적인 준비단계로 이를 인식했다.

---

5) 김경욱, 「이야기 러시아사」, 청아출판사, 2006, pp.429-431.
6) 김유남, "소비에트 연방의 해체와 독립국가연합의 형성 및 중앙아시아의 동요", 세계지역연구논총, 4권, 1992.

결국 1991년 12월 8일 벨라루스의 수도 민스크(Minsk)에서 러시아, 우크라이나, 벨라루스의 정상들이 독립국가연합 창설에 관한 선언과 협정에 서명함으로써 독립국가연합은 출범하였다. 이 선언과 협정은 두 가지 중요한 결정을 포함하고 있었는데, 첫째로 국제법의 주체로서 지정학적인 실체로서 '소비에트 사회주의 공화국 연방(USSR)'은 더 이상 존재하지 않는다는 것이고, 둘째는 상기한 3개국으로 구성되는 독립국가연합을 결성하되, 구 소련의 모든 공화국들과 창설협정의 목적과 원칙에 동의하는 여타 국가들에 가입이 개방된다는 것이었다. 민스크협정에 명시된 독립국가연합의 목적은 다음과 같았다. 모든 회원국 혹은 참여국 간 외교 및 안보정책을 조정하고, 공동의 관세정책을 가진 경제공동체를 발전시키며, 구 소련의 군사자산을 적절히 통제하는 것이었다. 또한 공동의 교통 및 통신망을 발전시키고, 환경보존 및 환경안보를 유지하며, 정책을 규제하고, 조직범죄에 대해 공동 대처하는 것 등이었다.

그러나 민스크선언과 협정에서는 3개국 정상들 간에 존재했던 독립국가연합의 미래 발전방향과 역할에 대한 근본적으로 상이한 생각이 표현되지는 않았다. 당시 3개국 지도자들 모두는 독립국가연합의 결성을 소련 연방으로부터의 "우호적인 결별"로 간주하였다. 그러나 옐친은 독립국가연합을 새로운 형태의 연합으로 생각하였다. 즉 소비에트 연방이 해체되는 상황에서 수 년 내에 유럽연합(European Union)과 유사한 국가연합을 만들어 재통합을 이룬다는 구상이었다. 아울러 옐친은 소비에트 연방의 해체가 고르바초프를 연방 대통령직에서 몰아내는 편리한 수단으로 간주하였다. 반면에 슈슈케비치(Stanislav Schushkevich) 벨라루스 대통령은 독립국가연합 형성과정에서 벨라루스가 독립국가연합의 새로운 중심이 됨으로써 자국의 지위를 상승시킬 수 있는 수단으로 생각하였다. 그러나 크라브축(Leonid Kravchuk) 우크라이나 대통령은 독립국가연합이 소비에트 연방으로부터의 독립과정을 원활히 하는데 필요한 일시적인 조직체라고 생각하였다. 그는 공화국들이 자국의 경제를 강화시켜 나감에 따라 독립국가연합이 통합으로 가는 것이 아니라 결속력을 점차 완화시켜 나가는 방향으로 갈 것을 구상하고 있었다.

한편, 민스크선언과 협정은 구 소련의 나머지 공화국들의 우려를 불러일으켰다. 이유는 나머지 9개 공화국의 공식적인 동의 없이 국제법의 주체로서 소련 연방이 더 이상 존재하지 않는다고 선언한 것은 법적으로 문제의 여지가 있었기 때문이었다. 그러나 같은 해 12월 13일에 5개 중앙아시아 공화국들이 협정을 지지하고, 동등한 창설 회원국으로서 참여할 의사를 표명함으로써 문제가 부각되지는 않았다. 그 후 12월 21일에 카자흐스탄의 수도 알마아타(Alma-Ata)에서 구 소련의 15개 공화국 중에서 11개국 정상들이 회담을 개최하여 독립국가연합 창설을 선언한 알마아타선언과 설립의정서에 서명을 하고 공동 창설회원국이 되었다. 이때의 11개의 창설 회원국은 러시아, 우크라이나, 벨라루스, 아르메니아, 아제르바이잔, 카자흐스탄, 키르기스탄, 몰도바, 타지키스탄, 투르크메니스탄, 우즈베키스탄 등이다. 여기에 불참한 구 소련 공화국들은 그루지야와 발틱 3개국인 에스토니아, 라트비아, 리투아니아였다. 그루지야는 1993년 9월에 러시아의 요구에 의해 가입하였으나 발틱 3개국은 이후에도 가입하지 않았다.

알마아타선언은 독립국가연합의 성격에 관해 몇 가지 중요한 내용들을 포함하고 있었다. 첫째는 평등의 원칙을 표방한 것으로서 회원국 간 협력이 동등한 기반 위에 구성되는 조정협의체를 통해 평등의 원칙에 부합하여 이루어져야 한다고 선언하였다. 이로써 어떠한 회원국에게도 독립국가연합에서의 대표권이나 표결에 있어 가중치를 부여할 여지를 없앴다. 둘째, 알마아타 선언은 독립국가연합이 “하나의 국가나 초국가적 실체가 아니다”라는 점을 분명히 규정하였다. 이는 구 소련 시절 과도한 중앙집권적인 초국가주의(supranationalism)를 경험한 회원국들 대부분이 자국의 주권을 침해할 수 있는 어떠한 조직체도 원치 않는다는 의사를 반영한 것이다. 셋째는 독립국가연합의 공식협의체로서 최고 기구인 국가정상회의와 정부수반회의의 설립에 합의한 점이다.

전반적으로 독립국가연합은 구소련이 해체되는 과정에서 급조되었기 때문에 창설 회원국들은 독립국가연합의 발전방향에 대한 장기적인 계획을 공유하지 않았고, 따라서 조심스럽고 점진적인 접근법을 선택할 수밖에 없었다.

게다가 새로 등장한 독립국가들, 특히 아제르바이잔, 몰도바, 투르크메니스탄, 우크라이나 등이 구 소련의 중앙집권적인 통제의 경험을 고려하여 그들의 주권을 위협할 수 있는 강력한 제도들을 설립하기를 꺼렸다. 그 결과 창설 당시 독립국가연합 조직구조는 명백한 법적 기반이 없이 느슨한 상태였다. 회원국들은 구 소련 해체로 해결이 시급했던 실질적인 문제, 특히 경제적인 문제에 초점을 맞추었다.[7)]

2 독립국가연합 헌장의 주요 내용과 주요 기관

독립국가연합 헌장은 모든 가맹국의 주권과 평등의 원칙 하에 채택되었으며, 가맹국은 국제법상 독립적이고 평등한 주체라고 밝히고, 독립국가연합은 그 자체가 국가가 아니며 초국가적 권력을 갖지 못한다고 규정하고 있다. 또한 가맹국이 공동으로 추구하는 목표로서 정치, 경제, 환경, 인도주의, 문화 등 제반 영역에서의 협력, 공동 경제권 내에서의 가맹국의 균형 있는 경제, 사회적 발전과 협력, 국제법과 CSCE 문서에 따른 인간의 권리와 기본적 자유의 보장, 국제평화와 안전 도모 및 핵무기를 포함한 군축조치 실시, 가맹국 내에서의 시민의 자유로운 왕래 보장, 사법공조 체제의 확립 및 가맹국 간 분쟁의 평화적 해결 등을 제시하고 있다.

독립국가연합 가맹국이 평등한 입장에서 공동의 조정기관을 통하여 합동으로 실행해 나가야 할 사항들은 인간의 권리와 기본적 자유 보장, 대외정책의 조정, 공동 경제시장과 공동 관세정책을 형성하고 발전시키기 위한 협력, 교통과 통신 체계의 발전에 대한 협력, 건강과 환경의 보호, 사회 및 이주 정책에 대한 협력, 조직범죄에 대한 대책, 국방정책 및 독립국가연합의 대외적 국

7) 김헌, "독립국가연합(독립국가연합)의 성격과 통합운동의 분석", 대한정치학회보 10집 2호 2002, pp.376-378.

경경비 등이다. 독립국가연합 헌장에 의하면, 가맹국간 관계의 주요 법적 기반은 양국 간 또는 다국 간 협정이며, 이러한 협정들은 독립국가연합 헌장의 목적, 원칙 및 의무에 합치하여야 한다고 명시하고 있다.

독립국가연합 헌장은 가맹국의 지위를 정회원국, 준회원국 및 옵서버국으로 구분하고 있다. 독립국가연합 창설국은 1991년 12월 8일과 12월 22일의 독립국가연합 협정에 조인하고, 독립국가연합 헌장 채택시까지 이를 비준한 국가로 규정하고 있으며, 독립국가연합 가맹국은 본 헌장 채택 후 1년 이내에 헌장을 비준한 국가들이다. 또 독립국가연합 출범시 발트 3국과 그루지야에 대한 참여 기회를 보장하기 위한 조항이 채택된 바 있는데, 독립국가연합 헌장도 이를 포함하고 있다. 또한 가맹국 정상회의의 동의에 의하여 특정 국가가 준회원국의 자격으로 특정 영역에 개별적으로 참여할 수 있는 조항을 두고 있다.

독립국가연합의 기관은 국가정상회의, 정부수반회의, 외무장관회의, 조정협의회의, 국방장관회의, 합동군 최고사령관회의, 국경경비사령관회의, 경제재판소, 인권위원회, 분야별 협력기관(54개)를 둔다고 헌장에 명시하고 있으며, 중심소재지는 민스크로 규정하고 있다. 기관 중 가장 중요한 것은 국가정상회의와 정부수반회의로, 독립국가연합 가맹국의 공통이익과 관련된 주요 관심사에 대하여 토의하고, 만장일치로써 어떤 조치를 결정한다. 단 어떤 사안에 대해 무관심을 표명한 국가는 만장일치의 당사자에서 제외되는데, 이 조항으로 인하여 지금까지 채택된 협정 및 문서들 가운데 극히 적은 수만이 독립국가연합 전체 가맹국의 만장일치에 의하여 채택되었다. 국가정상회의 및 정부수반회의는 각각 매년 2회, 4회씩 개최되나 일국의 요청에 의하여 특별회의를 개최할 수 있게 되어 있다. 상기와는 별도의 기관으로 1992년 3월 27일 알마아타에서 7개국 의회대표단으로 구성된 '의회 간 총회(Inter-Parliamentary Assembly)'가 있으며, 총회의 소재지는 상트페테르부르크에 두고 있다.[8)]

8) 고재남, "독립국가연합 통합운동의 동향 및 전망: 러시아의 대 독립국가연합 통합정책을 중심으로", 외교통상부 외교안보연구원, 2001, pp.11-15.

제 3 절 독립국가연합 통합운동의 전개

1 독립국가연합 통합운동의 전개과정

일종의 과도 기구로써 출범한 독립국가연합은 가맹국들이 경제상태의 악화와 민족분규의 심화 등으로 초기 독립 성취의 미몽에서 깨어나 점차 자신들에게 운명 지워진 정치적, 경제적, 사회적 공동체로서의 옛 소련 지역의 현실을 새롭게 인식함에 따라 시간의 흐름에 따라서 지역통합 및 협력기구로서의 기능을 확대시키게 되었다. 또한 러시아가 1993년 들어서부터 근외 정책을 우선시하는 정책을 본격적으로 추진하면서 러시아의 독립국가연합체제 강화 및 통합노력에 비우호적이거나 소극적인 국가들에 대해서는 많은 경제적, 안보적 불이익을 당하게 하였던 것도 기능 확대의 이유가 되었다. 실제 몰도바, 아제르바이잔, 그루지야는 러시아의 도움이 없이는 자국 내 민족분쟁으로 인한 정치적 불안정을 극복할 수 없다는 사실을 인식하고 러시아의 對독립국가연합 통합 확대 및 강화 정책에 동참할 수밖에 없었던 것이다.[9]

독립국가연합 통합운동은 경제, 군사, 안보, 정치 등의 영역에서 양자 간, 다자 간 협력형태로 친러시아적 성향의 독립국가연합 통합운동과 반러시아적 또는 친서방적 성향의 통합운동으로 나뉘어 동시에 진행되어 오고 있다.

1) 경제 통합운동

독립국가연합의 창설 초기에는 "단일 경제공간"의 발전을 지향할 정도로 회원국 간 경제협력의 의지가 강했다. 그러나 1992년 들어 회원국들은 국가경제 주권을 강조하는 한편, 국내경제위기를 해결하는 데에 집중하느라 협력의 노

9) Ibid., pp.18-19.

력을 제대로 기울이지 않아 회원국들 모두 마이너스 경제성장률을 기록하는 등 경제위기가 심화되었다. 그러자 독립국가연합은 1933년 1월에 채택된 헌장에서 "공동의 경제공간"을 창출하기 위한 협력과 통합을 규정하는 한편, 회원국들 간에 실질적인 협력의 움직임이 나타났는데, 그 첫 번째 사례가 1993년 9월에 11개국 회원국들이 체결한 경제연합조약이었다. 이 조약은 일종의 경제통합계획에 관한 합의로 자유무역지대, 관세동맹, 결제동맹, 화폐동맹에 이르는 단계적 과정을 통해 회원국 간에 재화 ,서비스, 자본, 노동이 자유롭게 이동하는 "시장원칙들에 기초한 공동의 경제공간"을 창출한다는 청사진이 제시되었다. 이 조약에는 그루지야를 제외한 11개국이 서명하였다. 그러나 이 청사진을 이행하기 위해서는 경제활동의 각 분야에 관해 세부적인 협정들이 체결되어야 했다.

경제연합조약을 이행하기 위한 첫 번째 구체적인 조치로서 회원국들은 1994년 4월에 국가정상회의에서 자유무역지대 창설협정에 서명하였다. 이 협정에서는 회원국들이 수출 또는 수입 상품에 대해 관세나 수량 제한을 부과하지 않을 의무를 규정함으로써 자유무역을 지향하고 있다. 그러나 1996년 이래로 회원국들이 국내시장을 보호하거나 다른 이유에서 경쟁적으로 관세를 부과하고 각종 비관세장벽을 설정하는 등의 보호무역정책을 추진해왔기 때문에 이 협정은 제대로 이행되지 않았다.

경제연합조약을 이행하기 위한 또 하나의 구체적 조치로서 1994년 10월에 국가정상회의는 국가 간 경제위원회(Inter-State Economic Committee)를 창설하였다. 이 위원회는 우선 전력 전송망, 천연가스 및 원유 수송관, 운송 및 커뮤니케이션 체계 등과 같은 독립국가연합 내 횡국가적 체계에 대한 집행 및 관리 권한을 행사하는 한편, 결제동맹을 발전시키고 자유무역지대를 관리하는 권한을 부여받았다. 그러나 이 기구는 제대로 기능하지 못하여 1999년 4월에 집행사무국과 더불어 상설 조정 및 집행 기구인 독립국가연합 집행위원회로 대체되었다.

경제통합을 지향하는 또 다른 움직임으로서 1995년 1월에 러시아, 카자흐스탄, 벨라루스는 관세동맹을 창설하였고, 키르기스탄과 타지키스탄이 1996년 3월과 1997년 2월에 추가로 가입하였다. 그러나 독립국가연합 나머지 국가들이 러시아가 우월한 경제적 힘을 바탕으로 관세동맹을 통해 직·간접적으로 회원국들의 무역정책을 좌지우지할 것을 우려하여 가입을 거부하였고, 공동의 대외무역정책을 추진하기 위한 진지한 노력이 경주되지 않은 채 일방적인 무역정책이 추진되는 등 관세동맹은 실질적인 협력의 성과를 거두지 못했다.

관세동맹이 실질적인 협력의 성과를 거두지 못하자 2000년 10월에 회원국들은 관세동맹을 개편하여 유럽연합을 모델로 하는 새로운 경제연합을 창설하기로 합의하였다. 그리하여 2001년 6월에 유라시아경제공동체(Eurasian Economic Community: EEC)가 창설되었다. 곧이어 몰도바와 우크라이나가 회원국이 아닌 옵서버의 자격으로 합류하였다. EEC가 표방한 목표는 회원국 간 노동, 관세, 세금, 무역정책 등을 조정하여 자유무역을 촉진하고, 궁극적으로는 경제통합을 실현하는 것이다. 이렇게 독립국가연합은 다자 차원의 경제협력을 활성화시키기 위한 여러 노력들을 경주해 오고 있다.[10)]

2) 군사, 안보 통합운동

옛 소련 지역의 군사, 안보 통합운동은 독립국가연합 가맹국을 중심으로 한 다자간, 양자 간 군사, 안보 협력의 형태로 발전해 오고 있다. 그러나 독립국가연합 출범 후 가맹국 간 안보 협력을 위하여 채택한 다양한 결의안 중 지금까지 구체화된 것은 러시아, 카자흐스탄 등이 참여한 '집단안보조약'과 '집단 평화유지군에 대한 협정'밖에 없다. 독립국가연합 안보 협력 구상은 소비에트 연방의 해체에 따른 약 500만 명의 소련군 처리 문제, 옛 소련 지역에 배치된 핵무기 처리 문제, WTO 해체에 따른 독립국가연합 지역의 안보 공백, 각 지역에서의 민족 분쟁 등을 효과적으로 처리하기 위하여 독립국가연합

10) 김헌, "독립국가연합(독립국가연합)의 성격과 통합운동의 분석", 대한정치학회보 10집 2호 2002, pp.383-385.

출범과 더불어 논의되기 시작하였다.

러시아는 1992년 5월 15일 타슈켄트에서 개최된 독립국가연합 정상회담에서 러시아, 아르메니아, 투르크메니스탄을 제외한 중앙아시아 4개국 등이 참여한 '집단안보조약'을 체결하였고, 이는 1994년 4월부터 5년 시한으로 효력이 발생하였다. 협정 체결 후 벨라루스와 투르크메니스탄도 가입하였다. 이 조약은 NATO와 WTO의 정관과 유사한 내용을 담고 있는데, 예를 들어 제4조는 "체약국이 비체약국으로부터 침략을 당할 시, 이는 집단안보 가맹국 전체에 대한 공격으로 간주하여 이에 공동 대응한다"는 조항이 있을 뿐만 아니라 제1조는 집단 안보에 참여하는 국가에 적대시하는 어떠한 군사동맹체에의 가입을 불허하고 있다. 러시아는 집단안보조약을 통하여 다른 가입국들에 대하여 과거 소련과 WTO 가입국 간 관계에 상응하는 정치, 군사적 영향력을 행사하지는 못하지만, 여타 가입국들의 군사 활동 및 동맹관계 수립에 상당한 영향력을 행사하고 있다.

한편 독립국가연합 정상회의는 1995년 집단안보 협력에 대한 개념을 채택하여 독립국가연합 차원의 연합체 형성, 그리고 이것이 실현된 이후에는 '독립국가연합 합동군'의 창설에 관한 기본 원칙을 제시하였고, 1997년 10월 개최된 독립국가연합 국방장관회의에서는 1997-2000년 사이 가맹국 간 군사협력에 관한 계획을 승인하였다. 그러나 가맹국들의 군사, 안보 통합에 대한 각기 다른 이해관계를 고려해 볼 때 전 독립국가연합 차원의 군사, 안보 통합 또는 협력체 확립은 사실상 불가능하다고 볼 수 있다. 실제로 이들 협력 구상은 아직까지 완전히 실행되지 못하고 있다.

이와 같은 집단안보조약을 둘러싼 의견 대립에도 불구하고, 독립국가연합 지역의 평화유지 활동은 상당한 성공을 거두고 있다. 옛 소련 지역에서의 다국적군 형태의 평화유지군은 러시아의 주도로 창설되었을 뿐 아니라 양자조약 또는 다자조약을 바탕으로 러시아군을 주축으로 구성되어 운영되고 있다. 여타 국들은 독자군 창설을 추진하고 있으나 대부분의 국가들이 자국 경제사정의 어려움, 고급 장교의 부족, 군수산업체의 부재 등 때문에 강력한 독자군 창설 및 유지가 사실상 불가능한 형편이며, 그 결과 어떤 형태로든 러시아와의 군사 협력을 통하여 국가 안보를 보장받으려 하고 있다. 독립국가연합 각국의 이러한 실정은 비록 지역적 경향을 보이고는 있으나 러시아 주도의 군사, 안보 통합에 크게 기여하고 있다.[11]

2 독립국가연합 통합운동의 특성

독립국가연합 통합운동의 특성을 볼 때, 첫째로 양자 및 다자주의적 통합운동의 병용을 꼽을 수 있다. 독립국가연합이 창설된 이후 가맹국 간 현안을 둘러싼 이견이 노정되었음은 물론 제 기능을 수행하지 못함에 따라서 양자주의는 가맹국 간의 관계에서 우선적인 수단으로 활용되었다. 특히 독립국가연합 가맹국 관련국 간 현안 문제의 해결 및 우호, 협력 관계의 구축을 위해서는 독립국가연합 전 가맹국 차원보다는 양자주의가 우선되고 있는 실정이다.

둘째로 소지역 통합주의 경향의 심화를 들 수 있다. 소위 '지정학적 다원주의(geopolitical pluralism)'가 최근 독립국가연합 통합운동의 주류로서 자리매김을 하고 있다. 독립국가연합 차원이 아닌 특정 지역 내 또는 특정 지역 간 소지역 차원의 통합운동은 중앙아시아 경제공동체(CAEC)와 GUUAM이 대표적인 예이다. CAEC는 1994년 12월 중앙아시아 국가들인 카자흐스탄, 타지키스탄, 우즈베키스탄, 키르기즈스탄 등이 역내 국가간 제반 분야에서의 협력 확대를 위하여 결성한 것이다. 이들 국가들은 이 기구를 통하여 부족한 수자원의 보호와 관리, 공동투자 협정, 역내 관세동맹의 결성 등과 같은 문제를 처리하면서 상당한 성과를 거두어 오고 있다. 그러나 가맹국 간 이해관계의 차이와 정치, 군사적 경쟁의식 및 러시아에 대한 높은 경제, 군사적 의존도를

11) 고재남, "독립국가연합 통합운동의 동향 및 전망 : 러시아의 대 독립국가연합 통합정책을 중심으로", 외교통상부 외교안보연구원, 2001, pp.43-49.

고려해볼 때 장기화되거나 큰 성과를 더 거두게 될지는 미지수이다. GUUAM은 비교적 반러시아 성향의 국가들을 중심으로 구성되어 있다. 1997년 10월 결성되었으며, 그루지야, 우크라이나, 아제르바이잔, 몰도바, 우즈베키스탄이 참여국이다. 이는 1996년 비엔나에서 개최된 CFE 조약 개정을 위한 회의에서 러시아가 코카서스 등 서남부 지역에 대한 재래식 무기배치를 증가시키려는 노력을 기울이자 역내 관련국이 이를 저지시키기 위한 외교적인 공동대응을 모색함에 따라서 출범하였다. GUUAM이 지향하고 있는 우선적인 과제들은 호전적인 분리주의 및 역내분쟁의 반대, 유라시아-트랜스 코카서스 교통으로의 개발, 주권 존중, 영토의 불가침성, 독립된 국경유지 등과 같은 국제법의 기본 원칙과 규범의 지지, 유럽-대서양 협력기구로의 통합 등이다. 이들은 어떤 측면에서는 비러시아 지역을 포괄하는 범지역 차원의 통합체로 발전하고 있다.

세 번째 특성은 친러, 반러 통합운동 경향의 가시화이다. 독립국가연합 전 가맹국 차원의 통합운동이 가맹국 간 이해관계의 차이로 큰 진전이 없는 상태가 계속되는 상황 속에서 친러 성향의 국가들이 러시아가 주도적 역할을 하는 통합운동, 즉 독립국가연합 집단방위조약 또는 관세동맹에 적극 참여하고 있는 반면, 반러 성향 또는 중립적인 성향의 국가들이 러시아가 포함되지 않은 통합운동을 적극 추진해 오고 있다. 이러한 독립국가연합 지역의 지정학적 다원주의는 전환기 러시아의 역내 강대국으로서의 역할 축소에 따른 힘의 공백을 메우면서, 미국을 비롯한 서방세계와 터키, 이란 등과 같은 인접국가들의 에너지 자원 확보 등을 위한 의도적 접근정책에 영향을 받은 바가 크다.[12)]

12) 고재남, "독립국가연합 통합운동의 동향 및 전망: 러시아의 대 독립국가연합 통합정책을 중심으로", 외교통상부 외교안보연구원, 2001, pp.55-62.

제 4 절 독립국가연합의 최근 현황

1991년 12월 31일 소련이 소멸되면서 소비에트 연방 자치 공화국들이 결성한 정치공동체인 독립국가연합은 결성 당시 러시아, 우크라이나, 벨라루스, 몰도바, 카자흐스탄, 우즈베키스탄, 투르크메니스탄, 타지키스탄, 키르기스탄, 아르메니아, 아제르바이잔공화국의 11개국의 연합이었다. 아제르바이잔은 1992년 10월에 연합을 탈퇴하기도 하였으나 1993년 9월에 다시 가입했다. 1993년 10월 그루지야도 러시아의 압력 아래 준 회원국으로 재가입하였으나 2008년 러시아와의 전쟁 후 탈퇴하였다. 독립국가연합은 2011년 현재 10개 회원국으로 구성되어 있으며, 투르크메니스탄이 준 회원국으로 참가하고 있다.

독립국가연합은 매우 느슨한 국가 간의 연합이라 할 수 있으며 연방국가나 유럽공동체 같은 초국가적 조직이라기보다 오히려 영연방(British Commonwealth of Nations)에 더 가까운 형태라고 할 수 있다. 독립국가연합은 초국가적인 힘이 없음에도 불구하고, 명목적으로 무역, 재정, 입법, 안보의 영역에서 조정능력을 가진, 단순히 상징적 조직 이상으로 기능하는 것을 목표로 하고 있다. 또한 독립국가연합은 민주화와 국경 간의 방범에 대한 협력을 증진시켜왔으며, 역내기구로서 독립국가연합은 UN평화유지군에 참여하고 있다. 또한 독립국가연합 회원국의 일부는 유라시아 경제공동체(Eurasian Economic Community)에 완벽한 유럽경제공동체를 만들 목적으로 참여해 오고 있다.

1 경제 · 산업 현황

구 소련의 경제는 시장경제의 도입 이후 1990년에 마이너스 성장을 기록한 이래 독립국가연합의 성립 이후에도 지속적인 경기 침체를 면치 못하고 있다.

러시아의 경제는 지속적인 마이너스 성장과 함께 국내총생산은 1990년에 2% 감소하였으며 1991년에는 9%가 감소하였다. 러시아의 마이너스 성장은 고율의 인플레이션과 병행되었으며, 달러 당 환율은 1991년 1달러 당 30루블이었던 것이 1995년에는 1 달러 당 5천 루블까지 절상되었다. 특히 1999년 금융위기로 인한 모라토리움 선언 이후 주식시장은 크게 폭락하였으며, 정부는 860억 달러 규모의 긴급 구제금융을 지원하였다. 그러나 정부의 노력에도 불구하고 러시아 기업과 은행의 유동성 부족 현상이 심화되었다. 이에 따른 경기부양 대책으로 2008년 12월 말, 러시아 정부는 금융위기 대책을 마련하고 총 10조 루블 규모의 예산을 확보하기도 했다.

우크라이나의 경우도 금융위기 이후 IMF로부터 2년 간 165억 달러 구제금융을 지원받았으나 전반적인 경제상황은 여전히 호전되지 않고 있다. 금융위기와 함께 산업생산량은 감소하고 무역적자 폭이 확대되어 전반적으로 경기가 침체된 상황이다. 우크라이나 정부는 2012년 유로 게임 유치 등 대규모 건설 프로젝트를 통한 경기부양책을 지속적으로 추진하고 있으며 외국인 투자유치를 위한 제도 개선 문제에 집중하고 있다.

카자흐스탄도 미국 서브프라임 여파로 2008년 초부터 경제성장률이 급격히 추락하였으며 시중은행 민간 여신의 축소로 건설과 부동산 시장도 위축되었다. 2009년 2월 카자흐스탄 중앙은행은 자국통화를 기존 방어환율 대비 25% 평가절하 허용을 발표하기도 했다. 이에 따른 경기부양 대책으로 독립국가연합 역내 주요국과 경제협력관계 강화를 위해 힘쓰고 있으며, 이는 러시아-카자흐스탄-벨라루스 관세동맹을 강화하고 통화 통합에 대한 논의도 이루어지고 있다.

우즈베키스탄 역시 주요한 외환 확보수단인 면화, 동, 우라늄 등의 국제가격의 하락과 외국인 투자 및 해외근로자 송금의 감소로 2008년 기준으로 경제성장 둔화가 예상되고 있다. 이에 따라 우즈베키스탄 정부는 주택건설을 확대하고 재건축 및 보수 전문 업체를 육성하여 교통 인프라를 개발하는 등 내수 진작을 위한 대책을 마련하고 있다.

아제르바이잔의 경우, 국제유가의 급락으로 현금 유동성이 악화되고 신차 판매와 부동산 거래가 위축된 상황이며, 주택 시장을 중심으로 호황을 누리던 건설경기도 위축되었다. 또한 오일달러 유입이 급감하며 세수 감소에 따른 재정부족 문제가 발생하기도 하였으나, 2009년도 경상수지는 호조를 보였다.

이상과 같이 독립국가연합 주요국들은 2009년 5월 기준으로 러시아에만 실업자가 800만 명에 육박하는 등 실업률 증가가 주요 경제 이슈가 되고 있다. 또한 독립국가연합에 소속된 대부분의 국가가 수입관세율 인상 움직임을 보이고 있다. 러시아는 2008년 11월 이후 수입관세를 인상했으며, 우크라이나는 2009년 1월에 수입관세를 13% 인상하는 등 보호무역을 강화하고 있다. 러시아의 경우 고질적으로 높은 대외수입 의존도를 해결하기 위해 국내산업 육성에 노력을 기울이고 있다. 또한 독립국가연합 소속국가들은 APEC, 유로게임, 동계올림픽 등 국제행사나 대규모 프로젝트를 통해 경기부양을 꾀하고 있다.[13]

독립국가연합의 장기적인 경기 침체에도 불구하고 국제사회에서의 경제적 위상은 점차 향상되고 있으며, 외국인 투자가들의 인식도 긍정적으로 개선되고 있다. 이는 한정된 세계의 에너지 자원 상황에서 중국을 비롯한 브릭스(BRICs)국가들의 경제력이 급속히 팽창함에 따라 세계 에너지 수요가 폭발적으로 증가하고 있음에 기인한다. 이러한 상황이 반영되면서 독립국가연합 지역에 선진국들의 투자진출이 늘어나고 석유 메이저들은 대규모 투자계획을 세우고 진입 시기를 저울질하고 있다. 세계 석유 자원 고갈을 해결할 수 있는 대안의 후보지로 풍부한 매장량과 경제성을 갖추고 있는 지역이 바로 중앙아시아를 포함하고 있는 독립국가연합이다. 독립국가연합 지역은 석유 등 풍부한 자원과 함께 신흥시장으로서도 그 가치가 급부상하고 있다. 이 지역이 신흥시장으로 부상하고 있는 주된 이유는 풍부한 자원 등 성장잠재력이 높고, 동시에 거대한 내수시장을 확보하고 있어서 이머징 마켓의 조건을 충분히 갖

13) 독립국가연합 주요국 시장변화와 진출전략 설명회 및 상담회 자료, KOTRA, 2009, pp. 26-31.

추고 있기 때문이다.[14)]

독립국가연합 국가 중 석유 매장량과 지리적 위치 면에서 가장 주목받고 있는 지역은 러시아와 중앙아시아이다. 중앙아시아의 주요 석유 수출국은 카자흐스탄으로 가장 큰 석유매장 국가이며 투르크메니스탄에는 가스가 집중되어 있다. 중앙아시아의 석유는 경제성이 뛰어나며 채굴 가능 매장량은 대략 2.4-4.6억 톤으로 추정되고 있다. 그러나 이 지역의 자원 매장량에 대해서는 정확한 측정이 이루어지지 않았거나 자료별로 편차가 매우 크다는 불확실성을 가지고 있다. 아직까지 독립국가연합의 석유 생산량 및 수출량은 세계 시장에 영향을 끼칠 만큼 블록을 구성하기에는 부족하나 이 지역의 경제성장률 및 구매력의 증가는 사업 환경이 정비됨에 따라 선진기업들의 시장진입도 가속화될 것으로 전망된다.[15)]

2 외교 · 정치 현황

반복되는 글로벌 금융 · 경제위기와 경기 침체는 냉전시대 종식 이후 형성돼 온 동유럽 · 중앙아시아의 역학 구도를 빠르게 변화시키고 있다. 경제 위기의 진원지인 유럽연합(EU)과 미국의 영향력이 그 동안 친서방화를 추구했던 독립국가연합 지역에서 빠르게 감소하고 있는 반면, 러시아는 석유와 천연가스 등 자원을 무기로 이들 국가들에 대한 입김을 강화하고 있다.

중앙아시아 독립국가연합 국가들의 경우 중국의 영향력 확대와 이슬람 세력과의 갈등이 주요 쟁점으로 부상할 전망이다. 냉전시대와의 차이점이라면 '이념'보다는 '경제'가 변화의 근본 원인이 되고 있다는 점이다. 독립국가연합 국가 국민들의 '친러' 성향 역시 친서방 정권들의 장기간 실정과 무능 · 부패

14) 이경희, "중앙아시아 지정학의 변화와 정체성", 중동연구 26권 1호, 2008, p.317.
15) 이경희, "중앙아시아 지정학의 변화와 정체성", 중동연구 26권 1호, 2008, pp.319-320.

및 경제 위기로 확대되고 있는 형국이다. 독립국가연합의 중심국가인 우크라이나의 경우 2010년 2월 대선에서 친러파인 빅토르 야누코비치 전 총리가 친서방파 율리아 티모셴코 현 총리를 누르고 승리하면서 '친러'화가 가속화되고 있다. 이후 양국은 군사적 이득과 경제적 이익을 서로 주고받으면서 관계 개선을 도모하고 있다. 우크라이나는 자국 영토에 주둔 중인 러시아 흑해함대의 주둔 기간을 25년 연장해 주기로 하고 그 대가로 현재 1,000㎥당 330달러를 주고 있는 가스 구입비용을 100달러 가량 전격 인하한다는 데 합의했다. 양국은 2011년 7년 만에 합동 해상 군사훈련도 실시하였으며 우크라이나는 북대서양조약기구(NATO) 가입 준비를 위해 만든 위원회를 폐쇄함으로써 NATO(북대서양조약기구) 동진(東進)에 대한 러시아의 우려를 덜어주기도 했다.

키르기스탄은 인구가 530만 명에 불과하지만 러시아와 미국의 군사 기지가 동시에 존재하고 있는 세계 유일의 나라이다. 아울러 지정학적으로 중앙아시아로의 이슬람 과격세력이 진출하는 통로가 되는데다 우즈베키스탄·카자흐스탄·타지키스탄 등 중앙아시아 주요국들과 인접해 있는 등 지정학적 중요성이 높은 국가이다. 2010년 쿠르만벡 바키예프 키르기스탄 대통령은 반정부 시위가 격화되어 수도 비슈케크를 탈출했고, 키르기스탄에는 이를 대신해 친러 성향의 로자 오툰바예바 과도정부가 세워졌다. 푸틴 러시아 총리는 과도정부가 들어선지 수 시간 만에 과도정부를 인정한 데 이어 5,000만 달러 이상의 원조를 약속하는 등의 친러 정권에 대한 지원을 아끼지 않았다. 러시아는 이 밖에 벨라루스, 카자흐스탄과 재통합의 전 단계라 할 관세동맹을 발효시키며 영향력 확대를 꾀하는 등 對독립국가연합 친화 정책을 펼치고 있다.[16]

미국이 테러와의 전쟁을 선포한 이후 타지키스탄이 전략적 측면에서 매우 중요한 나라라는 인식이 확산되고 있다. 이는 타지키스탄이 아프가니스탄과 1,000㎞ 이상의 긴 국경을 맞대고 있어 미국으로서는 아프간 작전을 수행하는

---

16) http://economy.hankooki.com/lpage/worldecono/201005/e2010050316425469740.htm

데 필요한 전략적 가치를 지니고 있기 때문이다. 러시아는 타지키스탄이 독립국가가 된 이후에도 아프간 마약 및 불법무기 유입을 막기 위한 전초기지라는 점에서, 그리고 미국의 중앙아 지역에 대한 영향력 견제라는 차원에서 타지키스탄을 중시하고 있다. 중국 또한 카자흐스탄, 우즈베키스탄 등 여타 중앙아시아 국가들과의 통로로서 타지키스탄을 중시하고 있으며, 중국과 이들 나라들을 잇는 주요 도로를 건설하는 데 적극적 지원을 아끼지 않고 있다. 일본도 경제적 원조와 다양한 프로젝트를 시행하면서 착실히 상호 관계를 발전시켜 가고 있다.[17]

3 사회 · 문화 현황

비록 공산주의체제가 붕괴하였다고는 하지만 독립국가연합에는 구 소련의 통제적 사회 시스템의 음영이 완전히 사라지지는 않고 있다. 소련 붕괴 이전의 독립국가연합은 사회주의 이념에 기초한 전체주의 체제로 규정할 수 있으며, 이러한 체제 속에서 경제는 물론, 교육, 예술 등 사회와 문화의 모든 영역들이 국가와 당의 통제를 받았다. 이러한 체제 안에서는 개인의 개성이나 창의성은 인정되지 않았으며, 근대 자본주의 사회의 유지와 발전에 핵심 가치인 '자율성'도 사회에 뿌리내리기가 어려웠다.

이로 인해 독립국가연합 국가들의 시민들은 도덕적 신뢰 및 안정감이 결여되어 있으며, 시민 개개인의 자율성에 기초한 공공질서 유지와 사회 운영에 많은 지장을 초래하고 있다. 그리고 이러한 사회자본의 결여는 독립국가연합 소속국가들의 사회 발전에도 커다란 걸림돌로 작용하고 있다. 특히 시장경제체제로의 전환 이후 발생하는 높은 인플레이션과 실업률, 빈부격차가 가져온 사회 혼란이 관료집단의 부정부패와 비효율적인 행정체계와 연계되면서 사회적

17) http://www.seoul.co.kr/news/newsView.php?id=20080811030004

갈등과 분열이 증폭되고 있다.[18] 높은 실업률, 빈부격차 확대, 부정부패, 사회주의적 교육방식 등은 인적자원의 질을 떨어뜨리고 있으며, 마피아와 같은 범죄조직은 불법적인 수단을 통해 국가와 사회의 부를 장악하고 통제하고 있다.

이러한 상황은 전체적으로 독립국가연합의 사회 상황을 암울하게 만들고 있을 뿐만 아니라 정치적으로도 민주주의 발전에 저해 요소로 작용하고 있다. 독립 이후 시민사회가 발전하지 못한 상황에서 권위주의적 성격의 강력한 대통령제가 대부분의 독립국가연합 국가들에서 형성되었다. 이들 권위주의적 정권들은 시간이 갈수록 장기집권에 의한 부패가 심해지고 있는 상황이다.[19]

특히 중앙아시아 독립국가연합국들의 경우 이러한 정치적 불안정과 갈등을 더욱 증폭시키는 요인 중의 하나가 민족 및 종교 분쟁이다. 구 소련 시절에 억눌려져 있었던 소수민족의 민족적 정체성이 소련의 붕괴와 함께 일거에 발현되면서 타민족들과 갈등을 빚어내고 있으며, 독립국가연합의 여러 지방에서 무력적인 충돌로까지 이어지고 있기도 하다. 정부는 국가적 통합과 결속을 다져나가는데 많은 노력을 기울이고 있으나, “내부적으로 복잡한 민족구성, 민족의식과 이슬람의 성장, 인구학적 문제, 생태환경의 문제, 마약 등의 복잡한 원인들로 얽혀 있어서” 단기적으로 해결하기가 매우 어려운 상황이다.[20] 독립국가연합의 각 구성 공화국들이 어떻게 국민적 목표와 인종·민족적 목표를 조화시켜 나가야 하는가는 향후 독립국가연합이 풀어야 할 큰 과제 중의 하나이다.

문화적인 측면에 있어서 구 소련에서 공식 언어의 역할을 담당하였던 러시아어의 비중의 독립국가연합에서 급속히 쇠퇴하고 있다. 각 공화국들은 공화국의 다수를 구성하는 민족의 언어를 공식 언어로 선포하였으며, 이에 대한 교육과 보급에 노력을 경주하고 있다. 소비에트 연방 시절 일종의 국제어로 기능하였던 러시아어의 역할이 축소됨에 따라 각 공화국의 민족주의적 경향

---

18) 윤안진 외, “독립국가연합의 정치경제척 상황과 고려인의 당면과제”, 아세아연구 통권 106호, 2002, p.147.

19) Ibid., p.147.

20) Ibid., p.148.

은 더욱 촉진될 것으로 전망된다. 이러한 민족주의적 언어정책의 전환과 함께 지배 엘리트 계층의 세대교체도 이루어지고 있다. 정부나, 국영기업, 대학 등의 주요 요직에서 러시아어를 능숙하게 사용할 수 있던 사람들이 점차 밀려나고, 그 자리를 민족어를 능통하게 구사할 수 있는 사람들이 채우고 있다.[21]

한편 공산주의체제의 붕괴와 과도기의 혼란은 이전에 유지되었던 엘리트 고급문화의 쇠퇴와 하위문화라고 할 수 있는 대중문화의 왕성한 출현을 초래하였다. 국가의 지원정책에 의하여 유지되었던 고급문화는 국가의 지원이 중단되면서 그 명목을 유지하기가 어렵게 되었고 대신 통속적인 대중의 취향에 맞춘 하위문화가 독립국가연합의 주요 문화로 자리 잡고 있다. 그러나 각 공화국들이 정치적 안정을 이룩하고 경제적으로도 안정된 시장경제체제를 갖추게 되면서 고급문화에 대한 발전과 수요도 증대될 것으로 전망된다.[22]

참고문헌

고재남, “독립국가연합 통합운동의 동향 및 전망: 러시아의 대 독립국가연합 통합정책을 중심으로”, 외교통상부 외교안보연구원, 2001.

김경욱, 「이야기 러시아사」, 청아출판사, 2006.

김유남, “소비에트 연방의 해체와 독립국가연합의 형성 및 중앙아시아의 동요”, 세계지역연구논총, 4권, 1992.

김 헌, “독립국가연합(獨立國家聯合)의 성격과 통합운동의 분석”, 「대한정치학회보」, 10집 2호, 2002.

독립국가연합 주요국 시장변화와 진출전략 설명회 및 상담회 자료, KOTRA, 2009.

21) CIS의 이야기들, “독립국가연합 개요”, http://nfpecp.blog.me/120005375750.
22) Ibid.

윤안진 외, “독립국가연합의 정치경제적 상황과 고려인의 당면과제”, 「아세아연구」 통권 106호, 2002.

이경희, “중앙아시아 지정학의 변화와 정체성”, 「중동연구」 26권 1호, 2008.

정여천, 김석환, “현대 러시아 정치 경제의 이해”, 대외경제정책연구원, 2004.

CIS의 이야기들. “독립국가연합 개요”, http://nfpecp.blog.me/120005375750.

KOTRA. (2009). 독립국가연합 주요국 시장변화와 진출전략 설명회 및 상담회 자료.

제 3 장 우크라이나의 행정과 정책

김 혁(고려대학교 러시아 · CIS 연구소)

우크라이나는 고르바초프의 '페레스트로이카' 정책 이후 소비에트 중앙정부의 장악력이 약화되고 소비에트연방이 분리될 때 1991년 8월 24일 우크라이나 최고회의는 독립 선언법을 채택하여 독립을 선언하고 소비에트연방으로부터 독립하였다. 이것은 1991년 12월 1일 국민투표에 의해 독립이 최종 확정되었고, 1991년 12월 5일 레오니드 크라프추크(Leonid Kravchuk)이 초대 대통령에 취임하였다.

이때 우크라이나는 공산주의 체제에서 민주주의와 자본주의 체제로 전환하였으나 소비에트연방의 일당독재 정치문화와 계획경제 체제의 잔재를 지닌 상태에서 독립국으로 출발하였다. 그래서 우크라이나에서 민주주의와 자본주의로의 체제전환이 얼마나 성과를 거둘 수 있을지 의문이 있었다.

실제로 독립 당시에 집권세력 대부분은 과거 공산당 출신들이었으며, 국민들 역시 민주주의라는 체제를 경험하지 못했기 때문에 민주주의 선진국과 국제기구 등이 요구하는 서구식 민주주의 시스템의 도입은 힘들 것이라고 예상되었다. 그러나 많은 문제가 있을지라도, 우크라이나는 다른 CIS 국가들과는 달리 성공적으로 정권교체를 이루었으며 현재 민주주의 시스템을 구축하기 위해 노력하고 있는 중이다.

우크라이나는 동슬라브인들이 세운 최초의 국가였던 키예프공국이 키예프를 중심으로 번성했던 국가였다. 그러나 지정학적 위치가 동과 서의 교차로에 위치하고 있어서 외세의 영향을 많이 받았다. 몽골 침략으로 키예프공국이 멸망한 이후 우크라이나는 폴란드와 러시아의 지배를 받았다. 우크라이나가 독립국이 된 것은 1991년에 소비에트연방에서 독립한 것이 최초이다.

우크라이나는 풍부한 지하자원을 보유하고 있으며, 우주항공 기술 등의 매우 발달된 과학기술도 보유하고 있는 나라이다. 과학기술은 소비에트연방 시절에 국가적 지원에 의해 발달되었던 기초과학 분야는 아직도 상당한 수준에 있다.

본 연구에서는 민주주의와 자본주의 체제로 전환한 지 20년에 불과한 우크라이나를 이해하기 위해서 다음과 같은 논의를 중심으로 해당국의 상황을 이해하고자 한다.

첫째, 인문·사회적 환경

본 연구는 우크라이나의 역사적 배경, 사회·문화적 환경, 정치·경제적 특징을 중심으로 논의가 전개될 것이다.

둘째, 헌법 및 법률적 기반

본 연구는 실제로 해당국이 구축한 민주주의 시스템이 법적·제도적으로 어떠한 행태인지를 헌법 및 법률적 기반을 중심으로 논의가 전개될 것이다. 여기서는 해당국의 헌법, 법률, 명령, 조례, 규칙과 같은 민주주의 국가의 보편적인 법체계가 분석될 것이며, 비민주주의적 법과 조항들이 제시될 것이다.

셋째, 정치체제와 거버넌스

본 연구는 우크라이나의 정치체제 분석과 거버넌스 체제에 대해서 논의가 전개될 것이다. 여기서 정부조직과 체제, 정당조직과 체제, 그리고 시민사회와 이익집단 등을 중심으로 정치체제와 거버넌스 체제가 분석이 될 것이다.

넷째, 행정체계와 정책과정

본 연구는 정책결정에 대한 정책수행을 담당하는 해당국의 행정조직을 중심으로 논의가 전개될 것이다. 여기서는 행정조직의 구조, 중앙행정조직, 관료조직과 정부조직 개편 등이 분석될 것이며, 이를 바탕으로 인적자원관리, 예산과 재정, 전자정부, 성과관리 시스템 등의 내용도 세부적으로 제시될 것이다.

다섯째, 공공정책

본 연구는 에너지 자원을 제외하면 풍부한 지하자원을 보유하고 있는 해당국의 자원-에너지 정책을 중심으로 공공정책이 논의될 것이다. 특히 이 부분은 해당국뿐만 아니라 세계의 자원-에너지 수입국들에게 주목을 받는 내용이기 때문에 그 가치가 높다가 여겨진다. 여기서는 해당국의 자원-에너지 정책에 대한 법적 · 제도적 장치에 대한 현황과 특징이 분석될 것이다.

여섯째, 한국과의 관계

본 연구는 우크라이나의 정치체제와 행정체제에 대한 논의의 결과를 바탕으로 한국의 경험을 해당국에 제공할 수 있는 가능성을 분석하는 데 있다. 우크라이나는 한국과 지속적으로 우호적인 관계를 유지하고 있으며, 전략적으로 우리에게 중요한 의미를 가진다. 따라서 여기서는 양국이 상호 간에 보다 발전적인 방향을 추구하고 그 결과를 달성하기 위해서 정치·행정적으로 우리가 지원할 수 있는 것이 무엇인지가 제시될 것이다.

제 1 절 인문 · 사회적 환경

1 역사적 환경

동슬라브인들은 9세기 중반에서 10세기 초에 걸쳐 키예프를 중심으로 느슨하게 연결된 '키예프 공국' 또는 '키예프 루스'라고 불리는 국가를 건설했다. 키예프 공국은 몽골에 의해 멸망한 후 우크라이나, 러시아, 벨라루스로 분화가 이루어지고 서로 다른 방향으로 발전했다.

'우크라이나'라는 명칭은 우크라이나 민족의식의 형성과정과 밀접한 연관을 가진다. 이 이름은 변경지대, 국경지역 등을 뜻하는 "오크라이나(Okraina)"에서 유래하였으며, 1187년 키예프 연대기에 처음으로 지리적 명칭으로 등장하였다. 그러나 이때의 우크라이나는 이후 형성된 역사적 우크라이나 땅과 일치하지 않는다. 우크라이나인들은 자기들 땅을 '루스(rus')'라 불렀고, 스스로 '루스 사람'이라 칭했다.

폴란드의 지배를 받던 시절에 '우크라이나'는 변경지대인 드네프르 강(Dnipro River) 유역 일대를 가리켰다. 그런데 루스인들은 폴란드와 구분되는 자신들의 고유영역을 가리키는 용어로 우크라이나라는 말을 스스로 채택하여 사용하기 시작했다. 그런데다 18세기 초 러시아의 표트르 1세가 '루스 사람들의 땅'(Ross+ia)이라는 의미를 가진 '러시아'라는 이름을 러시아 제국을 위해 독점적으로 사용하기 시작하자 우크라이나의 루스인들은 루스라는 말만으로는 자신들의 독자성을 표현하기에 충분하지 않다고 여기게 되었다.

18세기 후반에는 우크라이나 대부분이 러시아의 지배 아래 들어갔는데, 우크라이나 민족 지식인들은 러시아와 구분되는 우크라이나인으로서의 민족의식을 표현하고자 할 때 그들의 땅을 "우크라이나"라고 불렀다. 19세기에는 '소러시아'라는 말과 '우크라이나'라는 말이 혼용되었다. 사람에 대해서는 19세기까지 '우크라이나인'이라는 명칭이 잘 쓰이지 않다가 20세기에 와서 일반적으로 사용되었다. 우크라이나가 소련의 공화국으로 편입되었을 때 그 정식 명칭은 '우크라이나 소비에트 사회주의 공화국'이었다.

우크라이나는 소련 해체 후 독립한 이 나라의 이름이 되어 있고, 역사상 여러 명칭으로 불렸던 국내외 우크라이나인들은 이제 스스로를 '우크라이나 인'이라 칭한다.

우크라이나인들은 한 번도 독립된 민족국가를 갖지 못했었기 때문에 러시아와 폴란드의 역사관에 의해 그 정통성을 부정당해 왔다. 그러나 우크라이나인들은 다른 역사적 경험을 통해 독자적인 민족성과 문화를 계승 발전시켜 왔다.

우크라이나의 역사는 크게 6개의 시대로 구분된다:

1) 9-13세기의 키예르 루시 시대
2) 14-16세기의 리투아니아-폴란드 지배 시대
3) 16-18세기 코사크 시대
4) 19세기 러시아와 오스트리아-헝가리 제국의 분리 통치 시대
5) 20세기 소비에트 시대
6) 1991년 이후 독립국의 시대

2 사회 · 문화적 환경

우크라이나의 사회·문화적 환경은 지리적 특성, 기후, 인구와 민족, 종교, 교육제도, 복지제도로 나누어서 다음과 같이 정리할 수 있다.

1) 지리적 특성

우크라이나 영토는 러시아를 제외하고는 유럽에서 가장 넓고, 총 면적은

603,700㎢이다. 영토는 동서로는 1,316㎞, 남북으로는 893㎞이고, 총 둘레는 4,558㎞이다. 우크라이나는 위도상으로는 북위 44° 20-52° 20, 동경 22° 05-41° 15에 위치하고 있다. 우크라이나와 국경을 접하고 있는 나라로는 서쪽으로 헝가리(103㎞), 몰도바(939㎞), 폴란드(428㎞), 슬로바키아(90㎞), 남쪽으로 루마니아(531㎞), 그리고 동쪽으로 러시아(1,576㎞)가 있다.

우크라이나 기후는 기본적으로 대륙성이지만 대서양의 영향으로 온난하고 습한 편이다. 겨울에는 동부보다 서부가 따뜻하며 여름에는 반대로 동부가 서부보다 덥다. 북부지역은 전형적인 대륙성 기후를 보이며 하절기와 동절기의 기온차가 뚜렷하다. 이에 비해 남부지방은 크림반도를 중심으로 흑해 연안은 지중해성 기후를 보이며, 크림반도 내륙 일부 지역은 건조한 스텝기후를 갖는다. 우크라이나의 연평균 기온은 북부지방이 5.5℃-7℃이며, 남부지방은 11℃-13℃이다. 1월 평균 기온은 남동지방이 -3℃, 북서지방이 -8℃정도이다.

2) 기 후

우크라이나의 기후는 지역에 따라 다르게 나타난다. 흑해 연안 지대 및 인접 남부지방은 온화한 대륙성 기후, 북부지방과 서북부지방은 폴란드나 벨라루시와 같은 대륙성 기후, 남부의 크림반도는 아열대성 기후를 나타낸다. 우크라이나의 평균기온은 1월 4℃, 7월 23℃이고 수도 키예프의 1월 평균 기온은 -6.1℃, 7월 평균 기온은 20.4℃이다. 우크라이나에서 강수량이 가장 많은 지역인 동카르파티아 산맥에는 평균 1,600mm, 수도 키예프는 615mm, 강수량이 가장 적은 남동부 흑해 연안은 300mm의 강수량을 보인다. 눈은 보통 11월 말부터 내리기 시작한다.

3) 인구와 민족

2001년도 인구조사에 따르면 우크라이나의 총인구는 48,457,102명이었으나, 2008년 10월 4천 6백여 만 명으로 줄었다. 민족 분포는 우크라이나인 77.8%, 러시아인 17.3%, 벨라루스인 0.6%, 몰도바인 0.5%, 크림타타르 0.5%, 불가리아 0.4%, 헝가리인 0.3%, 루마니아인 0.3%, 폴란드인 0.3%, 유대인 0.2%, 아르메니아인 0.2%, 그리스인 0.2%, 그리고 타타르 0.2%로 구성되어 있다.

우크라이나는 높은 사망률과 낮은 출산율로 인해 인구가 감소하고 있는 추세이다. 2007년 우크라이나의 인구 감소율은 세계 4번째를 차지한다. 그러나 현재는 점차적으로 증가하는 추세로 돌아서고 있다. 특히 서부지역을 중심으로 출산율이 증가하고 있으며 외부 이민자들의 비율이 높아지고 있다. 인구의 집중화는 산업이 발달한 동부에 나타나며 도시 거주 비율이 전체 인구에 67.2%를 차지한다.

우크라이나의 인구 이동은 구 소련 붕괴 이후 본격화되었다. 먼저 인구의 유입을 살펴보면, 1991년-1992년 사이에 1백만 명이 넘는 사람이 우크라이나로 들어왔으며 2004년까지 누적된 수는 2백 2십만 명에 달한다. 반대로 우크라이나를 떠난 수는 2백 5십만 명이며 그 중에서 1백 9십만 명은 구 소련 공화국으로 이주하였다. 지금도 저성장과 비고용의 심화로 인해 최대 3백만 명 정도의 우크라이나인이 해외에서 일한다고 추정하고 있다.

국토의 한가운데를 가로지르는 드네프르강을 따라 동쪽 지역은 철강, 광산 등 공업지대로, 러시아어가 통용되며 친러시아 성향이 강하다. 수도 키예프를 포함한 서쪽 지역은 곡창지대로 우크라이나어가 통용되며 친서방 성향을 보인다.

우크라이나는 1991년 독립 이후 연도별 통계기준으로 1993년에 5,224만 4,000명으로 최고치를 기록한 이후 전반적인 감소세를 보이고 있다. 1999년에는 5,000만 명 아래로 떨어졌고 2004년에는 4,800만 명도 안 됐고 2006년에는 4,600만 명대로, 2010년에는 4,500만 명대로 감소했다. 2010년 9월 1일 기준 우크라이나의 인구는 4,583만 1,408명으로 추정되고 있다.

<표 3-1> 우크라이나의 인구 관련 통계자료

구분	통계
연령대별	· 0-14세: 13.9%(남성 3,277,905/여성 3,106,012) · 15-64세: 70%(남성 15,443,818/여성 16,767,931) · 65세 이상: 16.1% (남성 2,489,235/여성 4,909,386)
인구성장률	· -0.651%
출산율	· 9.55 출산/1,000명
사망률	· 15.93명/1,000명
성비율	· 유아: 1.06 남/여 · 15세 이하: 1.06 남/여 · 15-64세: 0.92 남/여 · 65세 이상: 0.51 남/여
유아사망률	· 평균 9.23명/1,000 · 남아 11.48명/1,000 · 여아 6.85명/1,000
평균수명	· 평균 68.06세/남성 62.24세/여성 74.24세

주: 2008년도 통계/출처: CIA 'The World Factbook'.

<그림 3-1> 우크라이나의 연도별 인구 변화 (단위: 천 명)[1]

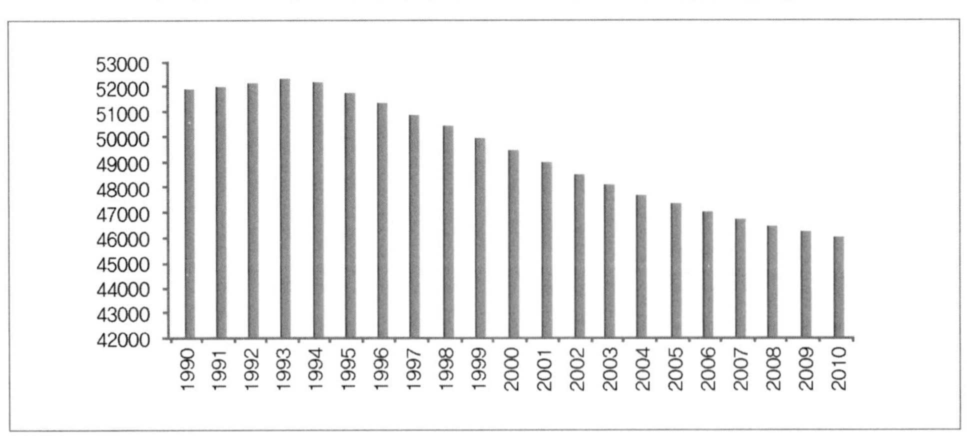

* 자료원: 우크라이나 통계위원회(각 연도 1월 1일 통계기준).

1) KOTRA보고서.

<표 3-2> 우크라이나의 기간별 기대수명

(단위: 세)

대상기간	출생 시 평균 기대수명	성 별	
		남성	여성
1991~92	69.30	64.20	74.18
1992~93	68.67	63.50	73.70
1993~94	67.98	62.78	73.15
1994~95	67.22	61.82	72.72
1995~96	66.93	61.40	72.65
1996~97	67.36	61.91	72.95
1997~98	68.08	62.74	73.50
1998~99	68.32	62.95	73.74
1999~2000	67.91	62.44	73.55
2000~01	68.33	62.77	74.08
2001~02	68.32	62.70	74.13
2002~03	68.24	62.64	74.06
2003~04	68.22	62.60	74.05
2004~05	67.96	62.23	73.97
2005~06	68.10	62.38	74.06
2006~07	68.25	62.51	74.22
2007~08	68.27	62.51	74.28
2008~09	69.29	63.79	74.86

자료원 : 우크라이나 통계위원회.

우크라이나의 평균 기대수명은 70세를 넘지 못하며, 특히 남성의 평균 기대수명은 60대 초반에 지나지 않는다. 반면, 여성의 평균 기대수명은 70대 초반으로 남성과 여성의 평균 기대수명은 10년이 넘는 차이를 보이고 있다.

우크라이나의 평균 기대수명이 1970년대보다도 낮아진 것은 과도한 음주와 높은 흡연율과 AIDS 감염률, 낮은 의료수준, 식습관(고지방 위주, 과다한 설탕

사용 등), 구 소련 시절 기준이 그대로 적용되는 상수도 수질검사 기준, 체르노빌 원전사고의 후유증 등이 원인이 있다.

우크라이나 정부는 낮은 의료수준을 개선하기 위해 의약품, 의료기기, 건강기구 등은 물론 의료서비스 등의 발달을 위해 노력하고 있다.

4) 종 교

1991년 소련체제 붕괴로 독립과 신앙의 자유를 얻게 된 우크라이나는 기쁨은 잠시뿐 사회경제적, 정치적 혼란과 함께 빈곤에 시달리게 되었다. 초대 대통령인 크라프추크(Kravchuk)와 그의 정부는 종교, 특히 우크라이나 정교가 혼란스러운 우크라이나 사회를 통합하는데 도움을 줄 것으로 판단하여 국가가 지지하는 단지 '하나'의 우크라이나 정교회를 만드는 일을 지원했다. 이를 위해 '키예프 총대주교 산하 우크라이나 정교회'가 만들어졌다. 이 교회는 우크라이나 정교회에 대한 모스크바 총대주교청의 종교적 우위권을 거부하였으며 우크라이나 정교회의 종교적 독립을 요구하였다. 그러나 1991년까지 모스크바 총대주교청 관할 전체 교구들 가운데 우크라이나에만 2/3의 교구를 가진 러시아 정교회가 '새로운 교회'를 인정하지 않았다.

그럼에도 불구하고 많은 수의 교구와 종교 공동체가 짧은 기간 동안 광범위한 지역에 세워졌으며, 실제로 구 소비에트 공화국들 가운데 우크라이나에서의 종교적 붐이 가장 두드러졌다. 또한 현대 우크라이나에서는 구 소련 공화국들 중에서 비교적 신앙의 자유가 잘 보장되고 있다.

우크라이나의 종교는 우크라이나 정교회 55%, 로마가톨릭 15%, 개신교 3.2%, 유대교 0.94%, 회교 0.47% 정도의 비율로 구성되어 있다.

1991에서 2007년까지 우크라이나 정부에 등록된 종교공동체의 현황은 다음과 같다.

<표 3-3> 우크라이나 종교공동체 현황

<table>
<tr><th>연도
종파</th><th>1991</th><th>2001</th><th>2003</th><th>2005</th><th>2006</th><th>2007</th></tr>
<tr><td>우크라이나 정교회
(모스크바 총대주교청 산하)</td><td rowspan="2">6,037</td><td>8,953</td><td>9,952</td><td>10,566</td><td>10,763</td><td>10,972</td></tr>
<tr><td>우크라이나 정교회
(키예프 총대주교청 산하)</td><td>2,760</td><td>3,186</td><td>3,484</td><td>3,685</td><td>3,824</td></tr>
<tr><td>우크라이나
독립 정교회</td><td>250</td><td>1,013</td><td>1,107</td><td>1,172</td><td>1,164</td><td>1,154</td></tr>
<tr><td>우크라이나
그리스가톨릭교회</td><td>1,998</td><td>3,268</td><td>3,292</td><td>3,386</td><td>3,438</td><td>3,476</td></tr>
<tr><td>로마가톨릭교회</td><td>315</td><td>798</td><td>840</td><td>870</td><td>872</td><td>883</td></tr>
<tr><td>세례파교회</td><td>1,137</td><td>2,033</td><td>2,153</td><td>2,394</td><td>2,436</td><td>2,462</td></tr>
<tr><td>오순절파교회</td><td>666</td><td>1,066</td><td>1,240</td><td>1,364</td><td>1,391</td><td>1,403</td></tr>
<tr><td>전체</td><td>10,810</td><td>23,400</td><td>26,271</td><td>28,481</td><td>29,262</td><td>29,913</td></tr>
</table>

5) 교육제도

우크라이나 교육기관의 절대다수는 소비에트시기와 같이 공립학교이다. 우크라이나 학제는 취학전(유치원)교육, 일반중등교육, 특수학교, 직업기술교육, 고급교육 및 대학교육, 대학원교육, 독학교육 등이 있다.

6개월-3세 미만의 아동은 보육원에 맡기고, 2세-6세 아동을 대상으로 하는 취학전(유치원)교육은 현재 전체 아동의 2/3가 받고 있다.

총 12년인 일반중등교육은 4년제 1차(초등)일반교육, 5년제 2차(기본중등)교육, 3년제 3차(완전중등)교육으로 이루어져 있다.

초등학교는 6세에 입학, 4년 후 졸업하고, 기본중등학교는 의무교육이며 초등학교 졸업자에 한하여 입학이 허가된다. 완전중등학교와 직업기술학교는 기본중등학교 졸업자가 입학한다. 대학은 완전중등학교 12년 이수자가 시험을

치고 입학한다. 대학은 5년이고, 의과대학은 6년, 공과대학은 5년 반 또는 6년이다.

우크라이나 교육에 대해서는 헌법 제53조에 규정되어 있으며, 교육법, 취학 전 교육법, 초등교육법, 중등교육법, 고등교육법 등이 있다. 우크라이나 교육 관련 법률은 우크라이나어로 작성되어 있다.

교육 예산은 국가 총예산의 25%인 약 122억 달러이지만, 매우 부족하다. 많은 교사들은 봉급 수준이 낮아서 부업을 갖고 있다. 이로 인해 교사들의 자질 개선이 어렵다. 국가 재정이 어려워서 컴퓨터 등 교육자재도 부족하고, 외국의 선진교육제도를 도입하는데 어려움이 있다. 게다가 성비도 불균형이어서 여성 교사가 대다수를 차지하고 있다.

2007/2008 회계연도에 일반 중등학교 교원 수는 53만여 명이고, 교사는 일반교사와 고급교사(교수)의 2부류로 분류된다. 일반교사는 월급은 약 313달러이고, 고급교사(교수)의 봉급은 약 338달러이다. 매년 1개월 봉급의 상여금이 지급되며, 경력에 따라 3년 경력은 10%, 10년 경력은 20%, 20년 경력은 30%의 봉급이 추가 지급된다.

우크라이나에는 취학전학교(유치원 등)가 15,100개, 일반중등학교는 21,200개, 특수학교는 1,497개, 고등교육기관인 단과대학과 대학은 각각 553개, 351개, 대학원교육기관은 500개(교육과학부 직속 200개 포함)가 있다. 연구기관으로는 146개의 연구소가 있다.

취학 전 학생은 1,137,000명(해당 연령 어린이의 약 54%), 일반초등교육 학생은 4,857,000명, 특수학교(직업학교, 예술학교 등) 학생은 1,200,000명이고, 고등교육기관인 단과대학과 대학은 각각 441,300명과 2,372,000명, 대학원생은 32,497명, 박사과정에 재학하고 있는 대학원생은 1,418명이다.

독립 이후 우크라이나의 교육제도는 구 소련 교육제도와 서구식 교육제도의 특징을 결합하는 형태로 이루어져 있다. 구 소련 체제에 오랜 기간 편입되어 있었고, 독립 이후에는 서구의 표준을 지향함에 따라 이들 요소들은 우크라이나 교육제도의 종합적인 성격에 영향을 미쳤다.

한편으로, 구 소련 교육제도의 특징은 일반교육과 중등전문학교의 무상교육, 고등교육의 부분적 무상의 성격, 직계 체제 및 학위등급, 교육부와 고등 및 중등전문교육부 간의 분리, 칸디다트와 독토르 학위제, 과학아카데미 지부 시스템의 존재 등으로 유지되고 있다.

다른 한편으로 서구교육시스템의 특징으로는 학사와 석사 학위의 분리, 시장 원리, 시험과 순위 시스템, 고등교육기관의 유상교육 도입 등이 우크라이나의 새로운 제도로 도입되었다.

우크라이나는 구 소련 사회주의 교육의 영향으로 높은 문해율과 취학률을 보여 주고 있다. 국민들의 교육수준은 우크라이나 교육의 성과 중에 하나이다.

6) 복지제도

우크라이나는 소비에트체제의 복지제도 유산을 유지하고 있기 때문에 자국의 경제력에 비해서는 복지제도의 법적·제도적 장치가 잘 갖추어져 있다고 평가받고 있다. 복지제도를 향상시키기 위한 정책은 크게 교육, 보건, 노동시장과 고용, 공공재 서비스, 아동복지, 양성평등, 사회보호, 연금개혁 부문에서 이루어지고 있다.

교육부문의 복지제도에 핵심이 되는 내용은 교육법에서 밝히고 있는 12년 무상의무교육의 추진에 있다.

우크라이나 연금제도는 1922년 법령에 의해 처음 도입되었다. 근거법령은 1991년 연금법과, 2003년 의무국가연금보험법, 2005년 사회부조법이 있다. 연금제도의 형태는 사회보험 및 사회부조시스템이다. 보충 의무개인구좌 관련 법령이 2003년에 소개되었지만, 현재 지연되고 있는 상태이다.

적용대상은 전국민, 외국인, 고용계약 또는 민법상 계약에 의한 무국적 근로자, 자영업자이고, 임의 가입도 가능하다. 근로자는 월소득의 2-5%를 납부하고, 자영업자는 월 최저소득의 33.2%를 납부한다.

연금시스템 개혁 부문은 연금을 현실화시키는 프로그램이다. 연금수령자들이 받는 연금이 실제 생활을 지탱하기에는 부족하기 때문에 이를 제도적으로 개선하려고 시도하고 있다.

보건부문은 의료체계의 개선, 의료장비의 현대화, 의료수준의 선진화, 여성과 아이를 위한 의료 혜택 강화 등과 같은 정책이 추진 중에 있다.

노동시장과 고용 부문에서 문제점은 매년 배출되는 노동력과 이를 받아들이는 고용시장의 불균형에 있다. 이를 해결하기 위해서 노동시장의 수요와 공급의 균형, 시골 노동력의 경쟁력 강화, 고용촉진을 위한 투지 환경의 개선, 고용창출을 위한 2차 산업의 육성, 직업교육의 강화, 가내수공업과 중소기업 육성 등과 같은 정책을 추진하고 있다.

사회보호 강화 부문은 장애인을 위한 프로그램이다. 우크라이나는 장애인을 위한 휠체어, 보청기, 점자도서 보급 등을 추진하고 있으며, 궁극적으로 국제수준에 적합한 재활 프로그램 도입을 목표로 프로그램을 진행하고 있다.

3 정치 · 경제적 환경

1) 우크라이나의 독립

우크라이나는 역사와 문화적으로 러시아와 유사성을 지니고 있기 때문에 소연방으로부터 독립하기 위한 강력한 투쟁을 전개하지는 않았다. 그럼에도 불구하고 우크라이나의 정체성을 간직하고 있는 서부지역을 중심으로 독립을 위한 세력이 조직되었고, 대표적인 단체는 1989년 우크라이나 작가동맹에 기초하여 개혁 세력으로 탄생한 '루흐(Rukh)'였다.

이러한 루흐와 같은 시민조직이 존재하고 있었기 때문에 어느 정도 우크라이나가 소연방의 와해라는 외부적인 요인으로만 독립을 달성한 중앙아시아나 벨라루시와 차별성을 가지게 되었다. 그러나 우크라이나 민족주의를 대변하고 있는 루흐는 우크라이나 서부와 수도 키예프(Kyiv)를 중심으로 활동하였기 때문에 남동부지역에서는 그 활동이 제한되었으며 그로 인해 국가 전체의 통합적 이해관계를 대변하지 못하는 한계를 가졌다.

독립에 있어서 또 하나의 축은 우크라이나 공화국 공산당 서기 크라프츄크의 역할이었다. 1991년 8월 24일 우크라이나 의회는 우크라이나의 독립을 선언하였으며, 1991년 12월 독립에 대한 국민투표를 실시하여 90% 이상의 지지를 얻어 독립하였다. 독립에 이르는 과정에서 크라프츄크를 중심으로 한 우크라이나 공산세력은 자유를 희구하는 여론에 부응할 필요성을 인식하고 우크라이나 민족주의세력과 협력하여 '민족공산주의세력'을 형성하였다. 민족공산주의세력이 우크라이나 민족이익의 대변자로 등장함에 따라 루흐는 우크라이나의 독립이라는 목표 아래 크라프츄크의 민족공산주의세력과 연합하게 되었다. 루흐와 연합한 민족공산주의세력은 우크라이나 민족이익을 대변하여 모스크바에 대항하였으며 외적으로는 모스크바와 내적으로는 민족주의세력들과 큰 갈등을 일으키지 않고 독립을 추진해나갈 수 있었다.

2) 크라프츄크 집권기(1991-1994년)

크라프츄크는 소연방 붕괴 말기에 우크라이나 최고회의 의장에 임명되었으며 민족공산주의세력의 지지를 받아 1991년 12월 실시된 우크라이나 최초의 대통령선거에서 분열된 우크라이나 민족주의세력을 상대로 1차 투표에서 과반수가 넘는 62%의 지지를 받아 초대대통령에 당선되었다. 크라프츄크의 최우선 과제는 대내외적으로 실질적인 주권국가를 형성하고 안정적인 정치경제체제를 확립하기 위해, 크라프츄크는 국제사회에서 독립국가로서의 승인을 얻고 국가를 방어할 독자군을 창설했으며 내부적으로는 대통령과 라다(의회)의 기능을 확대해갔다.

크라프츄크는 러시아와는 달리 시장경제로의 이행을 위한 급진적 경제개혁

프로그램을 받아들이지 않고 점진적 개혁을 통한 경제체계의 변화를 추구했다. 그러나 이러한 경제개혁 정책은 성공하지 못했다. 경제적으로 긴밀한 연관성을 가지고 있는 러시아로부터 경제적 독자성을 확보하는 주권확립도 어려웠으며 경제정책의 실패는 국가건설의 동력을 잃게 만들었다. 경제정책의 실패로 1993년 여름에 동부 돈바스지역에서 대대적인 파업이 발생했다. 이러한 파업은 국회의원과 대통령의 조기 선거실시를 합의로 종결되었다.

1994년 6월에 실시된 임기 전 크라프츄크 정부에 대한 신임을 묻는 대통령 조기선거는 현직 대통령이었던 크라프츄크와 1992년-1993년 동안 총리로 재직하였던 쿠츠마의 대결로 압축되었다. 접전 끝에 쿠츠마가 결선투표에서 52% 대 45%로 승리하였다. 경제위기의 심화로 크라프츄크는 국가건설이라는 업적을 제대로 평가받을 수 없었다. 반면 크라프츄크의 개혁실패를 비판하고, 러시아와의 관계개선, 그리고 미래 경제비전 및 타 민족의 권리보장 등을 공약한 쿠츠마가 선거에서 승리하였다. 그의 대통령당선은 당시까지 탈소연방 국가에서는 없었던 선거를 통한 민주적 정권교체라는 중요한 의미를 지녔다. 그럼에도 불구하고 민주적 정권교체가 곧 정권의 민주화를 의미하는 것은 아니었다.

우크라이나 정치의 주요 균열구조인 지역구도 역시 명확히 드러났다. 공산당을 비롯한 좌파세력이 동남부 우크라이나에서 주로 승리한 반면에 민족주의자와 개혁세력은 서부지역에서 우세를 보였다. 정치권의 혼란과 불안정은 안정적인 국정운영에 부정적으로 작용하였다.

3) 쿠츠마 집권 1기(1994-1999년)

쿠츠마 대통령의 가장 중요한 국가현안은 국가경제의 회복이었다. 쿠츠마 정부는 1994년 10월 지난 정부와 같은 온건한 개혁이 아니라 강력한 경제개혁에 착수했다. 쿠츠마 정부는 가격자유화와 사유화조치를 추진하였으며 우크라이나의 화폐 '흐리브나(hryvnia)'를 도입하여 거시경제의 안정을 꾀했다. 경제개혁은 시행 초기 상당한 성과를 거두었지만 지속적으로 발전하지는 못했다.

쿠츠마 정부가 정치 부문에서 추진한 주요 업무는 신생국으로서 국가건설 과정에 필요한 제반 법규의 제도화였다. 그는 이해대립으로 채택하지 못하고 있던 헌법을 1996년 통과시킴으로써 정치제도의 기틀을 마련했다. 그러나 문제는 대통령의 권력을 견제할 수 있는 제도나 기구가 약하다는 것이었다. 의회는 다양한 세력이 이해관계에 따라 분파를 구성하여 이합집산을 거듭하였고, 정당의 발전수준은 극도로 낮았다.

1998년 총선에서의 패배는 쿠츠마로 하여금 이듬해의 대선에서 재선이 불가능할 수 있다는 위기의식을 갖게 하였다. 따라서 쿠츠마는 강력한 경쟁자였던 라자렌코를 추방하고, 1995년-1996년 총리를 역임한 마르츄크를 중도우파로 출마시키고, 개혁주의자인 국립은행장 유센코와 같은 잠재적 경쟁자들을 출마포기시키는 등 자신의 재선계획을 주도면밀히 추진하였다.

그러나 쿠츠마는 선거운동 과정에서 발생한 대대적인 행정력 동원과 대중매체를 일방적으로 이용했다는 비난을 면치 못했다.

4) 쿠츠마 집권 2기(1999-2004년)

재선 이후 쿠츠마 정부의 권위주의적 경향은 심화되었다. 2000년 1월 국회의장과 제1부의장을 해임함으로써 의회의 지도부에서 좌파세력을 제거하였다. 쿠츠마는 2000년 4월에 국회의원의 총체적 면책특권 폐지, 국회의원 의석 수를 300석으로 축소, 대통령의 의회해산권 확대, 그리고 양원제 도입 등 대통령권한 확대를 골자로 하는 헌법개정안을 공론화시켰다. 그러나 결국 헌법수정안은 실패로 돌아갔다.

쿠츠마 2기에 들어서도 경제는 여전히 어려운 과제였다. 1998년 러시아에 이어 우크라이나 역시 재정위기에 직면하였다. 우크라이나는 서방국가의 경제적 지원이 절실히 필요하였기 때문에 서방국가들은 우크라이나에게 시장경제 개혁을 압박하기 시작하였다. 이에 쿠츠마는 우크라이나의 채무불이행 사태에 대처하기 위해 1999년 12월 유센코 국립은행장을 총리로 임명했다. 유센코는

깨끗한 이미지와 더불어 사유화와 기업규제 축소 등의 개혁조치를 강력히 추진하였으며 정부재정 불균형과 연금 · 임금 체불문제도 개선하였다. 그러나 쿠츠마를 둘러싼 올리가르히(Oligarch)와 결탁한 정치세력들은 유센코 총리 등의 경제개혁정책이 자신들의 이익을 위협한다고 판단하고 2001년 교체하였다.

이러한 쿠츠마 정부의 퇴행적 정책은 2000년 가을 반정부성향의 인터넷 신문기자인 공가제(Hryhorii Gongadze)가 실종되었다가 10월 시체로 키예프 근교 숲에서 발견된 공가제사건으로 다시 국민들을 분노케 하였다. 사회당 대표인 모로즈는 대통령이 공가제 실종사건과 관련 있다는 테이프의 존재를 공개했다. 이 테이프로 인해 공가제사건은 일명 '쿠츠마게이트,' 혹은 '카세트 스캔들'로 비화되었다. 이 사건으로 2000년 말 쿠츠마는 정치적 위기에 직면했다. 반면에 쿠츠마에 반대하는 정치세력은 국민의 지지를 받고 있던 유센코 측에 모여들었다. 이들은 '우리 우크라이나(our Ukraine)' 정치세력을 형성하여 2002년 총선에 참여했다.

쿠츠마는 대통령 재임 10년 동안 흑해함대 문제를 매듭짓고 러시아로부터

<표 3-4> 우크라이나 2002년 3월 총선 결과

	정당비례 득표율(%)	비례 의석 수	지역구 의석 수	전체 의석 수
공산당	20.2	59	6	65
사회당	6.9	19	3	22
통합우크라이나	11.8	35	66	101
사회민주주의(연합)	6.3	19	5	24
율리아티모셴코 블록	7.3	22	-	22
우리 우크라이나	23.6	70	42	112
기타 정당	16.1	-	9	9
무소속	-	-	83	83
총계		225	225	450

완전한 독립을 이루었으며 헌법을 채택하고 후반기에 일부 경제개혁을 추진했으나, 국민이 원하는 강력한 경제개혁을 추진하지 못했다. 1996년 헌법이 채택되었지만 대통령과 의회의 권력을 둘러싼 대립이 계속되었다.

5) 2004년 대통령선거와 오렌지혁명

선거운동의 양상은 내부적으로 우크라이나 동부와 서부의 지역 간 대결구도로 나타났고, 대외적으로는 서방과 러시아의 대결구도로 나타났다. 동부 돈바스에 기반을 두고 있는 야누코비치는 남동부지역에서 반면에 개혁성향의 유센코는 중서부지역에서 지지를 확보하고 있었다. 또한 우크라이나에서 친서방정권의 탄생을 원치 않았던 러시아는 친러파인 야누코비치를 지원했던 반면에 서방측은 자유주의 개혁파인 유센코를 지원하였다.

2004년 10월 1차 투표에서 1, 2위를 한 야누코비치와 유센코가 11월 결선투표를 치렀다. 쿠츠마 정부는 야누코비치를 당선시키기 위해 대대적인 부정선거를 저질렀다. 오렌지색 물결로 뒤덮은 항의집회는 마침내 대법원의 선거재실시 평결을 이끌어냈다. 대법원은 결선투표 결과를 무효화하고 12월 26일 재선거를 실시하도록 판결하였다. 다시 실시된 결선투표는 미디어의 독립, 관료동원 배제, 그리고 공정한 감시 속에서 수행될 수 있었다. 결과적으로 유센코는 75%의 유효투표 중 52%를 획득하여 44%에 그친 야누코비치를 누르고 대통령에 당선되었다. 이로써 유센코 선거운동색상에서 이름 지어진 오렌지혁명은 국민이 열망하던 정권교체에 성공하였다.

6) 유센코 집권기(2005-2010년)

유센코는 청렴결백하고 효율적인 정부를 운영할 것이라는 국민의 높은 기대 속에서 대통령에 취임했으나, 경제난은 심화되고 권력층의 부정부패도 해결하지 못하고 경제관리 체계와 국가제도의 개혁도 제대로 수행하지 못했다.

신정부 탄생시 약속했던 자유주의 개혁은 실현되지 못한 채 정부의 규제심화 정책은 오히려 경제상황을 악화시켰다. 경제성장률도 2004년에는 12%였지만, 2005년에는 2%로 급격히 추락하였다.

티모센코 총리는 사회복지정책을 중시하였으며 기업가들과는 거리를 두었고 일부 기업을 다시금 국유화하고자 했다. 국민들은 오렌지혁명 이후 반부패 개혁도 경제정의도 실현하지 못한 채 15%에 달하는 인플레이션과 경제 둔화를 초래한 유센코 정부에 실망하고 있었다. 2005년 9월 오렌지혁명의 한 축이었던 티모센코가 해임되었다. 그녀의 후임에는 쿠츠마의 측근이었던 예하누로프(Yuri Yekhanurov) 드네프로페트로프스키 주지사가 임명되었다. 예하누로프 내각은 기업의 재국유화정책을 종결하고 크리보리즈스탈(Kryvorizhstal)을 미탈(Mittal)철강에 그리고 우크라이나의 대규모 은행도 외국에 판매하였다. 이러한 과정을 통해 외국으로부터 대규모 직접투자를 받게 되었다.

대외관계에서도 유센코 대통령의 친서방정책은 EU나 NATO 가입 등과 같은 뚜렷한 성과도 없이 러시아와의 갈등을 키웠으며 2006년 초 러시아의 가스공급 차단사태까지 이어졌다. 러시아는 2005년 말 갑자기 우크라이나에 공급하는 천연가스의 가격을 국제가로 책정하여 기존가격에 비해 5배 인상을 요구했다. 이에 응하지 못한 우크라이나에게 러시아는 2006년 초 가스공급을 중단하였다. 이후 가스가격을 우선 2배 인상하기로 합의하여 공급이 재개되었으나 이 사태로 국민들은 유센코 정부에 더욱 실망하게 되었다.

이러한 상황 속에서 2006년 3월 총선이 실시되었다. 과거와 달리 미디어의 독점이나 부정 없이 선거는 공정하게 이루어졌다. 다만 2006년 총선은 변화된 선거제도에 따라 실시되었다. 개정된 법에 따르면 국회의원 전원이 정당비례대표로 선출되며, 3% 미만을 득표한 정당에게는 의석을 배분하지 않고, 의원의 임기는 4년에서 5년으로 확대되었다. 당적을 변경하면 의원직도 자연적으로 소멸되기 때문에 골치 아픈 정치 문제였던 당적변경은 불가능해졌다. 새로운 제도에 따른 총선 결과 누구도 과반수(226석) 의석을 확보하지 못한 채 정치적 교착상태에 빠지게 되었다. 결국 7월 지역당, 사회당, 공산당이 연립하여 제1당인 지역당의 야누코비치를 총리로 하는 내각이 구성되었다. 이로써 2004년 대선 당시 정적이었던 유센코와 야누코비치의 동거가 이루어졌다. 하지만 유센코와 야누코비치 누구도 권력을 독점하지 못하는 불편한 공존이었다. 가장 대조적인 정책은 대외안보정책이었다. 친서방을 표방하는 유센코 대통령과 친러성향의 야누코비치 총리는 국가의 대외안보 파트너를 유럽으로 해야 하는가, 아니면 러시아로 해야 하는가에 있어서 대립적이었다.

2007년 9월 30일 조기총선 결과 5개 정당이 3% 이상을 득표하여 의회에 진출하였다: 지역당 175석(34.37%), 율리아티모센코 블록 156석(30.71%), 우리 우크라이나 72석(14.15%), 공산당 27석(5.39%), 리트빈 블록 20석(3.5%). 율리아티모센코 블록과 우리 우크라이나 소속 의원 227명이 다수당 연립을 결성하였고, 티모센코는 다시 총리로 임명되었다.

그러나 불안정한 연립은 2008년 9월 또 다시 정치적 위기를 불어왔다. 8월초 러시아와 그루지야 간의 군사분쟁에 대한 우크라이나의 대응책에 있어서 유셴코와 티모센코 간 대립이 불화의 시작이었다. 대통령은 그루지야를 지지하고 러시아를 강하게 비판하며 러시아 흑해함대의 세바스토폴 항구의 출입을 사전보고를 요구하는 법령을 공표했다. 반면 총리는 분쟁 양국에 대해 중립적인 입장을 취함으로써 러시아에 대한 비난을 이완시켰다.

7) 야누코비치 대통령 집권기(2010년-현재)

2010년 1월 17일 대통령선거 결과 과반수를 득표한 후보가 없어 상위 2명의 후보인 야누코비치 후보와 티모센코 후보만을 대상으로 한 2010년 2월 7일 결선투표에서 빅토르 야누코비치 후보가 당선되었다. 야누코비치 대통령은 지역당, 리트빈블록, 공산당 등으로 구성된 '안정과 개혁 연합'이라는 연정을 구성하여 아자로프를 총리로 임명하였다.

2010년 9월 30일 우크라이나 헌법재판소는 2004년 12월 국회를 통과했던 헌법개정안에 대해 위헌 및 무효 판결을 내림으로써 기존 국회에서 갖고 있던 총리, 국무위원 및 기타 중앙정부 기관장에 대한 임명권 등 막강한 권한을 보유한 대통령중심제로 복귀하게 되었다.

4 외교 및 국방

우크라이나는 독립 이후 서방과의 관계 개선 및 WTO, NATO 및 EU 가입을 추진하면서도, 서방과 러시아 사이에서 균형외교를 추구하고 있다. 우크라이나의 외교노선은 대내외적 환경 변화에 따라 친서방 정책과 친러정책을 추구해 왔다. 우크라이나의 대외정책에 변화를 초래한 요인들로는 정치권 내부의 권력투쟁, 국가의 발전방향을 둘러싼 국론분열, 서구 정치경제체제로의 편입을 향한 우크라이나의 국가발전을 이루려는 열망, 러시아의 과도한 우크라이나 '길들이기' 등 다양하다.

그러나 우크라이나의 대외정책 변화에 일관되게 크게 영향을 준 핵심요인은 우크라이나를 둘러싼 미국과 러시아 간 치열한 세력 경쟁이라고 할 수 있다. 이는 우크라이나가 탈 소비에트 공간에서 형성된 여타 신생국들과는 달리 미・러의 이해관계가 가장 민감하게 그리고 직접적으로 교차하는 지정학적 공간이라는 사실과 관련이 있다.

미국에게 있어서 우크라이나는 강력한 러시아의 부활을 억제하면서 나토의 세력을 확대할 수 있을 뿐만 아니라, 에너지자원이 풍부한 카스피해 연안지역에 대한 접근을 용이하게 해준다. 반대로 러시아의 입장에서 우크라이나는 나토의 동진팽창을 차단하는 방역선이자 러시아의 영향력을 중부유럽과 동부유럽에 확장하기 위한 교두보이고, 흑해와 CIS 지역에 대한 헤게모니 장악의 필수불가결한 전제조건이다.

서유럽과 러시아를 잇는 전략적 요충지에 자리한 우크라이나는 그 국가적 위치와 국가가 지닌 잠재력으로 말미암아 우크라이나의 대외정책, 즉 친서방

노선 또는 친러노선 선택 여부에 따라 중부 유럽, 동부 유럽 및 CIS 지역을 둘러싼 미국과 러시아 간 세력 상관관계에서 중요한 변화가 초래될 수 있기 때문이다. 그래서 우크라이나는 서방과 러시아 모두가 우호적 관계를 유지하려고 노력하는 국가이다.

미국으로 대표되는 서방과 러시아 간 치열한 세력 각축 속에서 우크라이나가 대외정책의 방향을 설정하는 것은 쉽지 않다. 우크라이나의 대외정책은 국내적 환경뿐만 아니라 외부적 조건에 따라 언제든지 변동이 수반될 수 있는 취약성을 내포한다. 1991년 독립 이후 지난 20년 동안 친러와 반러, 친서방과 반서방 등 대외정책의 변화 과정이 이를 상징적으로 보여준다 하겠다.

우크라이나는 NATO 가입을 목표로 군 조직 및 체제를 재편성하고 무기를 현대화하는 등 NATO 기준으로 군 개혁 추진하여 왔으나 친러 성향의 정부인 야누코비치 대통령이 등장하면서 NATO 가입은 실현가능성이 사라졌다.

우크라이나는 독립 직후 1991년 12월 구 소련으로부터 인수한 장비 및 병력을 중심으로 독자적 군대를 창설했다.

소련 16개 군관구 중 '키예프'군관구, '오뎃사'군관구, '트랜스카르파티야'군관구 등 3개 군관구를 그대로 인수하였으므로, 병력은 78만 명, 전차 6,500대, 장갑차 7,000대, 전술항공기 1,500여 대, 대륙간탄도미사일 1,400여 기, 핵탄두 1,800여 개 등 유럽 내 1위였다. 대륙간탄도미사일 및 핵탄두는 추후 핵 페기 합의에 따라 러시아에 이관 또는 해체하였다.

현재 우크라이나군은 육군, 공군, 해군으로 편성되어 있으며, 병력은 13만여 명으로 크게 축소되었고, 국가 재정이 어려워 군사력은 크게 축소되었다.

우크라이나는 군 개혁을 추진하고 있다. 기본 방향은 국가 이익보호와 영토보존의 기본적인 목표 아래 국제사회와 함께 집단 방위 체제 구축 및 세계평화유지활동에 적극 참여할 수 있는 소규모 정예군 구성하는 것이다. 병력규모를 총 9-10만명 수준으로 대폭 감축하고 있다. 우크라이나는 이라크 다국적군 활동에 1,587명 규모 병력 파견하였다.

우크라이나는 군의 전투력 제고 및 전쟁 발발 등 비상시 기동성 향상을 위해 군 체계 및 구성을 전면적으로 개편하고, 무기 및 장비의 현대화와 군의 소수 정예화 정책을 추진하고 있다.

5 경제구조 변화 및 발전전략

우크라이나의 독립은 전혀 준비되지 않은 상황에서 갑작스럽게 위로부터 결정되었으며, 우크라이나는 무엇보다도 경제적 안정과 발전, 그리고 사회주의 경제시스템을 자본주의 시장경제로 전환하여야 하는 문제에 직면하게 되었다.

다른 CIS 국가들처럼 우크라이나도 독립 당시에는 시장경제에 대한 준비가 되어 있지 않았다. 크라프추크(L. Kravchuk) 초대 우크라이나 대통령의 경제자문인 예멜랴노프(O. Yemelianov)가 1992년 3월 24일 '국가경제기본계획'을 발표하였지만 시장경제체제로 이행하기 위한 구체적 계획이 포함되어 있지 않았다.

우크라이나는 국가 차원에서 전체 산업을 대상으로 육성하는 포괄적인 경제개발계획 또는 산업육성정책이 없고, 개별 산업별 육성책이 수립, 시행되고 있다. 야누코비치 정부는 경제위기 극복을 위한 다양한 경제개혁정책을 구상중이며 장기적인 국가 경제개발전략도 수립할 것으로 알려져 있지만 구체적인 내용은 아직 발표되지 않고 있다. 신정부 출범 후 러시아와의 산업협력이 크게 강화되고 있으며 대표적인 분야는 가스수송시스템, 항공산업, 우주산업, 원자력 발전 및 연료분야 등이다.

2008년 금융위기에 따른 소비위축, 주력산업인 철강산업의 침체 등으로 2009년 GDP 성장률이 −15를 기록하였으나, 2010년에는 국제 원자재가격 상승 등의 영향으로 경제가 약간 성장하였다. IMP 구제금융 지원에 따른 재정적자 규모를 축소해야 하므로 우크라이나 정부는 긴축재정을 편성할 것이고,

이로 인해 사회복지예산을 축소할 수밖에 없다.

우크라이나의 대표적인 자원은 석탄과 철광석이고, 티타늄, 망간광, 우라늄 등 비철금속도 골고루 매장되어 있으나 원유나 천연가스와 같은 에너지 자원의 매장량은 적다.

<그림 3-2> 우크라이나의 연도별 GDP 성장률 추이

(단위: %)

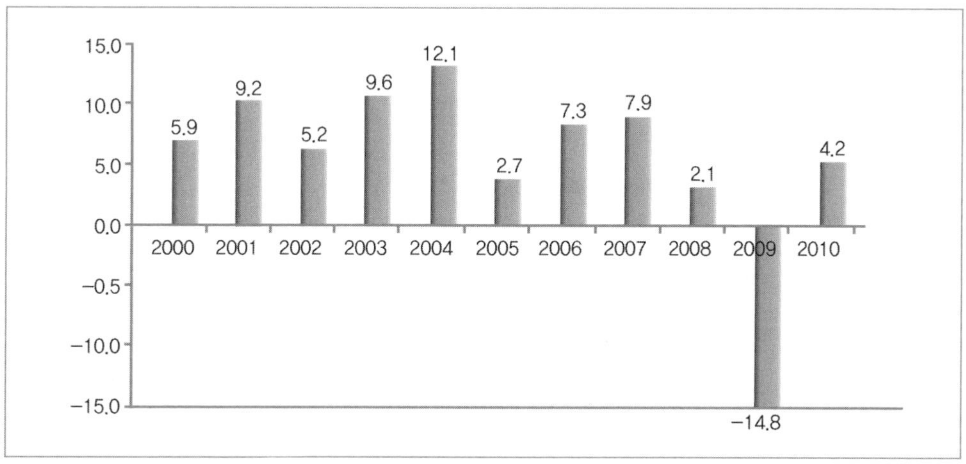

자료원: 우크라이나 통계청.

<표 3-5> 우크라이나의 전체 수출입 현황

(단위: US$ 백만)

구 분	2006년	2007년	2008년	2009년	2010년	2011년 1월-5월
총교역	83,402	109,918	152,538	85,139	112,170	58,536
수 출	38,368	49,248	67,003	39,703	51,431	26,955
수 입	45,034	60,670	85,535	45,436	60,740	31,581
수 지	-6,667	-11,422	-18,532	-5,733	-9,309	-4,626

자료원: 우크라이나 통계청.

<표 3-6> 우크라이나 주요 광물자원 매장량

자원명	매장량 (단위)
원유	153.0 (백만 톤)
천연가스	1,148.3 (10억 입방미터)
석탄	43,300.0 (백만 톤)
납과 아연	2,213.7 (천 톤)
티타늄	92,717.0 (천 톤)
철광석	26,321.4 (백만 톤)
망간광	2,276.4 (백만 톤)
우라늄	96.0 (천 톤)

주: 우크라이나 국가자원위원회(2011년 4월 기준).

우크라이나는 세계에서 가장 비옥하다는 흑토로 덮여 있고, 풍부한 노동력을 보유하고 있어 농업에 관한 한 좋은 여건을 갖고 있다. 국토 총면적 6,030만 헥타르 중에서 67%가 농지이고, 54.4%가 경작 가능 면적이다. 그럼에도 불구하고 가공, 저장, 유통 등의 인프라가 부족하여 많은 농산물을 수입하고 있다. 우크라이나 농업 분야 잠재력은 다른 어떤 분야보다도 크다. 장기적으로 농업 분야 진출도 고려해 볼 만하다.

우크라이나는 우주선을 자체적으로 설계, 제작, 발사할 수 있는 국가로서 우주선 및 발사대 설계연구센터 7개, 우주선 제조기업 12개, 기타 전문업체 13개사가 있다. 우크라이나가 우주산업 발달의 토대가 된 것은 풍부하게 매장된 티타늄 때문이다. 우크라이나는 현재 5가지 종류의 로켓으 생산하고 있으며, 가격 경쟁력을 보유하고 있어 다른 국가로부터 위성 발사체 제작 주문을 많이 수주하고 있다.

우크라이나는 세계적인 곡창지대인 흑토지대[2]와 온화한 기후조건 등을 기

2) 흑토는 낙엽 등이 떨어진 후 미생물 활동으로 썩어 암회색의 토양층을 형성한 것으로 유기물을 많이 함유해 농사에 매우 이상적인 토지다. 전세계 흑토의 4분의 1이 우크라이나에 있다.

반으로 소비에트 시대에는 농산품 총생산액의 절반을 산출하였다. 2011년 현재 우크라이나는 세계 5위 정도의 곡물 수출대국으로서 농업 분야 투자를 확대할 경우 수확량을 지금 보다도 2배 이상 늘릴 수 있고 육류시장에서도 수출대국이 될 수 있을 정도로 농업잠재력은 매우 크다. 우크라이나의 올해 곡물 수출은 지난해보다 2배 이상 증가한 2,000만에서 2,500만t에 이를 것으로 우크라이나 농무부는 전망하고 있다.

전문가들은 기후변화로 인한 농산물 수급불균형과 신흥국의 수요 증가 등으로 농산물가격이 향후 10년간 상승세를 보일 것으로 예상돼 우크라이나 농업에 더욱 유리한 환경을 제공할 것으로 전망하고 있다.

농업은 사양산업이라는 일반적인 편견과 달리, 우크라이나에서 농업은 가장 전도 유망한 미래산업 중 하나로 꼽히고 있다. 글로벌 투자자들도 우크라이나 농업의 성장 가능성에 주목하고 있다. 글로벌 메이저업체인 카길과 ADM, 토퍼

<표 3-7> 우크라이나 경제지표

경제지표	단위	2008	2009	2010	2011
GDP	십억 달러	180.0	117	137	-
1인당 GDP	달러	3,891	2,545	3,007	-
실질GDP 성장률	%	2.3	-14.8	4.2	-
소비자물가 상승률	%	22.3	12.3	9.1	3.3 (3월)
산업생산 증가율	%	-5.2	-21.9	11.2	10.5 (1-2월)
수출	백만 달러	66,954	39,703	51,431	4,621 (1월)
수입	백만 달러	85,535	45,436	60,740	5,038 (1월)
외환보유액	백만 달러	31,543	26,505	34,578	36,670 (2월)
총 외채	백만 달러				

출처: KOTRA 키예프 무역관, 우크라이나 통계청, 우크리아나 국립중앙은행, 우크라이나 경제부.

등 글로벌 메이저 곡물업체들은 이미 지난 1991년 우크라이나가 구 소련에서 독립하자마자 대형 곡물생산기지를 세우는 등 적극적 투자활동을 펼치고 있다.

지난해 우크라이나에서 기업공개(IPO)를 단행한 기업 5곳 중 4곳이 농업 관련 기업이다. 우크라이나의 주요 축산기업인 MHP는 역외 회사채 시장에서 약 5억 1,700만 달러(약 5,450억 원)의 자금을 조달했다. 계란 전문 생산업체 아방가르드는 우크라이나 기업 중 사상 3번째로 지난해 영국 런던증시에 상장해 우크라이나 농업에 대한 투자자들의 높은 관심을 반영했다. 곡물과 해바라기 씨 생산업체인 KSG애그로는 지난 5월 동유럽 최대 증시인 폴란드 바르샤바 증시에서 IPO를 단행했다.

우크라이나 국가통계국은 지난 상반기 농업생산이 2010년 동기 대비 3.2% 증가했다고 발표했다. 같은 기간 농업기업 생산은 전년보다 6.9% 늘어났다. 우크라이나 농업이 더욱 성장하기 위해서는 곡물 수출쿼터, 경작지 매매 제한 등 정부의 과도한 규제 완화가 필요하다.

제 2 절 헌법 및 법률적 기반

1 법체계

우크라이나의 법률체계는 대륙법계에 속하고, 일반적으로 헌법분야, 민(상)법분야, 형법분야, 행정법분야 및 절차법 분야의 영역으로 분류된다. 해당국의 법률체계는 대륙법을 취하고 있는 우리와 유사한 특징을 가진다고 할 수 있다.

우크라이나는 기본적으로 성문법주의를 택하고 있으며, 법원(法源)은 헌법을 최고의 근본법으로 하고 그 아래에 입법부에서 제정된 법률인 민(상)법, 민사소송법, 경제소송법, 형법, 형사소송법, 행정법 및 행정소송법 등이 있으며, 그 아래로 명령(대통령, 정부), 조례, 규칙, 국제조약 등이 순서대로 존재한다.

2 헌법의 구조 및 주요 내용

1991년 12월 독립 후 구 소련 우크라이나 공화국 헌법을 일부 자구만 수정하여 적용해 오다가 1996년 6월 28일 총 15장 161조 및 경과규정으로 구성된 신헌법을 채택하였다. 2004년 12월 대통령 선거과정에서 대통령의 권한을 다소 축소하고 국회와 국무총리의 권한을 확대한 헌법개정안을 채택하여 2006년 1월 1일부터 발효했다.

우크라이나 헌법의 기본원칙은 다음과 같다. 우크라이나는 공화국이라는 것이 국체이고, 이중국적을 인정하지 않고 단일국적만을 인정한다. 3권분립 및 법치주의 원칙을 준수하고, 지방자치를 인정한다. 언어는 공용어로서 우크라이나어를 채택하고 있다. 그러나 러시아어 및 기타 소수민족의 언어도 사용을 보장하고 있다.

우크라이나 영토 내 외국 군대 기지 설치를 금지하고 있다. 그러나 영토 내 기존 외국 군대는 국제조약으로 결정되고 의회에서 비준되는 내용의 임차조건 하에서 당분간 계속 사용 가능하도록 하였다. 이 조항은 러시아의 흑해함대를 고려한 조항이다.

우크라이나 헌법은 선거와 국민 투표와 관련 하여 다음과 같이 규정하고 있다. 우크라이나는 18세 이상의 성인에게 선거권이 부여된다. 피선거권은 대통령이 35세 이상이고, 국회의원 21세 이상이다. 국민투표는 국회, 대통령, 300만 명 이상 국민 또는 전체 주(州)의 2/3 이상 요청으로 실시하도록 규정되어 있다. 영토 변경에 관한 사항은 국민투표에 의해서만 결정하도록 규정되어 있다.

3 법률의 구조 및 주요 항목

우크라이나의 법률은 의회에 의해서 제정된다.

우크라이나에는 기본법으로 다음과 같은 법이 있다: 헌법, 상법, 형사집행법, 민사소송법, 형사소송법, 행정소송법, 형법, 가족법, 민법

경제관련 법률로는 다음과 같은 것이 있다: 투자법, 토지세법, 물품세법, 저당권법, 상품과 서비스의 상품권보호법, 산업디자인권 보호법, 발명과 실용신안권 보호법, 기업이윤세법, 국제상사중재법, 주류와 담배류의 물품세법, 담배류 물품세법, 생우와 가죽원료 수출세법, 특정차량의 물품세와 수입세율에 관한 법, 불공정경쟁 방지법, 농공단지재산의 사유화특성에 관한 법, 유가증권시장 국가규정, 부가가치세법, 강제연금보험료법, 금융리스법, 토지임대법, 강제국가사회실업보험법, 자연독점법, 국가사유화프로젝트법, 특정경제활동에 대한 면허법, 미완공물의 사유화특징에 관한 법, 경쟁보호법, 환어음법, 관세율법, 곡물과 곡물시장법, 개인농장법, 개인수입세 법, 저당권 법, 강제국가연금보험법, 농기업법, 경제활동규제정책원칙에 관한 법, 협동조합법, 석유, 천연가스, 초경질유 렌탈료지불법, 차량소유자 강제민사책임보험법, 유가증권과 주식시장법, 합금스크랩, 비철스크랩 및 그 반제품의 수입(수출)관세율법, 지주회사법, 주식회사법, 언론, 출판사, 서점, 서적유통업체, 창작단체의 자산보호법, 상행위 국가감독의 주요원칙에 관한 법, 상선법, 상사소송법, 농산물 도매시장법, 국제사법, 제조물책임법, 부가가치세법, 소유에 관한 법, 법인과 개인사업자의 국가 등기법, 금융리스법, 개인 소득법, 보험법, 담보채권법, 담보대출법, 저당법, 외국인 투자제도법, 통합관세율법, 일부 기업활동의 특허법, 국유 및 공유자산의 임대법, 대외경제 활동법, 은행과 은행 활동법, 아파트를 국민소유로 이전에 관한 규정, 국유자산의 사유화법, 상법, 관세법, 기업, 단체, 기관, 기구의 도시 건설 분야 위법 책임법, 기업 이윤 과세법, 일부기업활동의 라이센스법, 건설업법, 기업법, 납세시스템에 관한 법

률, 저작권 및 인접권에 관한 법률, 표준화에 관한 법률

일반법으로는 다음과 같은 법률이 있다: 사회적 대화법, 주거 및 유틸리티 관련 위법 책임강화에 관한 법률, 군복무 관련 법률, 공적정보 열람법, 원예협회와 다차(별장) 조합의 활동에 관한 일부 법률, 국가기밀열람거부시 노동관계규제관련 법률, 세관국경 통과지점 사전서류관리 법률, 도시건설업 규제에 관한 법률, 환경보호법, 하이테크기술발전 정부종합프로젝트 법, 정치적 억압의 피해자 갱생법, 장애인사회보장기본법, 양심의 자유와 종교단체법, 소비자권리보호법, 상품거래소법, 우크라이나 승계에 관한 법, 도로산업자금조달원에 관한 법, 기업협회법, 군대법, 국세청법, 국방법, 국경법, 교육법, 고용법, 소비자협동조합법, 시민연합에 관한 법, 수의학법, 국가통계법, 정보에 관한 법, 노동보호법, 공기보호법, 도시계획기본법, 유자녀가정 국가원조법, 판사의 지위에 관한 법, 항공법, 교통법, 송환법, 원자력사용과 방사능안전법, 공증소법, 반독점위원회법, 화재안전법, 법원과 법집행기구직원의 국가적 보호에 관한 법, 에너지법, 빈곤층에 대한 국가사회원조법, 도서관과 사서에 관한 법, 국민의 입출국절차에 관한 법, 국가기밀법, 언론에 대한 국가지원과 기자의 사회적 보호법, 에너지절약법, 체육과 스포츠법, 국민의 위생보건안전보장법, 운송법, 자연인 납세자와 기타 의무납입에 관한 국가등록법, 농업협동조합법, 마약, 향정신성물질 및 전구물질의 불법유통과 남용 방지법, 과학 및 과학기술실험에 관한 법, 마약, 향정신성물질과 그 유사물 및 전구물질에 관한 법, 정보부에 관한 법, 살충제와 농약에 관한 법, 크림자치공화국법, 급료에 관한 법, 최고회의 위원회법, 배타적 경제수역법, 통신법, 헌혈법, 박물관과 박물관업에 관한 법, 방사능 폐기물 처리법, 관광법, 부정부패방지법, 의약품법, 파이프라인 운송법, 철도운송법, 헌법재판소법, 국민청원법, 휴가법, 지방자치단체법, 출판법, 농산물 수입에 대한 국가규정, 공익텔레비젼과 라디오방송법, 자선과 자선기관법, 자동차생산 촉진법, 국가텔레비젼 및 방송심의회법, 창의전문가와 창의연합에 관한 법, 우라늄 채굴과 가공법, 상공회의소법, 식품과 식품원료의 품질과 안전법, 직업교육법, 폐기물법, 국가집행국에

관한 법, 식물보호법, 고정농업세법, 수문기상활동법, 대통령 선거법, 건축활동법, 집행절차법, 원산지표시권리 보호법, 사유화 비대상 목록에 관한 법, 회계 및 재무보고법, 인도적 지원법, 고철에 관한 법, 무역조합과 그 권리, 활동보장법, 문화재 수출, 수입, 반환법, 채굴법, 화물수송법, 국가지질국법, 조선업 국가지원방안법, 토지매립법, 수렵과 사냥법, 양봉법, 우주관련 국가지원법, 국가포상법, 전염병 예방법, 위험화물운송법, 토지계획과 개발법, 문화유산보호법, 과외교육법, 올림픽, 세계장애인올림픽, 엘리트스포츠 지원법, 독성폐기물 국가프로젝트법, 외국법원판결인정과 시행법, 대체에너지원에 관한 법, 민속수공예품장법, 사회기준과 사회보장법, 리조트법, 소기업 개발촉진 국가프로젝트법, 소기업 국가지원법, 극단적 위험물에 관한 법, 국적법, 국가등록에 관한 법, 스포츠 반도핑법, 차량 수송법, 정당법, 표준화법, 이민법, 결핵방지법, 취학전 교육에 관한 법, 석유가스법, 우체국법, 에틸가솔린과 가솔린 납첨가물 수입과 판매금지법, 가정폭력 방지법, 식수와 식수공급법, 채굴단지 추가개발법, 고등교육법, 레드북에 관한 법, 사법체계에 관한 법, 이노베이션법, 지방의회의원의 지위에 관한 법, EU법령적용 국가프로젝트 원칙에 관한 법, 외교등급법, 서적출판국가지원법, 어류, 기타수중생물과 그 식품에 관한 법, 국경청 법, 반테러 법, 법인과 개인사업자 국가등록법, 전자서명법, 전자문서법, 토지관리법, 농기계 구매자의 권리보호법, 토지보호와 사용에 대한 국가관리법, 국가안보기본법, 토지보호법, 매장과 장례업 법, 전기통신법, 공공윤리보호법, 방위토지사용에 관한 법, 거주지선택 및 이주자유 법, 토지감정법, 최고의회에 의한 판사의 선출과 해임절차법, 국토경계와 공유자산법, 국가특별운송국 법, EU법률적용에 관한 국가프로젝트법, 해외동포의 법적지위에 관한 법, 국가특별프로젝트법, 고고학적 유산보호법, 환경심사법, 폐열사용과 화력과 전력 열병합발전법, 토지에 대한 시민의 헌법적 권리보호법, 중앙선거위원회 법, 정부의 농업지원법, 전쟁피해 어린이에 대한 사회보호법, 인간복제클로닝 금지법, 운송업 법, 우유와 유제품 법, 연금 무자격자와 장애인에 대한 사회부조법, 생태네트워크 법, 사회보장의 법적 근거에 대한 법, 농업자문활동에 관한 법, 극장과 극장업 법, 국제협약법, 국경협력법, 2006-2020년 국가식수프로젝트법, 중재법원법, 관세청 규율에 관한 법, 정부조달법, GMO 생산, 테스트, 운송과 사용시 생물학적 안전성 국가제도에 관한 법, 항공법, 포도와 와인에 관한 법, 판결문 접근에 관한 법, 탄층가스법, 크림자치공화국의 최고회의의원 지위에 관한 법, 지역개발촉진법, 지방정부단체조합에 관한 법, 지명에 관한 법, 주거개선법, 적합성평가기준, 기수규정과 절차법, 장애인 갱생복지법, 자동차도로법, 인적사항보호법, 유아식품법, 유권자 국가등록법, 아동의 휴식과 휴양법, 부패관련 규정위반에 대한 법인책임에 관한 법, 부정부패예방과 근절법, 방사능폐기물관리를 위한 국가환경프로젝트 법, 목재판매와 수출관련 기업활동의 정부규정에 관한 법, 모기지채권법, 경제활동분야의 허가제도에 관한 법, 동물학대방지 보호법, 동물의 식별과 등록법, 도박사업금지법, 농업센서스에 관한 법, 농공단지 공학기술지원시스템 법, 노후주택의 종합적 재건축법, 노숙자와 노숙아동의 사회보장 기본법, 남녀의 동등한 권리와 기회보장법, 난방공급법, 기술이전에 대한 정부규정, 국경통제법, 국가형사집행국에 관한 법, 국가안보국법, 국가소유물관리법, 광부의 위신향상에 관한 법, 과학공원법, 건설법규, 내각에 관한 법, 2015년까지 국가농업정책 기본에 관한 법, 2007-2011 정보화사회개발 주요원칙에 관한 법, 지하자원법, 회계 감사 업무법, 광고법, 부동산 물권 국가등기법, 토지 임대법, 다가구 주택 공동소유자 연합에 관한 법, 이노베이션 법, 토지요금법, 토지감정법 주택-유틸리티 서비스법, 공증사무소법, 노동법 수법(水法), 산림법, 주택법, 국민 주택건설과 국민 주택 개선방안 대통령령, 채무자의 지불능력 회복과 파산결정법, 토지법, 예산법, 우크라이나 회계보고에 관한 법률, 국가조달 집행에 관한 법률, 최고의회의 규정에 관한 법률, 우크라이나 의회의원 지위에 관한 법률, 우크라이나 최고회의 임시조사위원회, 특별임시조사위원회, 임시 특별 위원회에 관한 법률, 우크라이나 최고회의 위원회에 관한 법률

제 3 절 정치체제와 거버넌스

1 정부조직과 체제

1) 행정부

① 대통령

대통령은 국가원수 겸 행정수반이다. 직접 및 보통선거에 의해 선출되며, 임기는 5년이고, 1회 이상 연임할 수 있다. 대통령의 주요 권한은 다음과 같다:

- 국가대표, 외교활동 수행, 조약체결, 외교사절 파견 및 접수
- 헌법 개정에 대한 국민투표 공고, 의회해산 및 특별선거 실시공고
- 총리 및 외교·국방장관 임명 제청(의회 임명) 및 지방주지사 임명(총리 제청)
- 검찰총장, 반독점 위원장 등 주요 기관장 임명 및 헌법재판소위원 1/3 임명
- 국가 안보·국방회의 의장 및 통수권자로서 주요 지휘관 임명
- 전쟁선포 대의회 제안, 계엄 선포, 군대동원, 비상사태 선포
- 의회통과 법안에 대한 거부권

대통령은 임기 중 탄핵에 의해서만 해임되고, 대통령이 해임되었을 때는 총리가 신임 대통령이 취임할 때까지 권한을 대행한다.

② 내각(Cabinet of Ministers)

i) 내각은 행정권한 수행기관 중 최고기관이다. 헌법상 의회의 통제 하에 있으며 대통령과 국회 모두에 책임을 진다.

총리, 제1부총리, 부총리 3명이 있고, 장관들로 구성된다.

신임 대통령 선출, 총리 사임 및 국회의 내각 불신임 시 내각 전원이 사퇴한다. 단, 새 내각이 구성(60일 이내)될 때까지 업무를 계속 수행할 수 있다.

<표 3-8> 우크라이나 내각 명단(2011년 7월 현재)

구 분	이 름
Prime Minister of Ukraine	AZAROV Mykola Yanovych
First Vice Prime Minister of Ukraine Minister of Economic Development and Trade	KLYUYEV Andriy
Vice Prime Minister of Ukraine Minister of Social Policy of Ukraine	TIGIPKO Sergiy
Vice Prime Minister of Ukraine Minister of Infrastructure of Ukraine	KOLESNIKOV Borys
Minister of Agrarian Policy and Food of Ukraine	PRYSYAZHNYUK Mykola
Minister of the Interior of Ukraine	MOHOLOV Anatoliy
Minister Minister of Environment and Natural Resources of Ukraine	ZLOCHEVSKIY Mykola
Minister of Energy and Coal Industry of Ukraine	BOYKO Yuriy
Minister for Foreign Affairs of Ukraine	HRYSCHENKO Kostyantyn
Minister of Culture of Ukraine	KULYNYAK Mykhailo
Minister of Emergencies of Ukraine	BALOGA Viktor Ivanovich
Minister of Defence of Ukraine	YEZHEL Mikhail
Minister of Education, Youth and Sports of Ukraine	TABACHNIK Dmitry
Minister of Health of Ukraine	ANISCHENKO Oleksandr
Minister of Finance of Ukraine	YAROSHENKO Fedir
Minister of Justice of Ukraine	LAVRINOVICH Oleksandr

각 부처 및 기타 중앙 행정기관의 재조정, 해체는 총리건의에 의해 대통령이 결정한다.

ii) 의 회

명칭은 우크라이나 최고회의(Verkhovna(Supreme) Rada of Ukriane)이고, 단원제이며, 임기 5년이고 정원은 450명이다.

선거는 5년마다 실시되는 정기선거, 국회 조기해산 시 60일 이내 대통령이 소집하는 특별선거로 구분된다. 임기 5년의 국회의원 전원을 정당명부에 의한 비례대표제로 선출예정하며, 정당별 투표에 의해서 3% 이상 득표한 정당만이 국회의원을 배출한다. 정기 회기는 2월 첫째 화요일과 9월 첫째 화요일에 개회된다.

iii) 국회의 주요 권한은 다음과 같다:

- 국무총리 및 내각임면
- 법률제정, 국가 예산안 심의 채택, 국정감독
- 내각의 업무계획 승인, 채택, 국내 및 대외 정책 원칙 결정
- 국제조약 비준, 대통령 요청에 따른 전쟁선포 및 강화조약 체결, 대외원조 공여 및 접수, 군대 해외파견 및 외국군대 주둔 승인
- 대통령 탄핵, 주요 정부기관 인사 임명 동의
- 헌법개정안 발의, 대통령의 계엄 및 비상사태 선포 사후 승인
- 내각 불신임권

2) 사법부

① 헌법재판소

헌법재판소는 판사 18명(대통령, 의회, 법관회의 각 1/3씩 임명)이 있으며, 임기는 9년이고 연임은 할 수 없다. 대통령, 국회, 대법원 등이 제소하는 헌법관련 사항을 심의 결정하고, 대통령 탄핵 여부 최종 결정권을 갖고 있다.

② 대법원(Supreme Court)

일반법원 최고심 법원으로, 20명의 판사로 구성된다. 대통령, 국회, 판사협회, 변호사 협회, 고등 법률대학 및 기관 등이 각각 3명, 검찰협회가 2명을

임명한다.

③ 법원(Regional Court)

법원에는 일반 고등법원, 특별 고등법원 및 상시중재원이 있다, 일반 고등법원은 24개 주, 크림 자치공화국, 키예프시, 세바스토폴시 등 지역별로 설치되어 있다. 특별 고등법원은 특별법원의 최고심 법원이다. 지방법원(District Court)은 각 행정구역별 설치되어 있다. 그리고 상사중재원도 있다.

우크라이나 정부형태는 대통령제와 의원내각제의 혼합형태를 채택하고 있는 공화국이다. 2010년 2월 25일 취임한 야누코비치(Yanukovich) 대통령과 2010년 3월 11일 취임한 아자로프(Azarov) 총리가 공동으로 행정부를 이끄는 이원집정제이다. 1991년 소연방에서 독립한 우크라이나는 체제전환의 과정에서 국가건설과 국민통합, 시장경제로의 이행과 경제발전, 정치민주화, 그리고 동서지역간의 갈등과 같은 문제들이 표출되었다. 유센코(Viktor Yushchenko) 정부도 비록 2004년 말 오렌지혁명으로 등장하여 민주화로의 정치적 발전을 이루었다고 평가를 받았지만 여전히 국민들이 바라던 경제발전과 정치안정을 이루지 못한 채 계속된 정치위기 속에서 선거와 내각재구성을 반복하고 있다. 게다가 최근 2008년 전 세계적 금융위기 하에서 IMF로부터 구제금융을 지원받아 총체적인 난국을 겪고 있다. 현재 친러성향인 야누코비치 대통령은 금융위기로 어려웠던 경제를 러시아의 지원을 받아 개선하여 나가고 있다.

우크라이나 정치는 크게 두 가지 특징을 갖고 있다.

첫째, 권력구조가 이원적이다. 우크라이나는 대통령중심제이고, 450석의 단원제 의회를 채택하고 있지만, 대통령의 권한이 국회보다 큰 구조를 지니고 있다. 1996년 헌법에서는 총리 임명은 의회의 동의를 얻어야 하지만, 의회의 다수세력에 따를 필요는 없었다. 그러나 이러한 강력한 구조는 대통령의 권력남용과 부정부패의 온상으로 인식되어, 2004년 오렌지혁명 와중에 의회가 우위를 점하는 대통령제 구조로의 헌법개정이 이루어졌다. 개정헌법에 따르면 의회가 총리를 배출함으로써 대통령을 견제할 수 있도록 하였다. 총리는 의회의 다수당(또는 다수연립)에서 나오며, 총리가 외무, 국방장관과 안보국방위의 의장을 제외한 국무위원과 기타 중앙정부의 기관장에 대한 임명권을 가지고 있다. 반면 다당제 하에서 내각구성이 어려운 혼란을 피하기 위해 대통령의 의회해산권을 강화하였다.

그러나 2004년 헌법수정안은 심각한 권력투쟁이 발생했을 경우에 대통령과 총리 간의 권력분점에 있어 상당한 모호성을 안고 있다. 대통령과 총리가 정치적 교착상태에 빠질 경우 전반적인 기능이 마비될 수 있다. 실제로 헌법개정안이 발효된 2006년 이후에 유센코 대통령과 야누코비치 총리의 관계는 대립과 혼란의 연속이었다. 의회에서 야누코비치 연립세력이 다수라고 할지라도 대통령은 법안에 거부권을 행사할 수 있었으며 다수당은 대통령의 거부권을 뒤집을 만한 의석 수(2/3)를 확보하지 못하고 있었다. 그런데 야누코비치는 간혹 대통령령의 수행을 거부했다. 더욱이 주지사 임명문제로도 대통령과 대립했다. 그런데 수정헌법은 대통령과 총리의 충돌 시 어떻게 해결할지를 명확히 명시하지 않았던 것이다. 따라서 대통령과 총리의 갈등은 대통령의 의회해산과 조기선거, 새로운 연립구성이라는 과정의 반복일 뿐 정치적 안정이나 발전을 가져오지 못하고 있다.

둘째, 정치가 지역을 기반한 지역주의 정치구조를 갖고 있다. 우크라이나는 현재 국경을 지닌 모습으로 독립국가 경험을 가지고 있지 않은 나라이다. 이것은 우크라이나의 정치구조에 있어 중요한 특징이 되고 있다. 독립 이후 수차례에 걸친 선거에서도 이러한 특징이 드러나고 있는데 이러한 혼합구도에서 가장 핵심적인 변수로 나타난 요인이 지역균열의 양상이다.

우크라이나의 지역은 그 특성상 여러 지역으로 세분해 볼 수 있지만 정치적으로 중요한 대립구도는 우크라이나의 민족적 특성을 가장 잘 드러낸 서부와 나머지 지역으로 구분할 수 있다. 우크라이나 민족성이 가장 잘 드러나 있는 서부지역은 1939년 소연방에 통합되었다. 이 지역은 1918년까지는 합스부르크 제국의 일부였으며, 이후 폴란드, 체코슬로바키아, 루마니아 등 동유럽 국가들이 나누어 통치하였다. 따라서 이 지역의 대부분 주민은 우크라이나인으로 우크라이나어와 우니아트(Uniat 혹은 Uniate: 그리스-가톨릭교회)를 유지해왔다. 소연방에 통합되기 이전 사회에 대한 기억을 간직하고 있으며 반러시아 감정도 강하다. 농업과 경공업 중심의 경제구조로 경제파트너로는 유럽을 원하고 있다. 반면 우크라이나의 중부, 동부, 남부 및 크림지역은 러시아의 일부였다. 이 가운데 중부지역이 가장 우크라이나적인 속성을 함유하고 있는 반면에 남동부는 산업화·도시화된 지역으로 러시아인이 다수 거주하고 있다. 지리적으로 러시아와 인접하고 있으며 산업면에서도 러시아와 깊은 연관을 가지고 있다. 크림반도는 1954년 행정적으로 우크라이나에 이관된 지역으로 러시아적 특성이 우세한 지역이다. 따라서 이 지역은 전통적으로 러시아에 우호적이다.

문제는 이러한 지역적 차이가 우크라이나 정치의 주요한 정치균열구조를 만들어내고 있다는 점이다. 친서방 서부와 친러 동남부가 서로 분리될 가능성은 낮지만 지역적 균열구조가 우크라이나의 선거에 있어 가장 중요한 결정요인이 되고 있다. 대체로 서부에서는 친서방을 지향하는 개혁주의자, 동부에서는 친러시아를 지향하는 보수주의자들이 선거에 당선되었다. 독립 이후 수차례의 대선과 총선에서 주민들의 투표경향은 이 구조가 반복되고 있다. 2004년 오렌지혁명을 통해 유센코가 대통령에 당선되었으나, 야누코비치의 절대적 지지기반인 동부 돈바스지역은 압도적으로 야누코비치와 그의 지역당을 지지하고 있다. 선거에서의 이슈 역시 서부는 친서방적이고 우크라이나인 중심의 정책을 제시하는 반면 동부는 러시아와의 관계 강화, 러시아어와 러시아인의 권리보장을 주장하고 있다. 어떤 정당도 전국적 지지를 받지 못하고 특정 지역만을 대표하는 지역맹주로 자리 잡고 있다. 결과적으로 이러한 균열은 중앙정치에서 서로 갈등을 보다 첨예화하는 요인으로 작용하고 있다. 더욱이 지역균열 구조가 완화되지 못하고 고착화되고 있기 때문에 국민화합이라는 어려운 과제를 던져주고 있다.

3) 공무원

우크라이나 공공행정에 1993년 12월 16일 제정되고 1994년 1월 1일에 발효된 '우크라이나 국가 서비스에 관한 법률'이 있다. 이 법률안 8장에 공무원과 관련한 기본규정이 있다. 이 법률에 따르면 공무원은 행정기관, 국영기업, 국립기관에서 근무하는 자로 규정하고 있다. 공무원은 파업이 금지되어 있다.

공무원은 행정직, 전문직, 기술직 공무원으로 나뉜다. 현재 공무원 수는 25만여 명이고, 이는 전 국민의 약 0.5%에 해당한다.

공무원은 내각회의 조례안에 따라 언론에 한 달 이상 공고한 후 경쟁을 통해 선발한다.

우크라이나 행정기관과 각종 인허가 기관은 관료주의가 심각하다. 제조업, 건설업, 서비스업 등 사업을 하려고 할 때 각종 인허가를 받는데 많은 기간이 소요되며 이 기간을 단축시키기 위해 음성적 거래가 많다. 이로 인해 우크라이나에는 거대한 지하 경제가 존재하고 있다. 비공식적이지만 정부 고위관료들의 발언에 따르면 지하 경제규모는 GNP의 40%에 이를 것으로 추정된다. 즉 우크라이나에 진출하여 성공하려면 불법 거래 및 탈세를 할 수 있어야 경쟁할 수 있다.

우크라이나 대통령은 2011년 5월에 대통령, 정부 관료, 주지사, 국회의원의 친족들에 대하여 소득 신고 공개에 대하여 규정한 '공적 정보 접근에 관한 법'에 서명했다.

공적 정보 접근에 관한 법 제 6조에서는 권력 기관의 선거로 임용되는 직위의 후보자와 1급과 2급 공무원과 그 가족의 소득에 대한 신고 내용은 정보 접근 제한 사항에 해당하지 아니한다고 규정했다. 즉 관련 공직자의 친족들에 소득에 대한 자료는 우크라이나 시민이 요청할 경우 언제라도 공개될 수 있고, 공개되는 정보임을 의미한다.

우크라이나 최고 의회는 뇌물 수수 방지와 근절 원칙에 관한 법을 최근 채택한 바 있다. 이 법률로 최고 의회는 최고 공직자의 소득과 지출 및 그 가족의 소득에 대한 신고 의무에 관한 규정을 도입했다. 공직자의 친족이란 배우자, 자녀, 부모, 형제자매, 조부모, 손자, 양자, 양부모 및 기타 공직자와 상호 권리, 의무 관계에 있는 동거인을 말한다.

우크라이나는 2010년 7월부터 두 번째 IMF 구제금융을 지원받고 있어서 지원 조건 중에 가장 중요한 요건인 재정적자 규모를 GDP의 3.5% 범위 이내로 억제하여야 한다. 그래서 우크라이나 정부는 공무원 숫자를 줄이는 등 지출을 줄이는 한편, 세수입 확대를 위해 탈세방지는 물론 조직별 세수입 목표를 할당하는 등 다양한 노력을 기울이고 있다.

2 정당조직과 체제

우크라이나 정당조직은 다당제이다.

우크라이나에서는 독립 직후부터 특정지역 및 계층을 중심으로 한 무수한 군소정당들이 출현하여, 현재 140여개 정당이 난립하고 있다. 대부분의 정당들은 1980년대 말 고르바초프의 페레스트로이카 정책에 따라 결성된 각종 사회, 인권단체와 특정인물을 중심으로 한 지역당이다. 전국적 영향력을 가진 정당은 소수에 불과하며, 우크라이나 정치에서 정당이 차지하는 역할은 아직 미미한 실정이다.

우크라이나의 450명 국회의원은 정당 비례대표제에 의해 선출하며, 득표율이 전체 유권자의 3% 이상 획득한 정당만이 국회의원 배출한다. 2007년 9월 총선에서는 45개 정당(연합)이 참여하였지만, 3% 이상의 득표를 획득하여 국회의원을 배출한 정당은 5개뿐이었다.

친서구와 친러시아 정치 세력 간 대립, 대통령의 당적 보유금지 및 각료들의 의원겸직 금지 등으로 국회 내에 강력한 여당 부재하다는 점이 우크라이나 정치의 큰 문제점이다.

<표 3-9> 2007년 9월 총선 및 정당별 의석 수(총 450석) 현황

Party (or bloc of Parties)	% of votes	국회의원 수
Party of Regions	39	175
Bloc of Yuliya Tymoshenko	35	156
Bloc of Our Ukraine	16	72
Communist Party of Ukriane	6	27
Lytvyn Bloc	4	20
Total	100	450

3 시민사회와 이익집단

우크라이나 의회는 2011년 5월 18일에 시민단체 등록절차를 단순화하고, 경제활동을 허용하지만 해외단체로부터 지원금을 받는 것을 금지하는 "사회단체에 관한 법률안"[3]을 개정했다. 이 개정안은 우크라이나 헌법과 국제조약에 의해 보장된 사회단체 조직 자유에 대한 권리 실현의 조직 및 법적 기본을 규정하고 있다.

이 법안은 개인 사업자의 국가 등록에 관한 법에 따라 등록의 간소화와 비용 절감, 사회단체 회원과 참여자의 추가 보장책 부여, 지역적 제한 조치 철회, 업종 제한 철회, 기관 활동에 일반 허가 원칙 도입, 사회단체의 등록 수행 등을 규정하고 있다. 또한 등록이 되지 않은 기관의 활동에 대한 책임 폐지와 사회단체의 내부 활동의 적법성에 대한 정기 및 비정기 검열 철회에 관한 내용도 포함하고 있다.

러시아의 단체들에 의해 지원 받는 NGO들에서는 정부기관의 위협이나 행동제약과 같은 일들이 일어나지 않는다. 그러나 민주주의를 지원하는 독일의

3) http://portal.rada.gov.ua/

아데나워 재단(Adenauer Foundation)의 대표가 우크라이나 공항에 별다른 이유 없이 10시간이나 구금되기도 했으며,[4] 소로스 재단의 대표들과 르비브의 가톨릭대학 총장이 보안부 직원과 '경고성 대화'를 가지기도 했다.[5] 이와 같은 일련의 조치들의 공통된 목적은 바로 현 정권에 비판적이며 또한 친서방적인 NGO들과 사회단체들을 위협하기 위한 것으로 보인다. 이를 위해 우크라이나 정부는 "사회단체에 관한 법률안"을 채택하였다.

서방국가들이 우크라이나 정부의 NGO 탄압활동에 대해 제재를 가하겠지만, 전반적으로 친서방 NGO들은 전보다 더욱 위협을 받게 될 것으로 보인다.

4 거버넌스 체제

우크라이나의 사회 영역에서는 이미 소비에트 시대 말기인 1980년대 중반부터 다수의 비공식집단(informal groups)과 비정부조직(NGO)들이 나타나기 시작하였고, 시민들의 자발적인 결사체들은 1990년대에 수적으로 크게 증가했다. 이들 비정부조직들은 소비에트 시절의 국가주도형 사회단체들과는 달리 국가의 직접적 통제를 받지 않으며 자율적으로 움직인다. 특히 인권, 환경, 여성 NGO들이 활성화되어 해당 분야에 영향력을 행사하고 있다. 시장 영역에서는 경제의 사유화, 시장화가 진행되면서 거대 기업과 올리가르히로 대표되는 자본가 계층이 형성되어 국정운영에 영향을 미치는 새로운 집단으로 등장하였다. 이 외에 INGO나 국제기구와 같은 국제적 행위자도 러시아에 직간접적인 영향을 미치고 있다.

---

4) "Nico Lange, Director of Konrad Adenauer Foundation, held at Kyiv airport on SBU instructions", Maidan; http://eng.maidanua.org/node/1097 참조.

5) "Rector takes on Ukranian Security Services", OD Russia (2010.06.10) http://www.opendemocracy.net/od-russia/annababinets/rector-takes-on-ukranian-security-services 참조.

제 4 절 행정체계와 정책과정

우크라이나는 대통령중심제이고, 의회는 단원제이다. 대통령은 총리 및 외교장관, 국방장관을 임명 제청(의회 임명) 및 지방주지사를 임명한다.

1 행정구역

우크라이나의 행정 구역은 24개 주와 1개 자치공화국(크림 자치공화국), 2개 특별시(키예프, 세바스토폴)로 나뉜다.

24개의 주는 다음과 같다: 1. 체르카시 주, 2. 체르니히우 주, 3. 체르니우치 주, 4. 드니프로페트로우시크 주, 5. 도네치크 주, 6. 이바노프란키우스크 주, 7. 하르키우 주, 8. 헤르손 주, 9. 흐멜니츠키 주, 10. 키로보흐라드 주, 11. 키예프 주, 12. 루한시크 주, 13. 리비우 주, 14. 미콜라이우 주, 15. 오데사 주, 16. 폴타바 주, 17. 리우네 주, 18. 수미 주, 19. 테르노필 주, 20. 빈니차 주, 21. 볼린 주, 22. 자카르파탸 주, 23. 자포리자 주, 24. 지토미르 주

우크라이나에서 드네프르 강을 기준으로 동부지역은 러시아인이 다수 거주하고 있고, 지리적으로도 러시아와 인접하고 있어서 산업도 러시아와 긴밀한 연관을 가지고 있다. 특히 크림반도는 1954년 행정적으로 우크라이나에 이관된 지역으로 원래는 러시아 영토였다. 이 지역은 전통적으로 러시아에 우호적이고, 러시아적 특성이 우세한 지역이다. 그래서 크림반도는 자치권을 갖는 크림 자치공화국으로 선포되었다.

2 지방정부의 행정체계

1) 지방정부

우크라이나 지방정부는 '지방정부단체조합에 관한 법'에 근거한다.

지방정부는 24개 주(Oblast) 및 크림 자치공화국에 구성되어 있으며, 각 주 및 군 등의 행정권한은 각 지방행정부에서 수행한다. 지방행정부의 직원은 지방행정부장이 임명하고, 지방행정부장은 대통령이 임명한다. 지방행정부장은 대통령 및 국회에 책임을 진다.

2) 크림 자치공화국

크림 자치공화국은 인구의 70%가 러시아인으로서 1954년 러시아 연방에서 우크라이나 공화국으로 행정적 소유가 이전된 후 우크라이나 영토로 편입되었다. 크림 자치공화국은 크림 국회에서 채택되고 우크라이나 국회에서 승인되는 자체 헌법을 보유할 수 있으나, 크림 국회 및 내각의 제반조치는 우크라이나 헌법 및 법률에 위배되어서는 안 된다.

3 정부의 인적자원관리

우크라이나 공무원은 법적으로 정권과의 독립성을 보장받고 있다. 야누코비치 우크라이나 대통령은 공무원의 탈정치화를 위해 노력하고 있다. 소비에트 시대에는 모든 공무원이 공산당원이었으므로 정치적이었다. 그러나 우크라이나 정부는 독립한 지 20여 년이 지난 지금도 소비에트 시대의 공산주의 공무원 사고방식이 만연하고 있어서 이를 제거하려고 노력하고 있다. 법적으로는 공무원의 정치행위는 불법이다. 이 원칙에 따라 공무원은 정당에 가입할 수 없고, 공무원의 파업은 금지되어 있다.

공무원은 공개경쟁을 통해 선발한다. 공무원 인턴 기간은 120일, 연수기간은 6개월, 출장기간은 60일까지이다.

우크라이나 공무원의 남녀 비율은 다른 동유럽국가에 비해 여성의 비율이 상대적으로 매우 낮다. 2010년 12월 13일 우크라이나 수도 키예프에서 여성단체 '페멘Femen'회원들이 이에 항의하는 시위를 하기도 했다.

공무원법을 위반한 자는 민사, 형사상 책임을 진다. 인원 감축, 직원 재배치, 기구 폐지의 경우 공무원 지위를 보호한다.

공무원은 평가 결과에 따라 1년에 1회만 장려금을 지급받는다.[6] 그러나 추가 보너스를 지급할 수 있는 규정도 있다. 사회적 보장으로 건물 구입 또는 건축시 비용의 절반을 신용대출 받을 수 있다.

위법 행위를 한 공무원의 징계는 징계위원회를 소집하여 절차에 따라 행해진다.

4 예산과 재정

2010년도 예산안으로 재정적자 규모를 GDP의 5.3%로 계획했으나, 2010년 7월 8일 의회를 통과한 새로운 예산안에서는 재정적자 규모를 GDP의 4.9%로 낮추었다. 수정 입법된 2010년 예산안에서는 정부지출을 줄여 재정적자를 6.3%, 금액으로는 36억 5천만 흐리브나를 줄인 541억으로 책정했다. 세입예산은 2527억 흐리브나로 5% 줄었고, 재정지출은 5.3%, 금액으로는 170억 흐리브나 줄인 3056억 흐리브나로 삭감하였다.

우크라이나 정부는 예산부족으로 시행하지 못했던 체르노빌 원전의 붕괴된

6) D그룹의 직무는 예외적으로 1년에 2회 장려금을 지급한다.

원자로 위에 새로운 방호 강철 콘크리트 구조물 건설을 위하여 국제사회로부터 9억 4,100만 달러를 기부 받아 10월에 건설을 시작할 예정에 있다.

우크라이나는 재정적자 규모를 줄이고 투자자들로부터 신뢰를 회복하도록 148억 달러 규모의 차관을 IMF로부터 지원받았다. 우크라이나는 GDP의 3.5% 이내로 재정적자를 축소해야 하기 때문에 제정 부족으로 정부의 조직을 축소하고, 이에 따른 구조조정으로 인해 실업률이 증가하고 있으며 재정 적자 축소를 위해 가스요금, 전기요금, 수도요금 인상으로 세수확대를 위해 노력하고 있다.

5 전자정부

우크라이나는 행정 집행의 효율성 향상, 경제성장의 달성, 그리고 부패방지를 위해서 전자정부에 관심을 가지고 있다.

우크라이나 정부는 2010년 3월 1일 '전자정부 기술 이행을 위한 시범사업 개발에 관한 법령'을 제정하였고, 이 시범사업의 주요 과제는 정부 부처 및 기관 간 원활한 전자문서 연계시스템 구축과 전자서명을 기초로 한 문서 통합시스템 생성 2가지이다.

2010년 12월 13일 우크라이나 내각은 2011년에서 2015년까지 진행할 전자정부 추진 계획에 대해 승인했다. 이 계획은 크게 다음의 3단계로 이루어져 있다.

1단계(2012년까지)

- 전자행정 서비스를 위한 법제도적 기틀을 확보
- 시민을 대상으로 하는 전자정부 서비스 시행. (예: 등기서비스, 인터넷 서류제출 서비스 등)

2단계(2014년까지)

- 전 공공분야로 전자문서 서비스 확대

3단계(2015년까지)

- 중앙정부와 지방정부의 모든 정보 통신 인프라를 하나의 체계로 통합하는 단계
- 단일 전자정부 통합 포털을 통해 시민과 기업을 대상으로 모든 행정 서비스 제공

우크라이나 전자정부는 아직 초기 단계로 UN이 발표한 전 세계 전자정부 순위 조사 결과에 따르면 우크라이나는 전자정부 발전지수에서 전 세계 54위를 기록하였고, 동유럽국가 중에서도 하위권을 기록하고 있다.

투명화가 관건인 전자정부를 구축하는 데에는 공무원들의 관료주의와 부정부패가 가장 큰 장애요소로 지적되며, 이 밖에 낮은 인터넷 보급률(약 60%), 높은 인터넷 요금, 통신망 부족 등도 어려운 점이다. 특히 IMF 구제금융 체제하에서 심각한 재정적자를 안고 있는 현 정부가 대규모 국가 예산을 전자정부 프로젝트에 투입하기가 어렵다는 점도 큰 장애물이다.

<표 3-10> E-government Readiness Index in Ukraine, 2010

항목	순위	지수
telecommunication infrastructure index	73	0.2487
E-participation index	48	0.2571
On-line service index	62	0.3460
Human capital index	25	0.9647
E-government index	54	0.5181

자료: United Nations E-Government Development Database.

<표 3-11> 동유럽국가 간 전자정부 지수 비교(2010년, 2008년)

Country	E-government development index value		World e-government development ranking	
	2010	2008	2010	2008
Hungary	0.6315	0.6494	27	30
Czech Republic	0.6060	0.6696	33	25
Slovakia	0.5639	0.5889	43	38
Bulgaria	0.5590	0.5719	44	43
Poland	0.5582	0.6134	45	33
Romania	0.5479	0.5383	47	51
Ukraine	0.5181	0.5728	54	41
Russian Federation	0.5136	0.5120	59	60
Belarus	0.4900	0.5213	64	56
Republic of Moldova	0.4611	0.4510	80	93
Sub-regional average	0.5449	0.5689		
World average	0.4406	0.4514		

자료 : United Nations E-Government Development Database.

현재 우크라이나 정부는 전자정부 구축의 필요성을 조금씩 알아가는 단계로 지금이 관련 한국기업의 진출이 중요한 시점이라고 판단된다. 우크라이나인들은 일단 정해진 파트너를 잘 바꾸지 않은 경향이 있고, 전자정부 특성상 장기간에 걸친 협력이 중요한 바 우리나라 기업들인 지금부터 우크라이나 측 파트너들과의 네트워크를 구축해놓을 필요가 있다.

우크라이나 정부나 현지 SI기업들이 아직 전자정부 구축 경험이 부족하고 실제 구축사례를 본 적이 없으므로, 전자정부 구축 프로젝트를 기다리기보다는 우리 기업이 먼저 구축가능한 소규모 전자정부 모델을 시범사업이나 파일럿 프로젝트 형태로 우크라이나 측에 제안하는 방안도 고려할 수 있다.

전자정부 수립과 관련한 한국-우크라이나 기업 간 협력은 대규모 투자나 공동 프로젝트 추진보다는 우선 전자정부 구축을 위한 사전 타당성 조사와 정보 교류 측면에 초점을 맞추는 게 필요할 것 같다.

우크라이나 정부가 법으로 지정한 '전자정부 기술 이행을 위한 시범사업'의 추진 주체인 '국가정보화위원회' 내 정보발전부 책임자인 알렉세이 토마슈크는 전자정부 토대를 구축한 경험이 있는 국가와의 협력이 우크라이나 전자정부 발전에 도움이 될 것이라면서, 우리나라와의 전자정부와 관련된 경험과 지식 공유 필요성을 밝힌 바 있다.

6 성과관리 시스템

우크라이나 정부는 강력한 세수 확대 정책에 따라 부처별로 세수확보 목표를 부여하고, 실적을 인사에 반영함에 따라 관세청, 국세청 등을 비롯한 정부기관들은 부여된 수입목표를 달성하기 위해 최선의 노력을 다하고 있는 상황이다.

교사들은 매년 성과 등에 따라 봉급이 인상된다. 그리고 경력에 따라 봉급은 3년 경력은 10%, 10년 경력은 20%, 20년 경력은 30% 추가 지급된다. 매년 1개월 봉급의 상여금이 지급된다.

공무원 연금은 국가가 지불한다. 공무원 연간 휴가일수는 30일이고, 10년 이상 근무한 자는 추가로 15일 유급휴가를 보장한다.

모범 공무원에게는 각료회의 규정에 따라 금전적 포상을 하고, 훈장 및 상장을 수여한다.

1) 우크라이나 원자력 행정체계

1997년 11월 발효된 '전력산업법'에 따라 전력분야를 통제한다. 전력산업은 국가경제와 정치적 안정성을 목적으로 면밀하게 관리되고 있으며, 현재 발전 비율 중 약 48%를 차지하는 원자력을 포함한 전체 전력수급에 대한 총괄 업무는 연료에너지부 담당하고 있다.

2) 체르노빌 원자력발전소 사고

우크라이나 하면 가장 먼저 떠오르는 것이 체르노빌 원자력발전소 사고일 것이다. 체르노빌 원자력발전소 사고는 우크라이나 키예프 북쪽 104㎞와 벨라루시 국경 근처에 위치하고 있는 체르노빌 원자력발전소 원자로 4호기에서 1986년 4월 26일에 일어난 폭발사고로 인한 인류 최악의 방사능유출 사고였다.

사고 직후, 체르노빌을 중심으로 반경 30㎞ 이내에 거주하는 주민들을 강제이주시켰던 이곳은 현재도 통제구역이다. 핵의 위험에 대한 경각심을 고취시키고자 교육적 차원에서 2005년부터 운영되고 있는 체르노빌 투어 프로그램을 통해서 우크라이나 당국의 허가를 받아 체르노빌 사고 현장을 방문할 수 있다. 그러나 이동도 철저한 통제하에 이루어지며, 현재까지도 10㎞ 반경 안에는 진입이 철저히 통제되고 있다. 25년이란 세월이 흘렀음에도 불구하고 체르노빌의 방사능 수치는 대부분의 지역이 정상수치보다 높거나 심지어는 100배에 이르는 수치까지 나타내는 아직도 방사능 위험지역이다.

체르노빌 원자력발전소는 1986년 사고와 1991년 체르노빌 2호기의 화재사고 후에 우크라이나 국회는 1호기와 3호기도 영구폐쇄하기로 결정하였으나, 대체 전원을 확보하기 어려웠기 때문에 1993년 우크라이나 최고회의는 두 원자력발전소의 운전을 당분간 계속할 것을 결정하고, 1994년 2월에는 2호기의 운전을 재개한다는 것을 대통령령으로 공표하였다.

이에 위기감을 느낀 선진 7개국(G7) 정부는 우크라이나 정부와 체르노빌 원자력발전소의 폐쇄조건에 대해 여러 가지 측면에서 교섭을 거듭했으며, 원자력발전소 후멜니츠키 2호기와 로브노 4호기 건설에 재정지원을 하기로 함에 따라 체르노빌 원자력발전소는 2000년 12월 15일 오후에 최후까지 운전하고 있던 3호기를 정지시켜 영구히 폐쇄했다.

현재 체르노빌 원자력발전소의 원자로를 봉쇄했던 외벽 상태가 불안정하기 때문에 국제사회는 2만 톤에 달하는 아치형 철강외벽으로 새롭게 봉쇄할 계획이다. 이 외벽은 공사기간 5년에 사용기한이 100년이며 폭 190미터, 높이 100여 미터에 달할 예정이라고 한다. 이 보호장벽을 쌓는 데 드는 비용은 약 10억 6,000만 달러로 예상되고 있다.

현재까지 전세계 28개국에서 체르노빌 안전건설 공사 프로젝트에 유럽은 1억 4,300만 달러, 미국은 1억 2,300만 달러, 프랑스는 6,700만 달러, 러시아는 6,400만 달러, 독일은 6,050만 달러, 영국은 5,000만 달러 등을 지원하겠다고 밝혔다.

3) 우크라이나 핵무기 폐기

우크라이나는 소비에트 해체와 함께 1991년 독립했다. 이때 우크라이나는 소비에트 시대에 우크라이나 지역에 배치되었던 블랙잭 등 다수의 전폭기와 600여 기의 지대공 크루즈 및 공대지 미사일 등 각종 무기를 함께 물려받았다. 그 중에서도 문제가 된 것은 핵미사일과 핵탄두였다. 우크라이나는 10개의 탄두를 장착한 SS-24 ICBM 46기와 6개의 탄두를 장착한 SS-19 ICBM 130기 등 176기의 핵미사일과 1,800여 기의 핵탄두를 물려받아 세계에서 세 번째로 많은 핵무기 보유국이 되었다. 우크라이나는 러시아가 소비에트의 핵무기를 대부분 물려받아 보유하고 있다는 사실을 강조하면서 국제사회가 요구하는 핵 해체를 거부했다. 이는 대량살상무기 확산을 막으려는 기존 핵 강국들을 곤혹스럽게 했다.

소비에트 해체 후 핵무기를 보유한 러시아와 우크라이나, 벨로루시, 카자흐스탄 4개국은 1991년 12월 민스크 협정을 통해 자국 내의 모든 핵무기를 러시아로 이관키로 합의했다. 그리고 1992년 5월 리스본 협정으로 러시아를 제외한 3국은 NPT에 가입하기로 합의했다. 이에 따라 벨로루시와 카자흐스탄은 1993년 말까지 비핵화 절차를 완료했다.

그러나 무자비한 탄압과 민족 말살 정책을 통해 우크라이나를 지배해 온 제정 러시아와 소비에트 정부에 대한 역사적 피해 의식의 결과로, 우크라이나는 의회 내 강경보수 세력이 핵무기 소유권을 주장하면서 자국 내 핵무기 해체 및 이송을 거부해 비핵화가 지연되면서 우크라이나 핵 해체가 국제사회의 초미의 관심사로 등장했다.

1994년 1월 14일 모스크바에서 빌 클린턴 미국 대통령과 보리스 옐친 러시아 대통령, 그리고 크라프츠크 우크라이나 대통령이 정상회담을 통해 '우크라이나가 3년 이내 모든 전략핵무기를 러시아로 이관하고 핵확산금지조약(NTP)에 가입하는 데 동의했다'고 선언함으로써 소련 해체 이후 국제적 이슈가 됐던 우크라이나 핵 문제가 해결됐다.

우크라이나 핵무기 폐기 문제는 미국, 영국, 러시아 3개국이 공동으로 안전보장을 제공하고 경제를 지원하는 조건으로 우크라이나가 핵을 포기하고 NPT에 가입함으로써 해결되었다. 이러한 우크라이나식 해법이 6자회담에서 북한 핵문제 해결방안으로 제기되기도 하였다.

제 5 절 공공정책: 자원-에너지 정책

우크라이나는 지하자원이 풍부한 국가이다. 철광석과 망간의 확인매장량은 세계 1위이며, 석탄 매장량은 세계 7위이며 가채연수가 무려 444년이다. 우크라이나는 철강, 망간, 티타늄, 흑연 등 여러 천연자원 분야에서 세계적인 매장량을 갖고 있으나 상대적으로 석유 부존량은 3억 9,500만 배럴에 불과하다. 우크라이나는 석유와 가스 대부분을 러시아로부터 수입에 의존하고 있다. 러시아는 우크라이나가 NATO 가입 의사를 밝히는 등 정치적으로 탈 러시아적 움직임을 보일 때마다 석유와 가스 가격 인상을 통해 압박을 가했다. 따라서 우크라이나는 흑해와 아조프해를 중심으로 안정적인 에너지 자원 확보를 위해 노력하고 있다.

우크라이나는 전 세계 지하광물의 5%가 매장돼 있는 천혜의 자원 부국이자 세계 철강 생산량의 10%를 차지하는 철강대국이다. 우크라이나는 철광석 285억 톤, 석탄 456억 톤, 티타늄 9,270만 톤이 매장돼 있고, 매장량은 세계적인 수준이다. 풍부한 자원 덕택에 우크라이나는 옛 소련 시절 산업 생산의 20-25%를 담당했다. 특히 항공우주, 조선, 탱크 등 전체 소련 군수품의 3분의 1 가량을 생산했으며, 현재도 로켓, 비행기, 선박 분야의 기술력이 세계 10위권이다.

군수품의 소재인 철강도 덩달아 발전했다. 철광석이 많이 매장된 동부의 크리보로즈스키 지역과 석탄 생산량의 95%를 점유하는 돈바스(도네츠크) 지역을 중심으로 철강사들과 연관 기업들이 밀집해 800만 개의 일자리를 만들어낸다. 우크라이나는 2007년에 철광석 7,200만 톤, 석탄 7,600만 톤을 생산했고, 조강생산량은 4,300만 톤이었다. 내수 규모는 조강기준으로 941만 톤(강재기준 798만 톤)으로 크지 않기 때문에 3,000만 톤 이상을 수출에 의존하는 구조가 당분간 지속될 것으로 보인다.

주요 생산 광종으로는 철광석, 석탄과 페로합금, 알루미나, 망간이 있으며, 알루미늄, 희토류, 니켈, 동, 석유 및 가스, 백운석, 고령토, 흑연, 석영 등의 산업 광물도 생산하고, 전략 광물인 우라늄 매장량은 세계 10위이다.

1) 에너지 및 석유 가스 부문 동향

우크라이나는 러시아, 카스피 해, 중앙아시아에서 생산된 원유와 천연가스를 서유럽으로 수송하기 위한 수송관이 통과하고 있다. 러시아 서유럽행 가스 85%가 우크라이나 영토를 통과하고 있다.

우크라이나는 2009년 금융위기 때 크게 감소되었다. 그러나 지금은 에너지 소비와 생산이 거의 2009년의 금융 위기 전 수준으로 회복되었다. 공공요금의 상승은 관련 부문 기업들의 순이익 증가에 큰 기여를 했으며, 2011년 전력 요금 증가율은 50-75%에 달한다. 이로 인해 국민들의 생활은 더욱더 어려워지고 있다.

2011년 전력 부문 사유화도 강화될 것이다. 4개 발전소의 정부 지분에 대한 입찰이 진행될 예정이다. 이 외에서 정부는 주 단위 에너지 기업에 대한 지분을 사유화하기로 결정하였으며, 이는 경제 전반에 걸쳐 긍정적인 역할을 할 것으로 기대된다.

우크라이나의 석탄 산업은 최근 4년간 하락했으나, 2011년 하락세가 늦추어질 것으로 전망된다. 이는 정부가 원유가격의 상승으로 인한 초과 수입(약 40%) 을 석탄 산업에 재투자하여 채굴량을 증가하고 기기를 현대화 할 경우 5-6%의 석탄 채굴 증가도 예상된다.

우크라이나 경제는 위험과 기회가 공존하고 있다.

첫째로 경제 펀더멘털은 그다지 건전하지 못하다. 30%에 달하는 물가 폭등과 경상수지 적자 폭의 확대, GDP 대비 총 외채 잔액이 49%에 달하는 점 등은 경제위기설을 부추긴다. 최근 우크라이나 정부가 재할인금리를 12%로 인상하고, 자국 화폐인 흐리브냐를 평가절상한 데다가 단기외채도 줄고 있어 다소 안정화 국면에 접어들고 있다.

둘째로 산업구조의 고도화가 더디고, 설비 합리화의 필요성이 높다. 특히 노후화된 광산과 제철소의 설비 합리화를 위한 자본재 수입은 경상수지 적자를 늘리는 주범이기도 하다. 역설적이지만 외부의 시각에서 보면 설비 합리화와 구조조정 필요성이 높다는 것은 그만큼 진출기회가 많다는 것을 의미한다.

셋째로 정치적 불안 요인이다. 국내적으로 동서 지역 간 정치적 양극화 현상, 대외적으로는 NATO와 EU 가입을 원하는 우크라이나와 이를 반대하는 러시아와의 갈등관계가 문제다. 그러나 경제적 상호의존성을 생각하면 정치적 갈등이 분쟁으로 이어질 가능성은 매우 낮다. 우크라이나는 천연가스의 75%를 러시아와 러시아의 영향력 아래 있는 투르크메니스탄에서 수입하고, 러시아는 서유럽향 가스 파이프라인의 85%가 우크라이나를 거쳐야 하기 때문이다.

우크라이나는 도시가스요금, 버스요금, 지하철요금 등 공공요금을 인상하고 있고, IMF에서 요구하는 연금제도 개혁(여성들에 대한 수혜연령 상향 조정), 소비에트 시대에 제정된 노동법을 시장경제체제에 맞춰 개정하는 문제 등은 논의되고 있으나 여성 유권자들과 노동조합 등의 반대에 직면하여 진전을 보지 못하고 있다.

우크라이나는 풍부하고 양질의 노동인력을 보유하고 있으나, 노동법은 변화가 거의 없이 시장경제체제로 변경된 이후에도 그대로 적용되고 있다. 휴가 등 현지 노동법규가 너무 근로자 위주로 구성되어 있어서, 직원 고용관련 각종 세금과 부담금 수준이 너무 높아 고용주 및 근로자 모두에게 큰 부담이고, 이것은 우크라이나에 제조업 투자를 가로막는 장벽 중에 하나이다.

제 6 절 한국과의 관계

1 역사적 교류 현황

우크라이나와의 교류 역사는 우리나라와는 지리적으로도 매우 떨어져 있었고, 독립국이 아니었기 때문에 우크라이나가 독립할 때까지는 매우 미미했다.

우리와 교류가 시작된 것은 사실상 우크라이나가 독립한 1991년 이후이다. 우크라이나와는 1992년에 외교 관계를 수립했고, 1992년 외교 관계 수립 후 대사관이 우크라이나 키예프에 개설되었다. 한국과 우크라이나는 상호 보완적인 측면을 중심으로 공동의 이익을 가져오도록 협력관계를 확대, 발전시키고 있다.

국교 수립 후 우크라이나 대통령이 2번이나 한국을 방문했을 정도로 우크라이나는 한국의 경제발전에 대해 큰 관심을 갖고 있다. 인구 수도 한국과 비슷하지만, 한국이 걸음마 단계에 있는 우주항공 등 일부 기초과학 분야에서는 구 소련의 과학기술을 보유하고 있으므로 긴밀한 교류가 추진되고 있다.

현재 우크라이나와는 무비자 협정이 체결되어 3개월까지는 비자 없이 체류할 수 있다. 다른 CIS 국가들과는 추진하고 있으나 아직 무비자 협정을 체결한 나라가 없다.

한국과 우크라이나 양국은 92년 수교 이후 안보리 비상임 이사국 진출 등 UN 및 각종 국제무대에서 상호 긴밀한 협력 관계를 유지하고 있다. 우크라이나는 2010년에도 우리의 WFP 집행이사국 진출, ECOSOC 이사국 진출, ITU 이사국 진출 등을 지지하였다.

2011년 4월 현재 우크라이나에 체류하고 있는 한국인은 400여 명(정부기관 39명, 상사직원 가족 150여 명, 유학생 40여 명, 선교사 150여 명)이다.

우크라이나에 고려인은 약 15,000명이 있다. 구 소련 시절 유학 및 직장에 따라 이동하였으나 구 소련 붕괴 후 여권기간 만료 등에 의해 무국적자가 된 고려인을 포함하면 비공식적으로 25,000명 정도 있을 것으로 추정된다. 현재 한국 정부에서는 다방면에서 무국적 고려인을 구제하려고 노력하고 있다. 우크라이나 정부도 무국적 고려인 문제를 해결하기 위해 많은 노력을 기울이고 있다.

한국과 우크라이나 양국은 92년 외교관계 수립 이후 광범위한 분야에서 협력을 강화해 왔으나, 양국의 국제위상 및 잠재력에 비추어 인사교류 및 실질 경제협력을 확대하기 위해 노력할 필요가 있다.

주요 인사교류

- 1992.06 이상옥 외교장관 방문
- 1995.11 우도벤코 외교장관 방한
- 1996.12 쿠츠마 대통령 방한
- 2000.11 플류쉬 최고회의 의장 방한
- 2001.10 시모넨코 감사원장 방한
- 2004.04 전윤철 감사원장 방문
- 2004.06 그리센코 외교장관 방한
- 2005.09 이해찬 국무총리 공식 방문
- 2006.04 메드베드코 검찰총장 방한
- 2006.09 황규식 국방차관 방문
- 2006.10 임채정 국회의장 방문
- 2006.12 유센코 대통령 방한
- 2008.10 임채진 검찰총장 방문
- 2009.07 티모센코 총리 방한
- 2010.03 이용준 차관보 방문
- 2010.08 외교통상위원회 국회의원단 방문
- 2010.08 국회 정무위원단 방문
- 2011.03 국회 국토해양위 의원단(송광호 위원장) 방문

협정 체결 현황(발효일자)

- 과학기술협력협정(94.5.20)
- 외무부 간 협력의정서(95.11.30)
- 정보통신부 간 협력 약정(95.5.15)
- 통상산업부 간 무역공동위원회 설립 양해각서(96.12)
- 무역 협정(97.4.25)
- 투자보장협정(97.11.3)

- 상용복수 사증각서 교환(2001.10)
- 항공업무협정(2003.3.6)
- 이중과세 방지 협정(2002.3.19)
- 세관협력협정(2004.4.27)
- 군사비밀보호협정(2005.10.25)
- 외교관여권사증면제협정(2006.6.24)
- 기업인복수사증교환각서(2006.6.24)
- 사증수수료 면제 및 무사증 입국에 관한 각서(2006.6.24)
- 원자력협정(2007.6.11)
- 우주협력협정(2007.8.20)
- 방산·군수협정(2007.8.29)
- 관광 협정(2009.7.8.)
- 문화협정(2009.8.3)
- 해운협정(2009.8.2)

북한과의 관계

- 1992.01 외교관계 수립
- 1992.10 주우크라이나 북한대사관 개설
- 1998.01 주우크라이나 북한대사관 철수

2 실질협력 현황 및 발전 방안

1) 실질협력 현황

우크라이나에 진출한 기업은 현대 및 기아자동차, LG전자, 삼성전자 등의 대기업과 에코비스 등의 물류기업 등이 있다. 우크라이나에 진출한 우리나라 대기업들의 진출 형태는 직접투자보다는 상품을 판매하는 판매법인 형태이다. 우크라이나 투자진출이 러시아나 우즈베키스탄, 카자흐스탄에 비해 미미한 편이다.

우리나라 기업의 우크라이나 투자는 1996년 대우자동차 이래 이렇다 할 사례가 없다. 지난 7월 현대자동차가 연산 6만대 규모의 반제품 조립공장에 투자했으나 기술과 부품을 공급하는 수준이다.

우크라이나와의 교역에서 2005년 이래 무역흑자를 기록하고 있다. 자동차, 자동차 부품의 수출이 호조이고, 휴대전화, 냉장고, 세탁기 등 가전제품도 수출이 증가하고 있다. 수입 품목은 철강류(강반제품, 합금철 등)이고, 2008년부터는 비철금속 제품 및 정밀화학 원료, 무선통신기기 부품 등도 새로운 품목으로 등장했다.

우크라이나는 2008년 5월에 WTO에 가입했다. 이를 계기로 우리나라 대우크라이나 투자가 증가하고 있고, 양국 교역도 계속 확대될 것으로 기대되었으나 2008년 세계금융위기로 우크라이나 경제도 위기였다. 향후 우크라이나 경제가 안정을 찾으면 교역이 확대될 것으로 생각된다.

우크라이나 경제부와 한국개발연구원(KDI)간 "경제발전 전략" 관련 1차 지식

<표 3-12> 대우크라이나 무역통계

(단위: US $ 백만, %)

년도	수출		수입		총교역	수지
	금액	증가율	금액	증가율	금액	금액
2008	1,773	14.7	824	179.8	2,597	948
2009	426	-76	792	-3.8	1,219	-366
2010	714	67.5	779	-1.7	1,493	-65,505
2011.1-6월	500	77.0	258	-27.4	759	241

자료원: 한국 관세청 무역통계.

공유사업을 2008년 7월-2009년 4월 추진하였고, KDI는 우크라이나 에너지부와 "에너지 효율화 및 재생에너지 협력" 관련 2차 지식공유사업을 2009년 4월부터 시행했다.

우크라이나와는 CIS 국가 중 최초로 무비자 협정이 체결되어 인적교류가 증가하고 있고, 향후 더 증가할 것으로 판단된다.

현대로템은 현대종합상사와 공동으로 우크라이나에서 3,500억원 규모의 고속전동차 사업을 2010년 11월에 수주했다. 이 사업은 우크라이나가 낙후된 전동차를 교체하는 사업으로 우크라이나 국가재정 위기 때 한국수출입은행, 수출보험공사의 적극적 금융지원을 통해 수주하게 되었다.

우크라이나와의 교역은 2000년 이후 크게 성장하였으나 2008년 11월 우크라이나가 IMF구제금융지원을 받은 영향으로 2009년과 2010년에는 무역적자를 기록하였다. 2011년에는 무역흑자를 기록 중이다.

2) 발전 방안

우크라이나와의 전략적인 발전 방향은 다음과 같다.

첫째, 국제무대에서의 주요 지지 세력으로서 활용

우크라이나는 주요 국제무대에서 우리의 입장을 지지하고 있다. 따라서 이를 바탕으로 해당국을 국제무대에서의 우리나라에 대한 주요 지지 세력으로 활용하기 위해서는 집중적인 지원이 필요하다.

둘째, 우크라이나의 독자성 인식 필요

우리나라는 우크라이나의 대외정책이 러시아와 유사할 것이라는 막연한 인식이 언론과 일반에게 널리 퍼져 있다. 그러나 우크라이나는 러시아와 차별성을 구축하고 있다. 따라서 향후 대우크라이나 관계에 있어서는 해당국의 대서방 외교정책, 대러시아 외교정책 및 정치·경제적, 지정학적 중요성을 특별히 고려하여야 할 것으로 판단된다.

셋째, 자원외교 및 기술협력 강화 필요성

현재까지 우리나라 기업들은 우크라이나에 공산품 수출하는 것을 위주로 하고 있는데 이를 바탕으로 자원개발과 협력에 박차를 가해야 한다. 우크라이나는 에너지자원은 부족하지만, 우수한 양질의 광물자원은 매우 풍부하다. 우크라이나는 경제발전을 위해 노력하고 있으므로 우리의 발전모델을 통해 교류를 확대하고 공동 자원개발과 협력을 앞으로 확대해 나가야 하겠다.

우크라이나의 기초과학기술 분야와 협력을 통한 경쟁력을 확보한다. 유럽과 러시아 등 주변국가에 진출하는 교두보로서 활용하는 것도 좋을 것이다.

우크라이나의 기초과학 분야와 교류를 통한 과학기술 발전을 도모할 수 있도록 정부차원에서 지원이 필요하다. 이를 위해서는 정부 차원에서 법적, 제도적 기반을 조성하는 것이 필요하다. 투자 및 교역에 필요한 정부 간 투자, 관세, 조세 관련 협정을 체결할 필요가 있고, 우리 기업들이 진출하는데 수월하도록 절차간소화 및 애로사항을 제거해줄 필요가 있다.

넷째, 인적교류 확대

인적교류를 확대한다. 우크라이나 크림반도 얄타에는 한반도 분단의 상징인 얄타회담장이 있고, 또한 우크라이나에는 흑해와 아름다운 자연, 많은 문화유적지가 있다. 관광을 통한 인적교류가 먼저 확대된다면 기업들의 진출도 보다 활발해질 것이다.

우크라이나는 인구도 4,600여 만 명이나 되고, 경공업이 아직 발달되지 않아 대부분의 소비재를 중국, 터키 등에서 수입에 의존하고 있다. 그러므로 우크라이나 내수시장 및 유럽, 러시아 시장을 겨냥한 소비재 산업이 진출할 수 있도록 기반을 조성하면 좋을 것이다.

우크라이나 정부가 국가건설을 위한 재원확보를 위해 국영기업을 매각하고 있는데, 조선소, 제철소는 세계적인 우리기업이 참여하여 발전시키면 유럽지역 진출에 기반이 될 것으로 판단된다.

우크라이나로 들어오는 외국인 직접투자(FDI) 유입액은 2006년 56억 달러에서 2007년 92억 달러로 크게 늘어난 바 있으며 2008년 2월 세계무역기구(WTO) 가입을 계기로 보다 활발해질 전망이다.

장기적인 해외진출을 위한 정부 차원의 지원 프로그램을 작성하여 진출하고자 하는 기업의 애로사항을 해결해 주는 창구가 필요하다.

3) 우크라이나의 입국비자 면제

우크라이나와는 '사증수수료 면제 및 무사증 입국에 관한 협정'이 2006년 6월 25일에 발표되었다. 이 협정에 따르면 한국인이 우크라이나에 90일 이내 체류하는 경우는 입국비자를 면제해 주고, 우크라이나인이 한국을 방문할 때는 입국비자가 필요하지만 비자발급수수료는 면제하고 있다.

4) 우크라이나의 고려인

독립국가연합(CIS) 지역에서 고려인은 한민족의 아픈 역사와 함께 발생했다. 구한말 경제적 어려움을 겪던 사람들과 독립운동을 하던 독립투사들이 소비에트 국경을 넘어 연해주 지역에 정착하였고, 이들을 러시아어로 '카레이스키'라고 부르면서 고려인이라고 불리게 되었다. 특히 고려인이 소비에트 지역 전역으로 확산된 것은 연해주 지역에 모여 살던 한인들이 일본을 위해 활동할 수 있다고 판단한 스탈린 정권에 의해서 1937년 9월 7일 강제 이주정책으로 중앙아시아 우즈베키스탄, 카자흐스탄 등의 지역에 정착하게 되었다. 한인들은 빠르게 정착해 성공한 경우가 많았다. 그러나 1991년 옛 소련 붕괴 후 민족주의의 발로로 독립국가연합이 출범하면서 꼬였다. 독립국가는 자국어를 공식 언어로 사용해 주로 러시아어만 가능한 고려인들은 직장 등에서 쫓겨나 도시 빈민으로 전락했고, 상당수가 국적 없는 떠돌이 신세가 됐다.

소비에트 붕괴 전에는 소련국적을 보유하고 있었으나, 각 국가들은 독립 후 여권 갱신을 요구했다. 이때 무국적 고려인 문제가 발생했다. 무국적 고려인이 발생한 유형은 타국에서 생활하고 있어서 갱신이 불가능 경우, 분실로 신원확인이 불가능하여 발급받지 못한 경우, 여권을 발급받았으나 분실한 경우로 나뉜다.

우크라이나 고려인의 실태에 대해 알려진 것은 KBS가 우크라이나 무국적 고려인의 실태에 대한 보도를 추적 60분에서 방영한 것이 계기가 되었다.

우크라이나에는 우크라이나 국적 고려인이 약 10,000명, 타 국적 고려인(주로 우즈베키스탄 국적) 20,000명, 무국적 고려인 약 3,000명을 포함하여 33,000여 명의 고려인이 거주하는 것으로 추정되고 있다. 이들은 주로 농업에 종사하며 전국적으로 분포되어 있는데 특히 무국적 고려인을 중심으로 생활이 어려운 경우가 많아 무국적 고려인의 양성화 및 이들의 생활 지원 등이 조속히 요구된다. 현재 정부는 우크라이나 정부와 무국적 또는 타국적 고려인에 대한 우크라이나 국적취득을 지원하는 사업을 추진하고 있으며, 우크라이나 한국 대사관이 이 사업을 담당하고 있다.

5) 우크라이나의 인종범죄(스킨헤드)

100여 민족이 사는 다민족 국가인 우크라이나는 인종 문제에 매우 민감하다. 2007년 4월 23일 한국유학생이 4명의 인종혐오주의자들에 의해 살해되는 사건이 발생했다. 우크라이나 경찰은 단순폭행 혐의를 적용해 수사를 종결지으려 했다. 이때 한국 대사관은 강력히 대응하였다. 11월 검찰은 피의자에 대한 불구속 수사 방침을 철회하고 가해 청년들을 모두 구속했다. 이 때문에 '인종혐오'를 법원에서 처음 인정할 것인지는 큰 관심사였다.

2008년 5월에 우크라이나에서는 한국인 유학생을 살해한 청년 4명에 대한

<표 3-13> 외국인 대상 범죄

	총 범죄 수	살인
2007년	68건	9건
2008년	63건	6건
2009년	26건	0건

고등법원의 판결이 있었다. 우크라이나 고등법원은 첫 인종살인 판결을 내렸고, 신문과 방송은 이 판결을 특집 기획을 통해 보도했다. 2008년 11월 우크라이나 최초로 인종살인을 인정한 대법원 판결이 나왔다. 우크라이나는 이 판결 이후 강력 인종범죄가 크게 줄어들었다.

판결이 내려진 2008년 5월 이후 12월까지 인종살인은 단 1건도 발생하지 않았다. 경찰 산하에 스킨헤드 전담특수대가 신설되었다.

스킨헤드라는 사회적 문제가 러시아에서는 90년대 초 소비에트 붕괴 이후에 국가 경제가 흔들리고, 국가권력이 사회통제 기능을 상실하자 일부 청소년들이 사회불만을 표출하는 창구로 외국인에 대한 혐오증이 나타났다. 이들은 극우 애국주의로 우리에게는 스킨헤드로 알려진 문제인 인종범죄가 나타났다. 그러나 우크라이나에서 스킨헤드는 러시아보다는 훨씬 늦은 시기인 2004년 오렌지혁명 이후 청년들은 민주화된 우크라이나가 유럽과 통합되고 경제가 나아질 것으로 생각했으나 경제는 더 어려워졌다. 이 때문에 청소년들에게서 서유럽에 대한 배신감이 타 인종에 대한 반감으로 나타났다. 극우정당은 민족주의를 정치적으로 이용했다.

향후 한국 교민이나 유학생이 인종혐오 범죄의 피해를 외국에서 당하지 않도록 하기 위해서는 정부 차원의 강력한 대응이 필요하다.

제 7 절 결 론

우크라이나는 CIS 국가 중 인구 2위, 영토 3위의 국가로 석탄, 철 등 풍부한 광물자원과 비옥한 농토를 보유하고 있으며, 인구도 5천만 명에 육박하여 내수시장의 성장가능성도 상당히 높다. 실제로 2005년-2007년 중 우크라이나의 소매부문(retail sector)은 임금상승, 소비심리 호조 등으로 연평균 25%

이상 성장하였으며, 2006년 기준 소매부문의 시장규모는 약 470억 달러로 추정되고 있어 향후 성장의 주요 동력으로 작용할 것으로 예상된다. 여기에다 우크라이나는 제조업 기반이 풍부하고 지정학적으로 동과 서를 중계할 수 있는 물류기반도 갖추고 있다.

야누코비치는 유센코와 달리 경제정책의 우선 순위를 개방화보다는 국내산업 발전과 일자리 창출 등의 경기활성화 정책에 두었다. 이것은 야누코비치 정권의 존립 자체가 동부지역의 철강, 화학제품, 석탄 등 수출 산업계의 이해관계를 대변하고 있기 때문이다. 유센코가 선불리 유통과 금융 분야까지 전면적 개방을 선택한 것과 달리 야누코비치는 철광, 에너지, 교통 물류 등 대규모 자원 투자 분야 등에서 기술과 자본력을 갖춘 외국인투자를 선별 유치할 것으로 보인다. 야누코비치가 추진하는 러시아 · 벨라루스 · 카자흐스탄 3국 관세동맹에 옵서버 가입도 자국 성장에 유리한 환경을 조성한다는 점에서 전략적 개방이라고 할 수 있을 것이다. 우크라이나 경제의 미래는 결국 성장을 추진할 만한 산업의 경쟁력 확보, 경제체제의 현대화, 그리고 러시아를 포함한 전략적 투자의 확보와 이를 위한 안정적인 경제정책을 어떻게 효과적으로 추진하느냐에 달려 있는 것이다.

우크라이나는 잠재력이 크지만, 높은 부정부패 수준, 정부의 과도한 규제 및 복잡한 제도, 제조업진출 기반 부족, 투자자에 대한 보호 미흡, 도로 등 인프라 부족 등이 투자자들의 투자의욕을 크게 저하시킨다.

우크라이나 대선이 큰 문제 없이 마무리 되었고, 야누코비치 대통령 정부가 의회에서 과반수 의석을 확보하였고, 러시아 흑해함대 주둔연장을 비준하는 등 러시아와 관계개선을 이루었다.

정치불안, 경상수지 및 재정수지 적자 지속 등은 신정부에 부담으로 작용할 것이지만, 부실은행 정리 등 은행부문 개선, 재정적자 개선을 위한 공공요금 인상, 최저임금 및 연금제도 개혁, 가스 수입대금 지불을 위한 외화 확보 등 우크라이나 주요 현안을 해결한다면 과도기 상태에 있는 우크라이나는 잠재력을 갖고 있는 나라이므로 미래는 밝다고 할 수 있다.

참고문헌

디모데 웨어 저, 이형기 역. 1999. 「동방정교회의 역사와 신학」 서울: 한국장로교 출판사.

석영중. 2005. 「러시아 정교-역사, 신학, 예술」 서울: 고려대학교 출판부.

이덕형. 2002. 「러시아 문화예술 천년의 울림」 서울: 성균관대학교 출판부.

임영상 · 황영삼 공편. 1996. 「소련과 동유럽의 종교와 민족주의」 서울: 한국외국어 대학교 출판부.

제르노프, 니콜라스 저, 위거찬 역. 1991. 「러시아 정교회사」 서울: 기독교 문서선교회.

한국외국어대학교 외국학종합연구센터. 2006. 「세계의 민간신앙」 서울: 한국외국어 대학교 출판부.

허승철, 「나의 사랑 우크라이나」, 2008.

허승철, 「우크라이나 현대사 1914-2010」, 2008.

홍석우, "우크라이나 정체성의 재건", 「동유럽발칸학」, 2011.

홍석우. "우크라이나인들의 민속 문화에 나타난 혼합적 종교성", 2008.

황영삼. 「우니아트 교회성립의 역사적 의의」 ≪슬라브학보≫, 제20권 1호, 2005

황지영 · 김하민, "우크라이나의 주요 산업", 2009.

Magocsi, Paul Robert. 1996. A History of Ukraine. Seattle: University of Washington Press.

Subtelny, Orest. 2000. Ukraine: A History. Toronto: University of Toronto Press; 3rd edition.

Грушевский , М.С. 2002(1913). История украинского народа. Москва: Монолит-Евролинц-Традиция.

Карташев, А.В. 2004(1959). История русской церкви. Москва: Изд-во Эксмо.

Krindatch Alexei D. 2003. "Religion in Postsoviet Ukraine as a Factor in Regional, Ethno-Cultural and Political Diversity". Religion, State and Society, pp.37-73.

제 4 장 카자흐스탄의 행정과 정책

박 상 우(경희대학교)

소련으로부터 독립하고 민주주의 체제로 전환한 지 20년이 지난 카자흐스탄의 행정과 정책을 다음과 같은 논의를 중심으로 이해하고자 한다.

첫째, 인문 · 사회적 환경

본 연구는 카자흐스탄의 역사적 배경, 사회 · 문화적 환경, 정치 · 경제적 특징을 중심으로 논의가 전개될 것이다.

둘째, 헌법 및 법률적 기반

본 연구는 실제로 해당국이 구축한 민주주의 시스템이 법적·제도적으로 어떠한 행태인지를 헌법 및 법률적 기반을 중심으로 논의가 전개될 것이다. 여기서는 해당국의 헌법, 법률, 명령, 조례, 규칙과 같은 민주주의 국가의 보편적인 법체계가 소개될 것이다.

셋째, 정치체제와 거버넌스

본 연구는 카자흐스탄의 정치체제 분석과 거버넌스 체제에 대해서 논의가 전개될 것이다. 특히 대통령 선거와 총선거의 배경과 결과를 통해 정치체제를 분석할 것이다. 또한 민주화 및 부패의 정도가 소개될 것이다.

넷째, 행정체계와 정책결정과정

본 연구는 정책결정의 주체인 중앙행정조직을 중심으로 논의가 전개될 것이다. 여기서는 중앙행정조직 중 대통령, 내각, 대통령 행정실 등이 분석될 것이며 전자정부에 대해서도 소개될 것이다.

다섯째, 공공정책

본 연구는 중앙아시아의 자원부국으로 평가받는 카자흐스탄의 자원-에너지 정책을 중심으로 공공정책이 논의될 것이다. 특히 이 부분은 해당국뿐만 아니라 세계의 자원-에너지 수입국들에게 주목을 받는 내용이기 때문에 그 가치가 높다가 여겨진다. 여기서는 해당국의 자원-에너지 정책에 대한 법적·제도적 장치에 대한 현황과 특징이 분석될 것이다.

<그림 4-1> 중앙아시아 지도

여섯째, 한국과의 관계

카자흐스탄은 한국과 지속적인 우호관계를 유지하고 있으며, 전략적으로 우리에게 매우 중요한 의미를 지닌다. 따라서 본 연구는 지금까지 전개된 양국관계의 현황을 소개할 것이며, 앞으로 보다 발전적인 방향을 추구하고 그 결과를 달성하기 위한 전략이 제시될 것이다.

제 1 절 인문 · 사회적 환경

1 역사적 환경

카자흐스탄의 역사를 개괄하면서 이 지역의 특징을 이해하고자 한다.[1]

첫째, 고대

청동기시대 — 카자흐스탄에서 발굴되는 유물을 통하여 BC 1,500년-1,000년경의 청동기 초기 문명이 존재하였던 것으로 확인되고 있다.

스키타이 문명 — BC 500년경 현재의 카자흐스탄 남부지역에 사카(Saka)부족이 알타이산맥과 우크라이나에 이르는 방대한 스텝지역에 거주하며 스키타이 문명의 일부를 이루었다. 특히, 사카부족은 카자흐스탄 최고의 고고학적 발굴로 알려진 '황금인간'(금으로 만든 갑옷을 입은 전사의 모형으로 알마티 인근에서 발굴)을 남긴 부족으로, '황금인간'은 카자흐스탄의 국가 상징이기도 하다.

투르크족의 영향 — BC 200년경에는 훈족(Huns)이 현재의 카자흐스탄 동부를 장악하였으며, AD 550-750년에 투르크족(Turkic)이 몽골과 중국 북부로부터 현재의 카자흐스탄 남부로 이주해 콕 투르크(Kok Turk)제국을 이루었다.

1) '카자흐스탄 개황', 외교통상부, 2010의 약사를 재정리하였음.

둘째, 카자흐 민족국가 형성(13세기-18세기)

차카타이 한국(汗國) 형성 — 1218-1221년경 징기스칸이 카자흐스탄 동남부를 시작으로 현재의 카자흐스탄 전역을 차지하고 차카타이 한국을 세웠다.

카자흐 한국(汗國)의 출현 — 카자흐 영토는 大올다(Great Horde), 白올다(White Horde) 및 몽굴리스탄(Mogulistan)으로 분리 통치되었으며, 카자흐 한국이 白올다에서 분리되면서 카자흐 민족국가 형성을 위한 기반이 마련되었다. 이후 카자흐 한국은 大올다(Great Horde: 발하쉬 호수 남부), 中올다(Middle Horde: 카자흐 중부), 小올다(Little Horde: 카자흐 서부)로 분열되어 호족들이 통치하였으며 3개 올다는 현재 카자흐스탄 호족출신 배경을 구분하는 중요한 기준이 된다.

지방 호족들은 그 후 300여년에 걸쳐 3개 올다에 병합되었으며 카자흐는 봉건영주와 농노로 구성된 봉건국가로 18세기까지 존속하였다.

셋째, 러시아로의 합병(18세기-19세기)

봉건제후들 간의 전쟁으로 세력이 크게 약화된 3개 올다는 18세기 중엽 알타이계 유목민족인 중가리(Dzungarians)의 침입을 받아(소위 '대재난의 시대') 1731년 러시아제국에 보호를 요청하면서 러시아의 영향권 아래 들어가게 되었으며, 이후 러시아의 식민지정책이 본격적으로 추진됨에 따라 1860년대에 카자흐스탄 전역이 러시아에 편입, 합병되었다.

넷째, 소비에트 시대(1917년-1990년)

소비에트 혁명 후 카자흐스탄은 소련 공산당의 민족정책에 따라 1925년 4월 자치공화국이 되었다가 1936년 12월 연방공화국으로 승격되었다.

1950년대 말 흐루쇼프 서기장이 추진한 처녀지 개간정책으로 러시아인이 카자흐스탄 북부로 대규모 이주하자 1960년대 초 기형적인 민족구성 현상이 초래되었다(카자흐스탄 인구 930만 명 중 러시아인이 43%, 카자흐인이 29% 차지).

세미팔라틴스크(Semipalatinsk)에 핵실험장과 바이코누르(Baykonur)에 우주선 발사 기지를 건설함으로써 심각한 환경 문제가 야기되었다.

다섯째, 독립 이후(1991년 이후)

누르술탄 나자르바예프(Nursultan Nazarbayev)의 등장 — 1989년 카자흐스탄 공산당 서기장에 선출된 나자르바예프는 1990년 4월 카자흐스탄 최고인민회의에서 카자흐스탄공화국 대통령에 피선된 데 이어, 1991년 12월 1일 실시된 최초의 대통령 선거에서 98.7%의 지지율로 대통령에 당선되었다.

카자흐스탄의 독립 — 1991년 12월 벨로베쥐스크협정 체결로 소비에트 체제의 와해가 현실화되자 12월 16일 소련 구성 공화국 중 가장 늦게 독립을 선언하고 12월 21일에 독립국가연합(CIS)에 가입하였다.

<표 4-1> 카자흐스탄 독립 이후 주요 일지(1990-현재)

일 자	주요 내용
1990.10.25	카자흐스탄 공화국 주권 선언
1991.12.01	대통령 선거(나자르바예프 대통령 당선)
1991.12.16	독립 선언
1991.12.21	독립국가연합(CIS) 가입
1992.03	UN 가입
1993.01	헌법 채택
1995.08.30	신헌법 채택
1997.12.10	아크몰라(Akmola, 현 Astana)로 수도 이전
1999.01.10	대통령 선거(나자르바예프 대통령 당선)
1999.10.12	토카예프(Tokayev) 내각 출범
2002.01.29	타스마감베토프(Tasmagambetov) 내각 출범
2003.06.13	아흐메토프(Akhmetov) 내각 출범
2005.08.19	상원 선거
2005.12.04	대통령 선거(나자르바예프 대통령 재선)
2007.05	헌법 개정(초대대통령에 한해 연임제한규정 부적용)
2007.08.18	하원 선거
2011.04	대통령 선거(나자르바예프 대통령 당선)

출처: 외교통상부.

2 사회 · 문화적 환경

첫째, 지리적 특성

중앙아시아 북부에 위치해 있는 카자흐스탄의 정식 국가명칭은 카자흐스탄 공화국(Republic of Kazakhstan)이며 수도는 아스타나(Astana)로 1997년 12월 구 수도인 알마티(Almaty)로부터 이전하였다. 국토 면적은 2,724,900㎢로 세계 9위를 차지하고 있으며[2] 이는 한반도의 12배, 남한의 27배에 해당된다.

영토의 서쪽에 위치한 카스피해를 바다로 간주하지 않는다면, 카자흐스탄은 내륙국가가 된다. 북쪽으로는 러시아와 세계에서 가장 긴 국경(6,467㎞)을 접하고 있으며 동쪽으로는 중국, 남쪽으로는 키르기스스탄, 우즈베키스탄, 투르크메니스탄과 접경을 이루고 있다.[3]

카자흐스탄의 동쪽에는 알타이산맥과 천산산맥이 자리 잡고 있으며 서쪽에는 카스피해가 위치해 있다. 8,500여 개의 크고 작은 강이 흐르고 있으며 이 중 1,000㎞에 이르는 하천도 7개에 이른다. 카스피해로 흐르는 우랄강과 엠마강, 아랄해로 흐르는 시르다리아강, 북극해로 흐르는 토볼강이 유명하다. 48,000여 호수 중 아랄해, 발하쉬(Balkash) 호 등이 대표적이다.

국토의 58%가 사막과 반사막이며, 스텝은 26%를 차지하고 있다. 전형적인 대륙성 기후로 1월 평균기온은 영하 19-4도이고, 7월 평균기온은 19-26도이다. 연 강우량은 250-350㎟이며 이 중 80%는 여름에 집중된다. 카자흐스탄의 이러한 기후조건은 밀 재배에 적합하여 구 소련 시절 주요 곡물 생산지 중 하나였으며, 현재도 세계 10대 곡물수출국이기도 하다. 경작지 면적은 380,000㎢로 연간 1,500만 톤의 곡물을 생산한다.

---

2) 카자흐스탄의 국토 면적은 러시아, 중국, 미국, 아르헨티나, 브라질, 캐나다, 인도, 오스트레일리아 다음을 차지하고 있다.

3) 중국과는 1,460㎞, 키르기스스탄과는 980㎞, 우즈베키스탄과는 2,300㎞, 투르크메니스탄과는 380㎞의 국경을 각각 접하고 있으며, 카스피해 연안의 길이는 600㎞에 달한다.

<그림 4-2> 카자흐스탄 지도

둘째, 인구와 민족

카자흐스탄의 인구는 2010년 1월 현재 1,619만 명으로 중앙아시아에서 우즈베키스탄(2,900만 명) 다음으로 많다. 구 수도 알마티의 인구는 135만 명이며, 수도 아스타나에는 65만 명이 살고 있다. 독립 이후 10여 년간 카자흐스탄의 인구는 유럽계 민족(주로 러시아인과 독일인)이 빠져나가는 현상이 지속되어 감소 일로에 있다가 경제성장률이 연 10%에 육박하는 성장을 시작한 2000년도를 기점으로 인구 감소율이 줄다가 2002년도부터는 인구가 연 1% 정도씩 증가하고 있는 추세이다.

카자흐스탄은 130여 민족이 살아가는 다민족국가로 카자흐인이 1,030만 명으로 전체 인구의 63.3%를 차지하고 있으며, 러시아인(377만, 23.3%), 우즈벡인(46만, 2.9%), 우크라이나인(32만, 2.0%), 위구르인(22만, 1.4%), 타타르인(19

만, 1.2%), 독일인(18만, 1.1%)이 그 뒤를 잇고 있다. 고려인은 약 10만 명(0.6%)이 거주하고 있어 9번째로 많은 소수민족을 이루고 있다.

셋째, 종교 및 언어

카자흐스탄은 헌법에 종교의 자유를 명시하고 있는 세속국가이지만 국민의 약 70%는 이슬람을 믿고 있으며 이들 중 대부분은 수니파이다. 이 외에 러시아 정교를 포함한 기독교인이 25% 정도를 차지하고 있다.

카자흐스탄의 공식어는 카자흐어이나 러시아어를 공용어로 사용하고 있다.

넷째, 교육제도

카자흐스탄 정부는 1997년에 신교육법을 제정하여 현재의 교육시스템을 마련하고 2003년에는 대통령령으로 '2003~2015 교육발전 구상 프로그램'이라는 교육개혁 조치를 발표하는 등 교육에 많은 관심과 노력을 기울이고 있다.[4]

유치원 교육은 현재 약 60%의 취학률을 보이고 있으나 취학 전 유아교육의 중요성과 이에 대한 관심이 고조되는 현실을 반영하여, 정부는 앞으로 취학률을 90% 이상 끌어올리기 위한 재정지원을 모색하고 있다.

초중등교육은 공립학교인 쉬꼴라의 경우, 초등학교과정 4년, 중학교과정 5년, 고등학교과정 2년으로 학제가 나뉘어져 있으며, 학교 수가 부족하여 대부분 학교는 2부제 또는 3부제 수업을 하고 있다.

학기는 4학기제로 운영되며 매년 9월에 시작하여 다음해 5월 하순에 끝나게 된다. 한 학급의 평균 학생 수는 25~35명 정도이며 토요일에도 수업을 한다.

9학년을 마치면 첫 번째 진급시험을 치르게 되며 성적에 따라 유급 또는 조기 진급을 할 수 있다. 또한 9학년을 마치면 직업기술학교에 갈 것인지 상급 학년으로 진학할 것인지를 결정하게 된다. 일반적으로 중학과정을 이수한 학생들 중 30%는 직업기술학교에 진학하고 나머지 70%는 상급교육기관에 진학한다.

카자흐스탄 교육의 특징 중 하나는 소비에트 교육제도의 장점을 물려받아

---

4) 『카자흐스탄은 어떤 나라?』, 주카자흐스탄 한국대사관, 2007, p.28.

<표 4-2> 카자흐스탄의 학제

학교 구분		나이	현황
유치원		1세반~6세	연령별로 3단계로 구분, 종일반
쉬꼴라	초등학교	7세~10세	1~4학년, 4년제
	중학교	11세~15세	5~9학년, 5년제, 진급시험 치름, 직업학교로 진학할 것인지 상급학년으로 진학할 것인지 결정
	고등학교	16세~17세	10~11학년, 2년제
직업기술학교		16세~19세	3년 또는 4년, 졸업 후 대학 2, 3학년에 편입할 수 있음
대학교		18세~23세	4년 또는 5년(전공에 따라 다름)

출처: 『카자흐스탄은 어떤 나라?』

직업기술교육이 잘 정비되어 있다는 것이다. 이 직업교육과정은 초등직업교육, 중등직업교육, 고등직업교육으로 구분되며 쉬꼴라 9학년을 마치면 단기직업훈련학교에서 초등직업교육을 받을 수 있다.

대학교육은 그 나라의 미래와 매우 연관이 높기 때문에 최근 몇 년 동안 가장 활발한 변화를 보이고 있다. 카자흐스탄에는 33개의 국립대와 126개의 사립대가 있으며 많은 국립대가 사립대로 바뀌었고 대학교마다 학교 발전과 우수학생 유치를 위해 많은 노력을 기울이고 있다.

대학 진학률은 62%로 상당히 높은 편이며, '볼라샥'이라는 정부 장학제도를 마련하여 연 3천명의 우수한 학생들에게 해외에서 공부할 기회를 제공하고 있다. 2005년도 통계에 의하면, 대학 진학생의 18%가 해외 유학파이다.

3 정치 · 경제적 환경

카자흐스탄 헌법은 해당국 전역에서 최고의 법적 효력을 지니고 있으며 정치, 사회, 경제, 문화 등 삶의 전 영역에 대해 영향을 미친다(헌법 제4조 및 제12조). 이 헌법에 따르면, 카자흐스탄은 민주공화국이며 법치국가이고(헌법 제1조), 대통령제 국가이다(헌법 제2조). 또한 헌법은 대통령, 의회, 행정부, 헌법재판소 및 지방 행정기관의 권한과 기능 등을 언급한 총 9개 항목으로 구성되어 있으며 주권재민, 국민의 기본권 보장, 삼권분립, 대의민주주의 및 대통령 중심제 등이 명기되어 있고 대통령의 강력한 권한을 보장하고 있다.

대통령은 국가원수로서 국내외정책에 대한 최종 결정권을 보유하며 특정상황 하에서 의회를 대신하여 입법권을 행사하고 법률적 효력을 발휘하는 대통령령 발령권을 갖는 등 강력한 권한을 행사한다. 특히 2007년 헌법 개정을 통해 대통령의 임기를 종전 7년에서 5년으로 단축하였으나 초대대통령에 한해 연임제한(3선 금지) 규정을 철폐함으로써 나자르바예프 대통령의 장기집권을 합법화하였다.

행정부는 대통령에 의해 구성되며 대통령에 대해 책임을 지고 일부 사안에 대해서는 의회에 대해 책임을 진다. 총리는 하원의 다수당이 인선하여 의회의 동의를 거쳐 대통령이 임명하며 총리가 해임될 경우에는 내각 전원이 사퇴한다. 내각은 법령제안권, 예산배분권, 조약체결권 등을 가지고 있다.

행정구역으로는 2개의 특별시(아스타나와 알마티)와 14개의 주로 구성되어 있다. 이 밖에 86개의 시, 168개의 구, 181개의 빠숄록(поселок),[5] 7,681개의 농촌거주지(сельский населенный пункт)가 있다.

입법부는 상원(Senat)과 하원(Mazhilis)으로 구성되어 있고, 상원의 임기는 6년이고 의석 수는 47석인 반면, 하원의 임기는 5년이고 의석 수는 107석이다.

상원의원은 14개 주(Oblast') 의회 및 2개 특별시 의회에서 각 2명씩 선출되며 대통령은 15명의 상원의원을 임명한다. 상원의장은 대통령이 임명하며 대통령 유고시 상원의장이 잔여임기 동안 대통령직을 대행한다.[6]

---

5) 빠숄록은 카자흐스탄 행정구역 단위 중 하나이나 용어에 대해 정확히 정의하지는 않고 있다. 우리의 '읍' 정도 규모로 생각하면 될 것이다.

6) 대통령 대행직 수임순서는 상원의장, 하원의장, 총리 순이며, 대통령 대행은 개헌을 발의할 수 없다.

하원의원은 보통, 평등, 직접, 비밀선거로 선출되며 피선거권은 25세 이상이다. 98석은 정당 비례대표제에 의해 선출되고, 9석은 '카자흐스탄 민족회의(Assembly of the People of Kazakhstan)'[7]에 할당된다. 하원의장은 하원의원들이 직접, 비밀투표로 선출한다.

상원과 하원의 권한은 양원 합동회의, 하원 심의 및 의결 후 상원에 회부, 상원 단독회의, 하원 단독회의의 권한으로 나뉜다.

양원 합동회의는 개헌발의권, 예산의 승인 및 변경권, 총리 및 중앙은행 총재 임명 동의권, 국민투표 제안권, 평화적 군대사용 의결권 등을 가지고 있으며, 법률안 채택과 예산안 집행 및 변경, 국제조약 비준 등은 하원에서 심의, 의결 후 상원에 회부되는 경우이다.

상원은 대법원장 및 대법원 판사 임면권, 검찰총장 및 국가안보위원회 위원장 임명 동의권, 최고사법위원회(Highest Judical Council)에 2명의 위원 파견권, 하원에 의한 대통령 탄핵소추 심의 및 결과를 양원 합동회의에 상정하는 권한을 가지고 있다.

하원은 입법권, 예산심의권 및 중앙행정기관 감독권, 대통령선거 공고, 대통령에 대한 반역죄 상정 등의 권한을 가지고 있다.

사법부는 대법원(Supreme Court), 주법원(Provincial Court), 지방법원(Local Court)으로 구성되고 특별법원의 설치는 헌법 제75조 제4항에 의해 금지된다. 대법원장 및 대법원판사는 최고사법위원회의 추천에 기초하여 대통령 제청으로 상원에서 선출되며, 주법원장 및 주법원 판사는 최고사법위원회[8]의 추천으로 대통령이 임명한다. 기타 지방법원장 및 지방법원 판사는 판사자격협의회(Qualification Collegium of Justice)[9]의 추천과 법무장관의 제청으로 대통령이

7) '카자흐스탄 민족회의'는 95년 3월 대통령령에 의해 설치된 자문기구로, 소수민족 대표 등으로 구성되며 민족 간 화합과 안정을 목표로 관련 정책에 대한 제안권을 보유하고 있으며 2007년에 헌법기관으로 승격되었다.

8) 최고사법위원회 위원장은 대통령이 임명하고 위원은 헌법위원회 위원장, 대법원장, 법무장관, 검찰총장, 상원의원 중 위원으로 선임된 인사, 기타인 중에서 대통령이 임명하는 인사로 구성된다.

9) 하원의원 중에서 위원으로 선임된 자, 판사, 검사, 법률학자, 기타 법조계 종사자 중에서

임명한다.

4 외 교

1) 외교정책의 기조 및 목표

카자흐스탄이 추진하고 있는 대외정책의 특징은 다음과 같다. 첫째, 전통적 우호국인 러시아와의 관계를 중요시하면서도 미국, EU, 중국 등과의 관계도 중시하는 전방위 또는 다변화 외교(multi-vector diplomacy)를 들 수 있다. 둘째, 중앙아시아 주변국들과의 전통적 우호관계를 유지, 발전시킴과 동시에 국제무대에서의 위상 강화를 위해 외교력을 집중시키고 있다. 이에 대한 구체적 예로, '아시아교류신뢰구축회의(CICA: Conference on Interaction and Confidence Building in Asia)'를 주도함으로써(1993) 국제무대에서의 역할을 강화하고 있으며, '중앙아시아 비핵지대화 선언'(2006), '다양성에 입각한 전진' 제하의 기독교-이슬람권 국가 간 대화를 위한 외교장관회의 주최(2008), 아시아협력대화(Asia Cooperation Dialogue: ACD) 의장국 수임(2008), 유럽안보협력기구(Organization for Security Cooperation in Europe: OSCE) 의장국 수임(2010), 이슬람회의기구(Organization of Islamic Cooperation: OIC) 외교장관회의 의장국 수임(2011) 등을 계기로 국제사회에서의 그 위상을 강화하고 있다. 셋째, 비핵화, 국제 테러리즘, 종교적 극단주의, 마약 등 국제사회의 현안에 적극 대응, 동참함으로써 국제사회의 일원으로 주도적 역할을 하고자 노력하고 있다.

이와 같은 대외정책의 기조를 달성하기 위한 외교정책의 5대 목표는 다음과 같다.

① 안정적이며 지속적인 개혁정책 추진을 위한 호의적인 국제환경 조성

선임된 자로 구성된다.

② 신생 독립국 카자흐스탄의 독립과 주권, 국익 보호
③ 주변국 및 이해 관련국들과의 건설적이며 호혜적인 관계 설정
④ 상호신뢰 및 안전보장을 위한 국제적 메커니즘 조성 노력
⑤ 국내경제의 지속적인 발전을 위한 국제적 분위기 조성

2) 주요 국가들과의 관계

① 러시아

카자흐스탄과 러시아는 특별한 외교관계를 유지하고 있다. 그 배경으로 6,500㎞에 달하는 국경선, 400만의 러시아계 디아스포라, 연 160억 불이 넘는 교역량, 에너지 수송로 의존, 전통적인 유대관계 등의 이유를 들 수 있다. 실질적으로 양국 정상은 매년 10여 차례 회동하고 있으며, 메드베데프(D. Medvedev) 러시아 대통령은 취임 후 첫 방문국으로 카자흐스탄을 선택하기도 하였다. 또한, 유라시아경제공동체(Eurasian Economic Community: EURASEC), 중앙아시아협력기구(Central Asian Cooperation Organization: CACO), 상하이협력기구(Shanghai Cooperation Organization: SCO) 및 집단안보조약기구(Collective Security Treaty Organization: CSTO) 등 역내 다자협력기구 내에서 CIS 국가들 가운데 양국은 가장 긴밀한 관계를 유지하고 있다. 이 밖에 2010년 1월 1일로 발효되는 러시아-카자흐스탄-벨라루스 3국 관세동맹으로 양국 간의 경제적 상호의존도는 더욱 깊어지고 있다.

② 중 국

카자흐스탄은 상하이협력기구(SCO)를 중심으로 중국과의 경제 및 안보협력을 강화해 나가고 있으며, 카자흐스탄의 산업현대화에 중국이 적극 참여함으로써 양국 관계의 중요성이 더욱 증대되고 있는 실정이다.[10] 최근 중국은 경제성장을 바탕으로 축적한 자본으로 카자흐스탄의 에너지 분야에 적극 진출

---

10) 반면, 중국의 카자흐스탄 진출은 에너지자원 확보라는 경제적 이유와 함께 신장, 위구르 접경의 안정이라는 정치적 이유도 고려되었음.

함으로써 카자흐스탄 원유 및 가스 생산의 20% 이상을 점유하고 있다.[11] 또한 금융 지원 등을 통하여 희귀 광물자원 개발 및 인프라 건설 등 각종 사업에도 활발히 진출하고 있다. 이로 인해, 카자스흐탄 서쪽의 카스피해에서 중국 서부를 잇는 2,300㎞의 송유관 건설과 투르크메니스탄-카자흐스탄-중국을 잇는 가스관 건설이라는 결실을 보게 되었다. 하지만 카자흐스탄의 전통적인 반(反) 중국 정서는 중국의 공격적인 에너지 분야 진출, 중국 노동력의 유입 등으로 인한 카자흐스탄 산업기반의 잠식이라는 우려와 함께 중국경계론도 등장하는 상황이다.

③ 미 국

카자흐스탄은 미국과의 관계 강화를 통해 러시아와의 전통적 관계에 국한되지 않는 전방위 외교 및 에너지 자원 수송로의 다변화를 추진하고 있다. 미국도 카자흐스탄과의 전략적 동반자관계 설정(2001) 이후 에너지 공급원으로서 카자흐스탄을 중시하며 '엑슨모빌(ExxonMobil)', '셰브론(Chevron)', '코노코필립스(Conoco Phillips)' 등 미국계 석유 메이저들의 안정적 활동을 지원하고 있다. 또 미국은 BTC 송유관 건설,[12] 카스피해 해저 가스관 건설 등 러시아를 경유하지 않는 카스피해 연안 국가들의 에너지 자원 대외 수송로 건설 프로젝트에도 적극 참여하고 있다. 특히 9·11을 계기로 아프가니스탄의 안정을 위해 중앙아시아 진출을 본격화하고 있는 미국은, 테러리즘 및 이슬람 극단주의 확산의 방파제로서 카자흐스탄의 역할을 중시하며 군사협력 또한 점진적으로 확대해 나가고 있다.[13]

---

11) 중국의 국영석유회사(CNPC)와 국부펀드(CIC)는 카자흐스탄의 광구 매입뿐 아니라 카자흐국영석유회사(KMG) 및 민간 석유회사(MMG)의 지분 매입 등을 통해 적극적인 카자흐스탄 진출을 모색하고 있다.

12) BTC는 아제르바이잔의 바쿠(Baku) - 그루지야의 트빌리시(Tbilisi) - 터키의 세이한(Ceyhan)을 연결하는 송유관 건설 프로젝트의 명칭이다.

13) 카자흐스탄은 2002년 7월 미 공군기의 알마티 공항 사용을 허가하였고, 2003년 9월 카자흐스탄-미국 간 군사협력 5개년계획에 합의하기도 하였다. 또한 카자흐스탄은 카스피해 지역 국경수비대의 장비 현대화 및 해군 창설에 미국의 지원을 받고 있기도 하다. 강명구, "중앙아시아 5개국의 국가 발전 전략", 신범식 외, 『21세기 유라시아 도전과 국제관계』, 서울: 한울아카데미, 2006.

④ EU

나자르바예프 대통령은 'Way to Europe' 계획을 발표(2008)하여 유럽국가들과의 경제협력을 강화하고 카자흐스탄의 법과 제도를 유럽 수준으로 향상시킬 것을 목표로 제시하는 등 전방위 외교 전략의 일환으로서 EU와의 관계 증진을 도모하고 있다. 한편, EU도 2007년부터 '중앙아시아 전략'을 수립하여 에너지, 환경, 안보 분야에서 카자흐스탄과 긴밀한 관계를 유지하고 있다. 특히, EU는 러시아에 대한 에너지 의존도를 줄이기 위해 카자흐스탄 등 중앙아시아 원유와 가스의 직접 수입에 관심을 갖고 BTC 송유관, NABUCCO 가스관 건설에 관여하고 있다.

5 국 방[14)]

카자흐스탄은 구 소련 시절 배치되었던 많은 양의 무기를 승계하여, 한때 5,000대 이상의 전차와 장갑차, 7,000문 이상의 각종 포를 비축하여 잉여 장비의 대외 수출까지도 모색할 정도였으며, 독립 당시 SS-18 미사일 104기, Tu-25 전략폭격기 40기와 핵탄두 1,140발을 보유하기까지 하였다. 그러나 카자흐스탄은 주권 확립과 동시에 영토 내 핵 실험을 금지하는 등 비핵지대화를 선언한(1991년 9월)데 이어 세미팔라틴스크에 있던 핵실험장을 폐쇄하였고, 1993년 12월에 핵확산금지조약(Nuclear Non-proliferation Treaty: NPT)에 가입하였으며 이듬해 2월에는 국제원자력기구(International Atomic Energy Agency: IAEA)에도 가입하였다. 이에 따라, 1994년 6월부터 카자흐스탄은 보유하고 있던 SS-18 미사일 18기는 기능 해제시키고, 1996년까지 핵무기 전량을 이전 또는 폐기하였으며 장거리 폭격기 Tu-95 40기도 러시아로 모두 이송하였다.

---

14) 심경욱, "유라시아 국가들의 군사·안보 현안", 신범식 외, 2006, pp.394-438 참조.

1990년대 말 이후 연 10%대의 경제성장률을 기록하고 있는 카자흐스탄은 '장기 국가 안보 전략서' 제정(1999), 군사 독트린 제정(2002), 정예군 지향 등 군사력 정비를 위한 각종 제도를 추진하고 있다. 국방법이나 군 복무법, 헌병법 등이 제정되었으며 군사 자문위원회도 설치되었다. 특히 재원 확충과 더불어 점차 징병제에 의한 병력의 충원을 줄이고 2010년까지 정원의 80%를 지원병으로 대체한다는 목표 아래 직업군 제도를 추진하고 있다.[15)]

현재 카자흐스탄의 병력은 지상군 46,800명, 공군 19,000명으로 65,800명이며,[16)] T-72 650대를 포함해 전차 930대, 장갑차 500여 대이고, MiG-29 40대를 포함해 전투기 164대와 전투 헬기 14대를 보유하고 있다. 준군사조직으로는 내무부가 통제하는 보안군 20,000명, 대통령궁 수비대 2,000명, 정부청사 병력 500명 등 34,500명 선이다.

카자흐스탄의 군사력 정비와 관련해서 주목해야 할 점은 해군의 창설이다. 해군의 창설은 카스피해에서의 국익 및 안전과 불가분의 관계에 있다. 다시 말해, 카자흐스탄은 에너지 자원의 수출 다변화를 모색하는 과정에서 카스피해를 통한 원유 수출망 확보를 추진하면서 해군의 창설과 육성도 함께 강화시켜나가고 있다. 이에 따라 2003년 3월 대통령령에 의거, 해군 창설과 함께 1,000톤급 미만의 함정 60여 척 확보를 목표로 외국의 원조와 중고 함정의 도입을 추진하고 있다. 지금까지 미국 및 터키의 원조뿐 아니라 우리나라도 고속정 3척을 지원하여 카자흐스탄 수병의 교육 훈련과 카스피해 연안 경비에 실질적인 도움을 주고 있다.[17)]

15) 카자흐스탄은 직업군 제도가 군의 전문화에 크게 기여할 것으로 평가하고 있다. 또한 징병제에 의해 입대한 병사는 현재 1년간 의무복무를 하도록 규정되어 있다.

16) 다른 자료에 따르면, 카자흐스탄의 병력 규모는 76,000명 수준으로, 카자흐스탄 전체인구 1,600만 명을 고려하면 적은 수가 아니라고 한다.

17) 미국은 50톤 함정 2척을, 터키는 70톤 함정 2척을 지원하였다. 현재 카스피해의 카자흐스탄 연해는 국경수비대가 전담하고 있으며, 소형 함정 18척이 운용 중에 있다.

6 경제 개관 및 경제 발전 전략

1) 경제 개관

〈표 4-3〉에서 보듯이, 카자흐스탄은 2000년대 들어와 국제유가의 상승과 자본주의에 입각한 개방정책에 힘입어 2000-2007년간 연평균 10%에 달하는 경제성장을 이룩하였다. 이 기간 동안 국민총생산과 무역수지의 꾸준한 증가는 1인당 GDP 1만 달러 시대를 예고하였고 외환보유고의 증가는 대외적인 국가신용도를 높여 해외투자자 유치에 긍정적인 신호가 되었다.

그러나 2007년 9월에 발생한 서브프라임 모기지 사태 이후에 전반적인 경기 침체를 보이며 경제성장률이 3.2%(2008), 1.2%(2009)로 급격히 하락하자, 카자흐스탄 정부는 '2015 혁신 산업발전 전략'을 수립하여 석유화학, 식품가공,

<표 4-3> 카자흐스탄의 주요 경제지표

경제지표	단위	2003	2004	2005	2006	2007	2008
GDP	억 달러	384	490	633	851	1060	1320
1인당 GDP	달러	2064	2700	3700	5100	6800	8400
경제성장률	%	9.3	9.6	9.7	10.7	8.5	3.2
인플레이션	%	6.5	6.7	7.6	8.4	10.8	9.5
교역량	억 달러	190	329	452	619	796	1091
수출	억 달러	116	201	278	383	470	712
수입	억 달러	74	128	174	237	326	379
무역수지	억 달러	42	73	104	146	144	333
실업률	%	4.3	4.2	4.1	7.8	7.5	6.4
외환보유고	억 달러	84	138	153	335	388	469

출처: 카자흐스탄 중앙은행, 통계청, EUI.

물류, 제련, 섬유, 관광 등 다양한 분야에서 산업 다변화 정책을 추진함으로써 산업 불균형으로 인한 경제적 손실을 막기 위해 노력하고 있다.

2) 국내 경제 동향

국제금융의 위기와 석유 등 원자재 가격의 하락으로 경제가 위축되자, 카자흐스탄 정부는 경제정책에 대한 변화의 필요성을 느끼게 되었다. 이에 따라 나자르바예프 대통령은 100억 달러 규모의 경기부양 및 금융시장 안정화 정책을 발표하고(2008.10), 기존의 카지나 펀드와 삼룩 펀드를 통합한 국부펀드인 '삼룩카지나' 펀드를 설립하였으며(2008.10), 10억 달러 규모의 자산안정화기금(Distressed Asset Fund)을 설립하였다(2008.11). 또한, 금융시장 안정에 40억 달러, 부동산 시장 안정에 30억 달러, 그리고 중소기업 활성화와 농업부문, 인프라 건설에 각각 10억 달러의 예산을 투입할 목적으로 경제 및 금융안정화 행동계획(2009-2010)을 발표하기도 하였다(2009.1).

이와 함께, 카자흐스탄 경제위기를 타개하기 위한 또 다른 방편인 금융개혁을 시행함으로써, 카자흐스탄 4대 주요 은행 가운데 BTA 은행과 알리앙스 은행을 사실상 국유화하고 카즈코메르츠 은행과 할릭 은행의 지분 25%를 인수하였다(2009.2).

한편, 2009년 1월 1일부터 발효된 신조세법을 통하여 석유, 가스 등 이윤이 높은 채굴산업에 대한 세율은 높이고, 여타 산업에 대한 법인세(30%에서 15%로) 및 부가가치세는 인하하여 채굴산업 위주의 산업구조에서 산업 다변화의 방향으로 유도하고 있다.

3) 경제 발전 전략

카자흐스탄 정부는 2009년 5월, 여당인 누르오탄당 창당기념식에서 산업개발부와 총리실이 주도하는 '7대 핵심 분야 중심의 산업혁신개발 5개년 계획'

을 발표하고 2010년부터 실행하겠다고 약속하였다. 정부에 의해 선정된 7대 분야는 ① 농업 및 식품가공, ② 건설 및 건설자재 생산, ③ 석유 가공 및 석유가스 인프라, ④ 철강, ⑤ 의약, 화학 및 방위산업, ⑥ 친환경에너지를 포함한 에너지, ⑦ 교통, 통신 및 인프라 개발이다.

나자르바예프 대통령은 또한 2010년 1월 연두교서에서 당해 연도 경제 분야 발전 전략의 목표와 우선과제를 선정, 발표하였는데 그 주요 내용은 다음과 같다.

첫째, 산업화 중심과 인프라 개발을 통한 지속적인 경제성장 달성

둘째, 인적자본의 경쟁력 제고를 위한 적극적 투자

셋째, 사회 및 주택, 공공서비스의 질적 향상

4) 주요 부존자원 현황

카자흐스탄에는 멘델레프의 주기율표에 나오는 모든 원소의 자원이 매장되어 있다고 말할 정도로 부존자원이 매우 다양하다.

특히, 카자흐스탄의 수출 에너지자원인 석유와 천연가스의 경우, 확인 석유매장량은 2008년 말 현재 약 398억 배럴로 세계 9위를 차지하고 있으며, 가스매장량은 같은 해 현재 1.82조 입방미터(㎥)로 세계 17위 수준이다.[18]

카자흐스탄의 주요 유전과 가스전의 90% 이상이 서부지역과 카스피해 인근에 집중되어 있으며, 4대 유전은 텡기즈(Tengiz), 카라차가낙(Karachaganak), 카샤간(Kashagan), 우젠(Uzen)으로 현재 탐사된 원유 매장량의 77%를 차지하고 있다.[19]

카자흐스탄의 석유 생산량은 1998년 이후 매년 15% 이상 증가하였으며, 2007년에는 하루 평균 149만 배럴을 생산하여 그 중 25만 배럴은 국내에서

18) 카자흐스탄 광물자원부 통계에 따르면, 카자흐스탄의 잔존 가채매장량은 285억 배럴이며 추정매장량은 1,243억 배럴에 달한다고 한다.

19) 김일수 외, 『중앙아시아의 거인 카자흐스탄』, 서울: 궁리, 2008, p.99.

소비하고 나머지 124만 배럴은 수출하였다(〈표 4-4〉 참조). 카자흐스탄 정부는 2015년까지 석유 생산량을 하루 평균 350만 배럴로 증대할 계획이며 이 중에 210만 배럴이 4대 유전 중 세 곳에서 증산될 예정이다.[20]

한편, 카스피해의 잠빌(Zambyl)광구는 카자흐스탄 국영석유회사인 카즈무나이가스(KMG: Kazmunaigaz)와 한국석유공사가 컨소시엄을 형성하여 2008년부터 공동 탐사 및 개발을 진행하고 있다.

<표 4-4> 카자흐스탄 석유 · 가스 수급현황

구분	2003	2004	2005	2006	2007	2008
석유매장량 (억 배럴)	396	396	398	398	398	398
석유생산량 (천 배럴/일)	1,111	1,297	1,356	1,426	1,490	1,554
가스매장량 (조 입방미터)	1.72	1.72	1.90	1.90	1.85	1.82
가스생산량 (억 입방미터/일)	162	219	252	257	264	302

출처: BP, Statistical Review of World Energy, EIU Country Report.

전 세계 우라늄 확인매장량의 16.7%(세계 2위)를 보유하고 있는 카자흐스탄은 매년 생산량을 늘려 2010년에는 15,000여 톤을 생산하여 세계 1위의 우라늄 생산국이 된다는 계획을 가지고 있다(〈표 4-5〉 참조).

<표 4-5> 우라늄 증산 계획

(단위: 톤)

연도	2005	2006	2007	2008	2009	2010
생산량	4,357	4,933	7,103	8,675	13,115	15,350

20) 구체적으로, 210만 배럴 중 카샤간 유전- 100만 배럴, 텡기즈 유전- 70만 배럴, 카라차가낙 유전- 50만 배럴이다.

이를 위해 '카즈아톰프롬'은 현재 12개의 우라늄 광산을 18개로 확대, 외국 회사와 Joint Venture 형식으로 개발을 추진할 예정이다.

이 밖에도 카자흐스탄은 다양한 주요 광물을 보유, 생산하고 있는데 납은 세계 매장량 대비 보유량이 19%를 차지하고 있으며 아연은 13.6%, 구리 7%, 철 6%, 망간 25%, 티타늄 2.5%, 크롬 9%, 알루미늄 원광 1.3%, 금 20.8%를 각각 보유하고 있다(〈표 4-6〉 참조).

<표 4-6> 카자흐스탄 광물자원 매장량 현황

광 종	단위	카자흐스탄(A)	세계(B)	A/B(%)	세계 순위
우라늄	천 톤	436.62	2,619.31	16.7	2
크롬	백만 톤	100	1,107	9.0	2
동	백만 톤	14	470	2.9	11
아연	백만 톤	30	220	13.6	3
연	톤	5,000,000	67,000,000	7.4	4
창연	톤	5,000	330,000	1.5	6
붕소	백만 톤	4	170	8.2	6
카드뮴	톤	50,000	600,000	8.3	5
레늄	톤	2,400	2,400	7.9	4
몰리브덴	톤	130,000	8,600,000	1.5	8
철광석	백만 톤	3,300	79,000	4.2	7

또한 〈표 4-7〉에서 보듯이, 주로 국영기업을 통하여 다양하고도 희귀한 광물을 생산하고 있다.

<표 4-7> 카자흐스탄의 주요 광산물 생산량(2005년)

구 분	2005년	세계 순위	주요 생산회사
철광석(천 톤)	19,445.1	15위	SSGPO(EIA그룹)
동(금속, 천 톤)	401.7	10위	카작무스

우라늄(톤)	4,300	3위	카즈아톰프롬(국영기업)
보크사이트(천 톤)	4,815.3	9위	카작알루미늄(EIA그룹)
연(금속, 천 톤)	31.0		카즈징크(Glencore)
아연(금속, 천 톤)	364.6	7위	카즈징크(Glencore)
망간광석(천 톤)	2,207.7	5위	자이렘스키 GOK
크롬광석(천 톤)	3,579.0	2위	카즈크롬(EIA그룹)
석면(천 톤)	305.5	3위	쿠스타나야스베스트

제 2 절 헌법 및 법률적 기반

1 카자흐스탄 법제도의 특징[21]

대륙법계 — 카자흐스탄의 법률체계는 대륙법에 속하고, 일반적으로 헌법분야, 민사법분야, 형법분야, 행정법분야 등 실체법과 민사소송법, 형사소송법 등 절차법으로 구분된다. 따라서 카자흐스탄의 법률체계는 대륙법계를 따르고 있는 우리나라의 법률체계와 유사한 특징을 가지고 있다.

구 소련 및 러시아 법제도의 영향 — 카자흐스탄의 법제도는 구 소련 및 러시아연방 법제도의 영향을 받아 러시아 법제도와 상당부분 유사한 특징을 지니고 있다.

민상합일주의 — 카자흐스탄에서는 민법과 상법이 구분되지 않은 민상합일주의를 채택하고 있다. 따라서 민법은 회사 등 영리법인에 대해서도 규율하고 있으며 우리나라에서와 같이 민사시효, 상사시효 등으로 구분하는 대신 단기시효, 일반시효, 장기시효 등으로 구분한다.

21) 김한칠 외, 「카자흐스탄의 정부조직과 법체계」, 서울: 한국법제연구원, 2008, pp.24-35.

외국인 투자자의 법적 보장 — 외국인투자보장법에는 내국인과 평등한 대우를 보장하고 있으며, 외국인투자에 대한 조세혜택, 불리한 법률변경으로부터의 보호, 사유화 보장 등을 통해 외국인 투자자의 권리를 보호하고 있다.

불완전한 법치주의 — 법적용에 있어 완전한 법치주의라고 단정하기에는 아직 미흡한 부분이 있으므로 카자흐스탄 투자 시 법적 리스크로서 고려되어야 할 사안이다.

2 카자흐스탄 법원(法源)과 주요 내용

카자흐스탄 헌법 제4조 제1항은 헌법, 법률, 기타 법규, 국제조약 및 헌법소베트 및 대법원 명령을 효력을 지니는 법으로 규정하고 있다.

카자흐스탄 법규법(Закон о нормативных правовых актах)에서 규정한 법규 효력의 우선순위는 다음과 같다.

· 헌법(Конституция);

· 헌법 개정법(законы, вносящие изменения и дополнения в Конституцию);

· 헌법 법률(конституционные законы)[22] 및 헌법 법률의 효력을 지니는 대통령령[23];

· 코드(кодексы);

· 법률(законы) 및 법률의 효력을 지니는 대통령령;

· 의회 명령(нормативные постановления Парламента и его палат);

· 대통령령(нормативные указы Президента);

· 정부령(нормативные постановления Правительства);

---

22) 헌법 법률은 우리의 헌법 부속법에 해당한다.

23) 카자흐스탄에서 대통령령은 헌법 법률의 효력을 지니는 대통령령, 법률의 효력을 지니는 대통령령, 일반적인 대통령령으로 구분하여 대통령에게 광범위하고도 강력한 효력을 지니는 행정입법권을 부여하고 있다.

· 부령(нормативные правовые приказы министров);

· 조례(нормативные правовые постановления акиматов);

· 규칙(нормативные правовые решения акимов).[24)]

한편, 법규법에는 헌법 소베트 및 대법원 명령은 법규의 효력 순위에 대해 언급되어 있지 않으나, 헌법 소베트 명령은 헌법에 기초하므로 헌법을 제외한 어떠한 법규도 헌법 소베트 명령에 위배될 수 없다(법규법 제4조 제6항).

법규 간 내용이 서로 위배되는 경우에는 법적 효력이 우선하는 법규가 적용되며, 동일한 법적 효력을 지니는 법규 내용이 상호 위배될 때는 신법 우선의 원칙이 적용된다(법규법 제6조).

이 밖에, 카자흐스탄 헌법 제4조 제3항은 모든 법률과 국제조약, 그리고 시민의 권리와 자유 그리고 의무와 관련된 법규의 공포를 강행요건으로 규정하고 있다.

3 헌법의 지위와 구성

현행 카자흐스탄 헌법은 2009년 8월 30일 국민투표로 채택이 되어 같은 해 9월 5일부터 법적 효력이 발생하였다.

헌법은 최고의 법적 효력을 지니며 카자흐스탄 전 영토에서 효력을 발생한다(헌법 제4조 제2항). 카자흐스탄에서 효력을 발생하는 어떠한 법규도 헌법에 위배되어서는 안 되며, 헌법은 정치, 사회, 경제, 문화 등 삶의 전 영역에 대해 영향을 미친다(헌법 제12조).

카자흐스탄 헌법의 목차는 전문(前文)과 9개의 편에 전체 98개의 조로 구성되어 있으며, 그 구체적인 목차는 다음과 같다.

· 전문

---

24) 상기 법규에 관한 구체적 내용은, 김한칠 외, 2008, pp.31-32 참조할 것.

· 제1편 총칙(제1조-제9조);
· 제2편 인간과 시민(제10조-제39조);
· 제3편 대통령(제40조-제48조);
· 제4편 의회(제49조-제63조);
· 제5편 정부(제64조-제70조);
· 제6편 헌법 소베트(제71조-제74조);
· 제7편 법원 및 재판(제75조-제84조);
· 제8편 지방국가운영 및 지방자치(제85조-제89조);
· 제9편 부칙 및 경과규정(제90조-제98조).

4 법률의 의의와 구분

카자흐스탄 법체계의 근간이 되고 가장 많은 부분을 차지하는 법률은, 국민투표 또는 의회에 의해 채택되며 국민의 사회생활을 안정적으로 규율하는 역할을 한다.

카자흐스탄 헌법은 '법률은 다음과 같은 사회 및 국가생활과 관련된 중요한 원리와 규범을 다루고 있다'고 밝히고 있다(헌법 제61조 제3항).

· 자연인 및 법인의 권리 주체, 민사상 권리, 의무, 책임의 주체;
· 소유권 및 기타 물권 관계;
· 국가기관 및 지방자치단체의 조직 및 활동의 근거;
· 과세 관련 문제;
· 국가예산 문제;
· 재판 및 소송 문제;
· 교육, 보건, 사회보장;
· 기업의 민영화;

· 환경보호;

· 행정영역 설정;

· 국방 및 안전보장.

카자흐스탄 법률은 ① 헌법 개정법, ② 헌법 법률 및 헌법 법률의 효력을 지니는 대통령령, ③ 코드, ④ 일반 법률 및 법률의 효력을 지니는 대통령령으로 구분된다.[25]

5 헌법 소베트(Конституционный Совет)[26]

헌법 소베트는 위원장과 6명의 위원으로 구성된다. 위원장은 대통령이 임명하며, 위원은 대통령과 상원의장, 하원의장이 각각 2명씩 임명한다.

임기는 6년이며 3년마다 위원의 1/2를 재임명한다. 전직 대통령은 헌법 소베트의 종신위원이 된다.

헌법 소베트의 권한으로는, 대통령이나 상·하원의장, 또는 총리나 재적의원 중 1/5 이상이 제기한 다음 사항에 대한 심의권을 지닌다.

· 대통령 선거, 국회의원 선거 및 국민투표의 공정성 여부 결정

· 의회에서 채택된 법률에 대해 대통령이 서명하기 전 심의

· 조약의 합헌성 여부 심의 및 헌법에 대한 유권해석

이 밖에 법원의 제청에 의한 법률의 합헌성 여부를 심의할 수 권한을 지닌다(헌법 제78조).

헌법 소베트의 결정은 '헌법에 의거한 권한의 수행과 관련된 결정'과 '그 이외의 권한으로 수행되는 결정'으로 나누어지며(헌법 소베트에 관한 헌법 법률 제31조 제2항), 헌법에 의거한 권한의 수행과 관련된 헌법 소베트의 결정은 채택

---

25) 카자흐스탄 법률의 구분 및 그 구체적 내용에 대해서는, 김한칠 외, 2008, pp.29-30. 참조할 것.

26) 영어로는 Constitutional Council로 '헌법위원회'로 번역할 수 있다.

일로부터 카자흐스탄 전역에서 그 효력이 발생되나, 기타 권한으로 수행되는 결정에 대한 효력 발생의 절차는 헌법 소베트가 정한다.

헌법 소베트의 결정은 명령, 의견, 교서의 형태가 있으며, 이 중 명령은 법원(法源)의 일부로 효력을 가지게 된다.

대통령은 헌법 소베트의 결정에 거부권을 행사할 수 있으나, 헌법 소베트 위원 2/3 이상이 찬성한 경우에는 헌법 소베트의 결정이 채택된 것으로 간주한다(헌법 제73조 제4항).

6 국제조약

카자흐스탄 헌법은, 국가가 비준한 국제조약은 국내법에 우선한다고 명시하고 있다(헌법 제4조 제3항). 따라서 국제조약도 카자흐스탄의 법원 중 하나가 된다.

다음은 한국과 카자흐스탄이 체결한 국제조약 및 협정이다.[27]

- 한-카자흐 문화협력 협정(1995.5.16.);
- 한-카자흐 상호투자보호 협정(1996.3.20.);
- 한-카자흐 과학 및 기술협력 협정(1996.5.16.);
- 한-카자흐 이중과세방지 협정(1997.10.18. 체결, 1998.7.9. 비준, 1999.4.9. 효력 발생);
- 한-카자흐 경제발전 및 협력기금차관 협정(1999.8.24.);
- 한-카자흐 형사사건에 대한 상호사법공조 조약(2003.11.13.);
- 한-카자흐 범죄자인도 조약(2003.11.13.);
- 한-카자흐 원자력에너지 평화적 사용 협정(2004.9.20. 정부령으로 승인);
- 한-카자흐 카자흐스탄에서의 한국자원봉사자 활동 협정(2006.9.20.);

27) 김한칠 외, 2008, p.34 재정리.

· 한-카자흐 외교관 및 공무원 비자 협정(2007.4.19. 정부령으로 승인).

제 3 절 정치체제와 거버넌스

1 중앙아시아 5개국의 권위주의체제와 민주화 정도

카자흐스탄을 포함한 중앙아시아 5개국은 구 소련이 붕괴되자 공산주의와 계획경제체제를 버리고 민주주의와 시장경제체제를 지향하는 체제전환을 추진하였다. 그러나 기대와는 달리, 독립 후 20년이란 세월이 지나는 동안 이들 국가의 정치체제는 〈표 4-8〉과 〈표 4-9〉가 보여주는 바와 같이 대통령을 비롯한 권력집권층의 장기집권과 독재로 말미암아 오히려 권위주의체제로 회귀되고 그 현상은 더욱 공고화되고 있는 실정이다.

<표 4-8> 중앙아시아 5개국 대통령의 장기집권 사례

국가	대통령과 재임기간
카자흐스탄	나자르바예프(1990년 4월-현재: 21년 5개월)
우즈베키스탄	카리모프(1990년 3월-현재: 21년 6개월)
키르기스스탄	아카예프(1990년 10월-2005년 4월: 14년 6개월)
타지키스탄	라흐몬(1994년 11월-현재: 16년 10개월)
투르크메니스탄	니야조프(1990년 11월-2006년 12월: 16년 1개월)

출처: 이재영 외, 「카자흐스탄 정치엘리트와 권력구조 연구」, 2009, pp.120-121 참조.

<표 4-9> 중앙아시아 5개국의 민주화 정도(2003-2008년)

국가	2003	2004	2005	2006	2007	2008
카자흐스탄	6.17	6.25	6.29	6.39	6.39	6.39
우즈베키스탄	6.46	6.46	6.43	6.82	6.82	6.86
키르기스스탄	5.67	5.67	5.64	5.68	5.68	5.93
타지키스탄	5.63	5.71	5.79	5.93	5.96	6.07
투르크메니스탄	6.83	6.88	6.96	6.96	6.96	6.93

주: 범위는 1-7로 1은 민주화의 최고 정도, 7은 민주화의 최저 정도를 의미한다.
출처: Freedom House, Nations in Transit(2008); 이재영, 2009, p.121 참조.

2 카자흐스탄 권위주의체제의 형성 및 진행 과정

카자흐스탄은 1990년대 중반까지 키르기스스탄과 함께 민주주의와 시장경제체제로의 이행 과정이 중앙아시아 5개국 가운데 가장 순조로울 것으로 기대되었다.

그러나 나자르바예프 대통령은 20여 년의 집권 기간 동안에 헌법, 정당법, 선거법 등을 포함한 정치 관련법들의 제정과 개정을 통하여 권력의 확대 및 집중화를 합법화하고 장기집권을 획책하였다. 그 결과 카자흐스탄의 정치체제는 독립 초의 '연성 권위주의(soft authoritarianism)'에서 '강성 권위주의(hard authoritarianism)'으로 바뀌게 되었다. 이에 대해, 권위주의에 대한 린쯔(Juan Linz)의 정의를 염두에 두고 카자흐스탄의 정치체제를 언급한 토모히토 우야마(Tomohito Uyama)는, 1995년 헌법 개정을 중심으로 이 시기 전후의 정치체제를 각각 '반(半) 민주적 권위주의'와 '전형적인 권위주의(typical authoritarianism)'로 구분하였다.

한편, Freedom House는 카자흐스탄의 정치 환경에 대해 1991-1993년 시기를 '부분적으로 자유로운(partly free)' 국가, 1994년 이후를 '자유롭지 못한

(not free)' 국가로 구분하였으며, 〈표 4-10〉은 카자흐스탄의 민주화 지수를 통해 1997년 이후 권위주의체제가 점점 강화되고 있음을 보여주고 있다.[28]

<표 4-10> 카자흐스탄의 민주화 지수

1997	1998	1999-2000	2001	2002	2003	2004	2005	2006-2008
5.30	5.35	5.50	5.71	5.96	6.17	6.25	6.29	6.39

주: 범위는 1-7로 1은 민주화의 최고 정도, 7은 민주화의 최저 정도를 의미한다.

이제 나자르바예프 카자흐스탄 대통령이 주도한 권위주의체제의 진행과정을 헌법, 정당법, 선거법 등의 제정 및 개정에 따라 여섯 시기로 구분해 살펴보겠다.[29]

1) 제1기: 탈공산화 및 자유화 시기(1992-1994년)

1991년 12월 1일 실시된 대통령 직접선거에서 95%의 지지를 얻어 당선된 나자르바예프 대통령은 '헌법위원회(Constitutional Commission)'의 위원장이 되어 의회의 반대파를 설득하여 '대통령 중심제 헌법'을 채택(1993년 1월)하였다. 그는 다민족국가인 카자흐스탄에서 신속하고 효과적인 개혁을 추진하기 위해서는 강력한 대통령이 필요하다고 강조하였다. 이 헌법에는, 카자흐스탄이 민주적이고 세속적인 통일 국가이며 모든 국민은 평등한 권리를 지닌다고 규정하고 있으며, 국민들의 인권, 자유, 자주성은 양도할 수 없는 가장 고귀한 가치임을 분명히 밝히고 있다. 또한 입법·사법·행정권의 삼권분립과 상호견제, 그리고 대통령의 재선 허용 등을 그 특징으로 하고 있다.

그러나 헌법 채택 후 가시화되기 시작한 대통령과 의회의 갈등은 IMF가 요

28) 이재영 외, 2009, pp.126-127 재인용.

29) 이 구분은 이재영 외, 2009, pp.127-145을 정리한 것이다. 이 책에 따르면, 쿠밍스(S. N. Cummings)가 1991-2001년 사이에 발생한 카자흐스탄의 정치변동을 네 시기로 구분한 것에 2002년부터 현재까지 두 시기를 추가하여 살펴본 것이다.

구하는 경제개혁에 관한 의견 대립으로 인해 더욱 깊어졌고, 마침내 1993년 12월 대통령의 주도로 최고회의는 자진 해산되었다. 이에 따라, 1994년 3월 17일 총선거가 실시되어 176명의 의원이 선출되었으나 1995년 3월에 헌법재판소의 총선거 무효 판결에 따라, 나자르바예프 대통령은 의회를 해산하고 인사, 국민투표, 비상사태 선포 등 전권을 같은 해 12월까지 부여받았다.

2) 제2기: 강력한 대통령제 헌법 채택 시기(1995년)

헌법재판소의 총선 무효 판결과 의회의 해산으로 정치상황이 불안정해지자, 나자르바예프 대통령은 자신의 권력을 강화하기 위해 국민투표를 실시(1995년 4월)하여 대통령 임기를 2000년 12월까지 연장하고, 같은 해 8월에는 90%에 달하는 절대적 지지로 이른바 '나자르바예프 헌법'으로 불리는 신헌법을 채택하였다.

이 헌법을 통해 대통령은 강력한 권한을 부여받은 반면에, 입법부와 사법부의 행정부에 대한 견제는 크게 약화되었다. 대통령의 권한으로는 총선거 요구, 의회 동의 하에 총리 및 중앙은행장의 임명과 해임, 총리와 협의 하에 정부구조의 변경, 중앙행정기관의 구성, 해체 및 재정비, 군통수권 보유 등이며, 대통령 임기는 5년으로 두 번 연임할 수 있다.

특히 대통령은 법률과 동일한 효력을 지니는 '대통령령'을 제정할 수 있으며, 상하원 합동총회에서 의원 2/3가 찬성할 경우 대통령은 입법권을 1년간 행사할 수 있다. 또한 대통령은 총리와 상원의원 7명의 임명권을 가진다. 반면에 대통령은 반역죄를 범하거나 상하원 합동총회에서 의원 3/4이 찬성할 경우를 제외하고는 탄핵되지 않는다. 한마디로, 1995년 헌법은 대통령에게 강력하고 광범위한 권한을 부여하여 카자흐스탄을 '대통령 공화국(Presidential Republic)'으로 만들었다.

'나자르바예프 헌법'은 기존의 단원제 대신 4년 임기의 양원제를 채택하여 하원인 '마질리스(Mazhilis)'와 상원인 '세나트(Senat)'로 구분하였다. 이 헌법에 따라 1995년 12월에 의미 있는 야당들이 불참한 가운데 총선거가 실시되었다.

3) 제3기: 권력 집중화를 통한 대통령 권력 강화 시기(1996-1998년)

'나자르바예프 헌법'으로 권력 집중의 제도적 장치를 마련한 대통령은 1997년과 1998년에 걸쳐, 중앙 및 지방정부에 대한 대대적인 구조조정을 통해 방만하게 운영돼오던 행정기구를 축소하는 등 정부혁신을 주도하였다.

이에 따라, 중앙정부 부처는 19개에서 12개로 축소되었고 인원도 25% 감원되었으며, 20개에 달하던 국가위원회는 2개로 대폭 조정되었다. 지방행정기관도 19개에서 12개로 축소되었으며, 그 결과 약 5,000명의 공무원이 해임되었다. 또 1997년 7월 아스타나로의 수도 이전으로 1만 명 정도가 일자리를 잃게 되었다.

한편 나자르바예프 정부는 언론 통제를 강화하여 지방신문 및 라디오방송을 폐쇄하는 반면, 대통령의 장녀인 다리가 나자르바예바(Dariga Nazarvaeva)를 앞세워 국영 TV 방송 하바르(Khabar)를 장악, 언론 보도를 독점해 나갔다. 이와 함께, 대통령 친인척들의 권력 핵심부 진출이 본격화되어 첫째 사위인 알리예프(Rakhar Aliev)는 세무조사국의 수장에, 그리고 둘째 사위인 쿨리바예프(Timur Kulibaev)는 국영석유회사인 '카자흐오일(Kazakhoil)'의 부회장에 임명되었다.

나자르바예프 대통령은 이와 같은 자신의 권력 집중화 조치가 성과를 드러내자 1998년 10월, 조기 대선을 위한 헌법 개정을 단행하였다. 이 헌법 개정으로 하원의 임기는 4년에서 5년으로, 상원의 임기는 4년에서 6년으로 연장되었다. 또한 대통령의 임기는 5년에서 7년으로 연장되고 대통령 선거는 2000년 12월에서 1999년 1월로 2년이나 앞당겨 실시되었다. 이 밖에 대선 후보자의 출마 가능 연령 제한 상한선인 65세가 폐지되고 하한선은 35세에서 40세로 상향되었다. 사실상 1940년생인 나자르바예프의 대선 출마 나이 제한을 없앤 것이다.

4) 제4기: 엘리트 분열 및 야당 탄압 시기(1999-2001년)

1999년 1월과 10월에 각각 실시된 대통령 선거와 총선거의 결과는 나자르바예프 대통령의 권력을 더욱 공고히 하는 계기가 되었다. 대선에서 나자르바예프는 81%의 득표율을 획득하여 다른 후보들을 압도하였으며, 총선에서도 친정부 성향인 '공화당 오탄(Republican Otan)'과 '카자흐스탄 시민당(Civil Party of Kazakhstan)'이 다수당이 되어 의회를 장악하였다.

한편, 2000년 7월에는 초대 대통령에 관한 헌법 법률이 양원을 통과한 후 발효되었는데, 이는 초대 대통령에 한해 퇴임 후에도 헌법위원회, 국가안보위원회, 카자흐스탄 인민회의(APK: Assembly of the Peoples of Kazakhstan)의 위원장 자리 등을 보장해줌으로써 정치적, 경제적 특권을 누리게 한다는 것이다.

그러나 2001년 11월 대통령 사위인 알리예프의 국가안보위원회 부위원장직 사임을 계기로 대통령과 정부 내 주요 인사들 간의 갈등이 촉발되었고, 이는 '민주적 선택당(DCK: Democratic Choice of Kazakhstan)'이 창당되는 결과를 초래하였다. 당시 DCK에는 드잔도소프(Uraz Dzhandosov) 부총리, 바이메노프(Alikhan Baimenov) 노동사회보호부 장관, 에르틀레소바(Zhannal Ertlesova) 국방부 차관, 자키야노프(Ghalymzhan Zhakiyanov) 파블로다르 주지사, 카즈코메르츠방크 은행장 수한베르딘(Serzhan Sukhanberdin) 등이 참여하였고, 결국 나자르바예프 대통령은 드잔도소프 등 DCK 참여 고위직 인사들을 해임하였다.

이 시기부터 정치 및 경제 분야의 엘리트들이 자신의 이익을 지키기 위하여 정당을 결성하고 조직적으로 대통령과 그 일가에 대항하기 시작하였다. 그리고 DCK의 창당은 카자흐스탄 정당사뿐 아니라 정치발전에도 지대한 공헌을 한 것으로 평가받고 있다.

5) 제5기: 정당법 개정을 통한 의회 장악 시기(2002-2006년)

2002년에 들어와 야당의 영향력이 점차 확대되어가자, 나자르바예프 정부는 대응방안으로 미디어와 표현의 자유를 억압하기 시작하였다. 그리고 2002년 7월 정당법 개정을 통하여 정당 등록요건을 매우 까다롭게 규정하였다.[30] 또한 인종 및 민족, 종교, 전문직 등을 기반으로 한 정당은 창당할 수 없다고 명시하였다. 따라서 개정된 정당법은 친정부 여당에게는 유리하나, 기존 야당의 선거 참여는 물론 신생 소규모 정당의 창당을 제한한다는 비난을 면할 수 없었다. 이러한 우려가 현실로 나타난 2004년 하원(마질리스)의원 선거는 결국 친정부 정당 또는 의원들이 마질리스를 장악함으로써 의회의 대정부 견제가 불가능한 결과를 초래하였다(〈표 4-11〉 참조).

<표 4-11> 2004년 마질리스 선거 결과

정 당	성향	득표율(%)	의석 수
오탄(Otan)	친정부	60.06	42
악졸(Ak Zhol)	중도	12.0	1
아사르(Asar)	친정부	11.4	4
농업·산업노동자연맹 블록	친정부	7.1	11
공산당 및 DCK 야당 블록		3.4	-
카자흐스탄 인민공산당		2.0	-
촌락 사회민주당		1.7	-
민주당	친정부	0.8	1
애국자당		0.6	-
루하니야트당		0.4	-
무소속	친정부	-	18
합계			77

30) 정당의 법무부 등록요건으로는, 전국적인 조직망을 갖추어야하고 과거 3,000명이던 당원의 수를 최소 5만 명의 등록 당원을 확보해야 한다.

한편, 나자르바예프 대통령은 '안정과 진보'의 기치 아래, 2005년 12월 실시된 대선에서 91%의 압도적 지지로 대통령에 재선되었다. 이에 대해, 지방정부의 행정력 동원 등 관권 개입 및 집권세력의 언론 매체 장악 때문이라는 부정적 시각도 있었으나, 연 9%를 상회하는 경제 성장에 대한 국민들의 평가와 강력한 지도력을 통해 정치적 안정을 바라는 국민적 여망이 반영되었다는 평가가 지배적이었다. 또한 야권의 분열과 국민의 지지를 받는 야권 지도자의 부재도 나자르바예프 대통령의 재선에 적잖은 요인이 되었다(〈표 4-12〉 참조).

<표 4-12> 2005년 12월 대통령 선거 결과

후보자	소속 정당	득표 수	득표율(%)
N. 나자르바예프	오탄	6,147,517	91.15
Z. 투야크바이	정의로운 카자흐스탄 연합	445,934	6.61
A. 바이메노프	악졸	108,730	1.61
E. 아빌카시모프	인민공산당	23,252	0.34
M. 옐레우시조프	자연환경당	18,834	0.28
총계(투표율: 76.8%)		6,744,267	

나자르바예프 정부는 2006년 정치적 기반을 더욱 확고히 하기 위한 조치로, 친정부 정당인 아사르당과 여당인 오탄당를 합병하여 '누르 오탄(Nur Otan, the light of Fatherland)'당을 만들고 당원 수를 70만 명으로 확대하였다.[31]

6) 헌법 개정을 통한 종신집권 확립 시기(2007-현재)

카자흐스탄 정부는 2007년 5월 헌법 개정안인 '카자흐스탄 헌법의 수정과

31) 이에 대해 '누르 오탄'당 관계자는 카자흐스탄 정부가 직면하고 있는 대규모 경제, 사회적 과제를 수행하기 위해서는 거대여당이 존재해야만 효과적인 국가발전전략을 수립할 수 있다고 주장하였다. 이재영 외, 2009, p.142 재인용.

추가사항에 대한 소개에 관하여(On the Introduction of Change and Addenda to the Constitution of the Republic of Kazakhstan)'를 단행하였다. 이 개헌안의 주요 내용은 ① 초대 대통령에 한해 연임제한 규정 철폐, ② 상·하원 의석 수 확대를 통한 의회 위상 강화(상원 39석 → 47석, 하원 77석 → 107석), ③ 의회 다수당을 기반으로 한 정부 구성, ④ 의회의 대정부 감독기능 강화, ⑤ 정당 역할 강화, ⑥ 지방자치단체 역할 강화 등이다.

다시 말해, '나자르바예프 대통령의 종신집권 보장과 의회의 기능 강화를 통해 기존의 대통령제 헌법을 대통령·의회제 공화국으로 변경'하는 것이다.

이에 따라, 2007년 8월에 조기 총선을 실시하였고, 그 결과 여당인 '누르 오탄'당이 88.05%의 지지율을 획득하여 의석 총수인 98석을 모두 차지하였다. 2007년 6월 개정된 선거법이 정당연합을 금지하였고, 정당투표제 도입에 따라 의석 배분 요건 최저 득표율인 7%를 획득하지 못한 야당이 1석도 얻지 못한 것이다.

나자르바예프 대통령은 개헌을 통해 의회의 권한이 대폭 강화되었음에도 불구하고, 친정부 정당이 의회를 완전히 장악함으로써 실질적으로 장기집권체제를 구축하는데 성공했다고 말할 수 있다(〈표 4-13〉 참조).

<표 4-13> 2007년 8월 총선 결과

정당	득표 수	득표율(%)	의석 수
누르 오탄	5,174,169	88.05	98
악졸	271,525	4.62	0
사회민주당	93,023	1.58	0
인민공산당	77,274	1.31	0
애국당	44,175	0.75	0
루하니야트당	24,308	0.41	0
총계(투표율: 64.56%)			98

3 권위주의체제 하의 정치 현상

1) 카자흐스탄 시민사회의 미성숙과 정치권의 부정부패

일부 학자들은 나자르바예프 정부가 권위주의적 장기집권체제를 쉽게 구축할 수 있었던 요인으로 시민사회의 미성숙을 들고 있다. 루핀(Holt M. Ruffin)에 의하면, 카자흐스탄 정부가 시민사회의 결성과 활동을 막기 위해 의도적으로 과도한 등록비와 복잡한 서류절차를 요구하고 있다고 한다. 또, 조지(Alexsandra George)는 현 정부가 권위주의체제를 공고히 해나감에 따라 시민사회의 활동을 더욱 억압하고 있다며 민주개혁을 통해 시민사회의 활동을 장려할 것을 주장하였다.[32]

<표 4-14> 카자흐스탄 시민사회의 발달 지수

1997	1998-2001	2002-2005	2006-2007	2008
5.25	5.00	5.50	5.75	5.50

주: 1은 최고 수준, 7은 최저 수준.

나자르바예프 대통령의 국정 우선순위는 한마디로 '선(先) 경제발전, 후(後) 민주화'로 요약할 수 있다. 즉, 집권 초부터 개발 독재형 권위주의체제를 근간으로 권력을 유지해 나갔다. 그러다 보니 국영기업 및 시영그룹의 사유화 또는 민영화 과정에서 특정 인사나 그룹에게 특혜를 줌으로써, 그들은 자연스럽게 집권세력에게 충성을 하게 되었다.

<표 4-15> 카자흐스탄의 부패 지수

1998	1999	2000-2002	2003-2008
N/A	6.00	6.25	6.50

주: 최저 지수 1, 최고 지수 7.

32) 이재영 외, 2009, p.150.

이러한 국영·시영 기업의 민영화, 특히 전략산업 및 에너지자원 부문의 민영화는 정경유착을 통해 엄청난 비리를 야기하였고, 그 결과 대통령 친인척을 포함한 권력의 핵심 인사들은 권력을 사유화하여 자신의 막대한 경제적 이익을 창출하는데 깊이 관여하고 있다. 이러한 현실이 카자흐스탄 정부의 권력층에 만연한 부정부패의 모습이라고 할 수 있다.

2) 2011년 4월 대통령 선거 결과와 그 의미

작년 4월 실시된 대통령 선거에서 나자르바예프는 95.5%라는 또 한 번의 경이적인 지지율로 당선되어 2018년까지 대통령으로서 직무를 수행하게 된다.

그는 선거공약으로 '신(新)사회정책'을 내세워 ① 생활수준 향상, ② 풍요로운 삶의 여건 조성, ③ 교육 분야 발전, ④ 국민건강을 4대 목표로 설정하고 그 구체적인 실천 방안을 발표하여 국민들의 관심을 자극하였다.

금번 선거는 비민주적이고 비정상적이었던 이전의 선거와는 달리, 국내 및 국외의 전문가집단들로부터 비교적 긍정적인 평가를 받았으며 다른 대선 후보자들도 객관적이고 공정한 선거로 민주주의의 토대를 닦았다고 평가하였다.

나자르바예프 대통령은 이번 선거를 통해 카자흐스탄 사회의 민주 질서와 성취를 전 세계에 보여주었다고 평가하고, 앞으로 전 분야에 걸친 개혁을 통해 정국 운영을 주도하겠다는 야심찬 포부를 밝혔다.

<표 4-16> 2011년 4월 대통령 선거 결과

후보자	직책	투표율
나자르바예프	현 대통령	95.5
아흐메트베코프	공산당 서기	1.4
엘레우시조프	환경연합 대표	1.2
카시모프	상원 부의장	1.9
총계(투표율: 89.8%)		100.0

제 4 절 행정체계와 정책결정과정

1 중앙행정조직

카자흐스탄의 국내외 정책을 결정하고 집행하는 정부조직 가운데, 정책결정과정에 절대적 영향력을 행사하는 대통령과 이를 보좌하는 내각 및 대통령 행정실에 대한 특징과 역할을 살펴보면 다음과 같다.

1) 대통령 기구

카자흐스탄은 정책결정과정에서 많은 권한이 대통령에게 집중되어 있는, 제도적으로 강력하고 정치 문화적으로 권위주의적인 대통령제를 채택하고 있다.[33] 따라서 주요 정책결정은 대통령을 중심으로 내각 등 일부 정부조직에 의해 독점되는 경향이 매우 강하다. 특히, 독립 이후 강력한 통치력을 기반으로 20여 년간 장기집권하고 있는 나자르바예프는 국가의 모든 정책결정과정에서 강력한 영향력을 행사하는 최고의 결정권자이다.

먼저, 카자흐스탄 헌법 제40조는 대통령의 지위 및 권한에 대해 다음과 같이 규정하고 있다. "카자흐스탄공화국 대통령은 국가원수이며 국내외정책의 주요 방향을 결정하고 국내와 국제관계에서 카자흐스탄을 대표하는 최고위직 공무원이다."(The President of the Republic of Kazakhstan shall be the head of state, its highest official determining the main directions of the domestic and foreign policy of the state and representing Kazakhstan within the country and in international relations.)[34] 또한 대통령의 임기는 7년이며, 국민에 의해 보통 · 평등 · 직접 · 비밀선거로 선출된다(헌법 제41조). 이와 같은 대통령 관련

33) 대통령과 관련된 헌법 조항은 제40조에서 제48조이다.
34) http://www.akorda.kz/en/president/president/constitution (검색일 2011.09.25).

헌법 조항은 대통령제를 채택한 대부분 국가의 그것과 크게 다르지 않다.

하지만 견제와 균형의 원칙인 삼권분립이 제도적으로 그리고 실질적으로 보장되지 않는 카자흐스탄에서는 의회에 대한 행정부 절대적 우위라는 권위주의적 대통령제의 특징을 보여주고 있다. 특히, 대통령의 의회 해산권은 행정부에 대한 의회의 견제기능을 축소하고 대통령의 권한을 강화하기 위한 대표적인 경우라 할 수 있다. 그 밖에 1997년 3월 공표된 대통령령에 명시된 카자흐스탄 대통령의 권한으로는 ① 대통령만이 헌법 개정 건의 가능, ② 정부 구성 및 해산권, 의회해산권 부여, ③ 대통령 재량으로 국민투표 실시 가능, ④ 각 지방과 도시의 자치단체장 임명권 부여 등이 있다.[35]

한편, 나자르바예프 대통령은 대통령 기구에 대해 "사회, 정당, 의회 등 모든 권력기구보다 상위에 있으며, 그들을 조율하고 이끌 수 있다"고 언급하였으며, "대통령은 헌법 수호자이며 국가주권의 상징"이라고 주장하였다. 또 러시아 정치학자인 N. Amrekulova와 H. Masanova는 카자흐스탄 대통령에 대해 "정치, 경제부문에서 절대 권력을 가진 자"라고 분석하였다.[36]

2) 정부조직[37] - 내각

카자흐스탄 정부조직은 총리, 제1부총리, 부총리(2명; 1명은 산업신기술부장관 겸임), 19개 부처로 구성된다.[38]

카자흐스탄 헌법 66조에 따르면,[39] 정부는 사회·경제정책 및 국방, 안보,

---

35) 이재영 외, 2009, p.80.

36) 이재영 외, 2009, p.79.

37) 카자흐스탄의 정부조직은 각 부(министерство), 각 국가위원회(государственный комитет) 및 각 청(агенство)으로 구분하고 있으나, 구분 기준에 대해서는 명확히 언급하고 있지 않다. 다만, "국가운영공화국기구 시스템 완성에 관한 대통령령" 제3358호에서 국가운영공화국기구에 각 부, 국가위원회, 청을 포함시키고 있다. 차이점은 각 부의 수장은 장관(министр)이고 국가위원회 및 청의 수장은 위원장(председатель)이라고 부른다. 또한 각 부, 국가위원회 및 청간의 서열상 차이는 없다. 김한칠 외, 2008, p.37.

38) 나자르바예프 대통령은 2011년 4월 대통령선거 이후, 경제통합부를 신설하고 6개 부처의 장관을 교체하는 개각을 단행했다.

39) 정부와 관련된 헌법 조항은 제64조에서 제70조이다.

공공질서 확립정책의 주요 방향을 세우고 이를 실현해야 한다(The Government shall develop the main directions of the socio-economic policy of the state, its

<표 4-17> 정부조직 구성표(2011년 9월 현재)

부서명	총리 및 장관명	비고
총리	Karim K. Massimov	
제1부총리	Umirzak Shukeev	
부총리	Erbol Orynbaev	
부총리 겸 산업신기술부	Aset O. Issekeshev	
내무부	Serik N. Baimaganbetov	
보건부	Salidat Z. Kairbekova	
외교부	Yerzhan Kazykhanov	2011.4 임명
문화부	Mukhtar A. Kul-Mukhammed	
국방부	Adilbek R. Dzhaksybekov	
교육과학부	Bakytzhan T. Zhumagulov	
환경보호부	Nurgali S. Ashimov	
농업부	Asilzhan Mamitbekov	2011.4 임명
교통운송부	Abelgazy K. Kusainov	2011.4 임명
노동사회보호부	Gulshara N. Abdykalikova	
관광체육부	Talgat Ermegiyaev	2011.4 임명
재정부	Bolat B. Zhamishev	
비상사태부	Vladimir K. Bozhko	
경제발전통상부	Kairat Kelimbetov	2011.4 임명
법무부	Rashid T. Tusupbekov	
정보통신부	Askar K. Zhumagaliev	
석유가스부	Sauat M. Mynbayev	
경제통합부	Zhanar S. Aitzhanova	2011.4 신설

출처: http://en.government.kz/structure/government (검색일: 2011.09.24).

defense capability, security, guarantee of public order and organize their realization.).[40]

또한 의회결정에 대한 시행규칙 결정권, 의회승인 예산에 대한 배분권, 외국과의 조약체결권, 기타 정부활동 및 산하 행정기관 감독권 등의 권한을 지닌다.[41]

총리는 정부의 업무를 조직하고 관리하며, 업무에 대해 개인적으로 책임을 진다(The Prime Minister of the Republic of Kazakhstan shall organize and supervise the work of the Government, personally answer for its work.).[42]

총리직은 대통령 다음의 헌법적 권한을 가지는 자리이다. 실제로, 현 총리인 카림 마시모프(Karim Massimov)는 정부의 요직을 두루 거친 '대통령 측근'으로 가장 영향력 있고 성공한 정치인으로 알려져 있다.

특히, 나자르바예프는 경제발전을 국가 최우선 중점정책으로 선정하여 내각 책임자 및 경제관련 부처의 장에 기업경영 경험자나 경제관련 전공자들을 기용하고 있다. 카림 마시모프 총리, 우미르작 슈케예프 제1부총리, 아슬란 무신(Aslan Musin) 대통령 행정실장 등이 경제학도 출신이다. 이들은 국가개발펀드인 삼룩·카지나(Samruk-Kazyna)와 같은 국영기업의 대표나 이사를 겸직하는 경우가 많다.[43]

3) 대통령 행정실[44]

대통령 행정실은 대통령을 보좌하는 기구로, 대통령의 지휘에 전적으로 따르며 대통령에 대해 책임을 진다.

---

40) http://www.akorda.kz/en/official_documents/the_constitution/the_constitution (검색일 2011.09.24).
41) 이재영 외, 2009, p.87.
42) http://www.akorda.kz/en/official_documents/the_constitution/the_constitution (검색일 2011.09.24).
43) 이재영 외, 2009, p.83.
44) 대통령 행정실은 2002년 대통령령 805호에 의해 구성되었다.

카자흐스탄 대통령 행정실의 주요 임무는 ① 대통령의 대내외 활동 총괄, ② 국가조직과 대통령의 칙령 및 집행 관리, ③ 대통령이 결정한 정책 집행, ④ 국내외의 변화하는 환경에 대한 정보 수집 및 보고 등이며, 대외정책과 관련해서는 ① 자국 현황 및 국내외 정책에 관한 국민연두교서 준비, ② 국제금융기구와의 협력 등 대외 경제 사안에 관한 건의, ③ 세계경제로의 통합, ④ 국제규약 실행 등이다.

한마디로, 카자흐스탄 대통령 행정실은 다른 정부부처를 총괄하며 대통령의 정치적 의지를 집행하는 핵심 권력기관이다.

대통령 행정실 소속의 국무장관은 대통령이 국내외 주요 정책을 결정하는데 필요한 제안을 할 수 있다. 또한 국가협의회, 인권위원회 등 대통령 산하 고문·심의기구의 활동을 총괄하며, 외무부장관과 함께 대외정책을 수행하는 권한을 가지고 있다.

이 밖에, 대통령 행정실 소속의 국가안보이사회는 카자흐스탄의 국익에 필요한 국내외정책을 대통령에게 직접 제안, 추천할 수 있다.[45]

2 지방행정조직

카자흐스탄의 지방행정조직은 2개 특별시와 14개 주(Oblast')로 구성된다.

특별시장 및 주지사(Akim)는 총리의 제청으로 대통령이 임명하며 군 단위 이하의 지방정부 장은 특별시장 및 주지사가 임명한다.

시의회 및 주의회(Maslikhat) 의원은 주민들의 직접·보통·비밀투표로 선출되며 임기는 4년이고, 피선거권은 20세 이상이다.

지방정부는 경제 및 사회정책 입안, 시행규칙 결정, 시의회 또는 주의회가 지정한 예산에 대한 배분 및 시행, 공공재산에 대한 관리권 등의 권한을 지닌다.

45) 이재영 외, 2009, pp.89-91. 요약.

지방정부의 독립적 행정권은 헌법에 보장(헌법 제85조-제89조)되어 있으나 중앙정부는 정부령을 통해 지방정부에 대해 지침을 부여하고 감독 기능을 수행한다.

한편, 주민은 지방정부의 결정사항에 대해 국가행정법원에 제소할 수 있다.

<표 4-18> 지방행정조직 명칭과 해당 시장 및 주지사(2011년 9월 현재)

구분	명칭	시장 및 주지사(Akim)
특별시	아스타나(Astana)	I. N. Tasmagambetov
	알마티(Almaty)	A. S. Yesimov
주 (Oblast')	아크몰라(Akmola)	A. P. Rau
	악투빈스크(Aktubinsk)	Y. N. Sagindikov
	알마티(Almaty)	S. A. Umbetov
	아티라우(Atyrau)	B. S. Ryskaliev
	동(東)카자흐스탄(E.Kazakhstan)	B. Saparbayev
	잠빌(Zhambyl)	B. B. Zheksembin
	서(西)카자흐스탄(W.Kazakhstan)	B. S. Izmukhambetov
	카라간다(Karaganda)	N. Z. Nigmatulin
	코스타나이(Kostanai)	S. V. Kulagin
	키질오르다(Kyzylorda)	B. B. Kuandykov
	만기스타우(Mangystau)	K. E. Kusherbayev
	파블로다르(Pavlodar)	B. A. Sagintayev
	북(北)카자흐스탄(N.Kazakhstan)	S. S. Bilyalov
	남(南)카자흐스탄(S.Kazakhstan)	A. Myrzakhmetov

출처: http://en.government.kz/structure/akimlist (검색일: 2011.09.24.).

<그림 4-3> 지방행정구역 지도

출처: http://www.nonhores.ru/ref-country-kaz.php (검색일 2011.09.24).

3 전자정부[46)]

2004년 국가정보화 사업의 일환으로 추진된 카자흐스탄의 전자정부 프로젝트는 정보통신부 산하 국영IT기업인 제르데(Zerde)가 한국의 SK C&C와의 협력을 통해, 전자정부를 위한 IT인프라 구축과 일반기업을 대상으로 한 커머스 서비스, IT 생산성 제고 및 교육을 통한 성장 등 3가지 사항을 중점적으로 추진하여 왔다.

46) 전자정부(電子政府, 영어: e-Government, e-gov, digital government, online government, transformational government)는 "디지털 정부", "온라인 정부"라고도 하며 정부의 정보 기술의 이용(시민, 사업 등의 용역과 정보를 교환)을 일컫는다. 전자정부가 온라인 정부나 인터넷 기반 정부로 여겨지지만, 인터넷 기반이 아닌 많은 전자정부 기술이 이러한 환경에서 사용될 수 있다. 이를테면, 팩스, PDA, SMS 텍스트 메시징, MMS, 무선 네트워크 및 서비스, 블루투스, CCTV, 추적 시스템, RFID, 생체 인식, 도로 교통 관리, 스마트카드 등을 들 수 있다.

실례로, 카자흐스탄 교육부가 e-러닝을 통한 인재양성에 관심을 표명하자 SK C&C는 자사의 e-러닝 포탈, 디지털 교과서, e-러닝 학습지원시스템, 디지털 도서관의 영역을 중심으로 관련 사업을 발굴하기도 하였다.

이와 같은 카자흐스탄 정부의 지대한 관심과 적극적인 투자 결과, 유엔이 조사한 2010년 전자정부(United Nations E-Government Survey 2010) 순위에서 인터넷 참여율은 세계 18위를,[47] 전자정부 발달지수는 중앙아시아에서 1위, 아시아에서 8위(세계 46위)를 차지하는 놀라운 성과를 보였다.

<표 4-19> 전자정부 발달지수(아시아)

순위	국가명	e-정부 발달지수		세계 순위	
		2010	2008	2010	2008
1	한국	0.8785	0.8317	1	6
2	싱가포르	0.7476	0.7009	11	23
3	바레인	0.7363	0.5723	13	42
4	일본	0.7152	0.7703	17	11
5	이스라엘	0.6552	0.7393	26	17
6	말레이시아	0.6101	0.6063	32	34
7	키프로스	0.5705	0.6019	42	35
8	카자흐스탄	0.5578	0.4743	46	81
9	UAE	0.5349	0.6301	49	32
10	쿠웨이트	0.5290	0.5202	50	57
세계 평균		0.4406	0.4514		

출처: http://unpan1.un.org/intradoc/groups/public/documents/un-dpadm/unpan038848.pdf(검색일: 2011.09.26).

47) http://www2.unpan.org/egovkb/global_reports/10report.htm 참조(검색일: 2011.09.26).

<표 4-20> 전자정부 발달지수(중앙아시아)

국가명	e-정부 발달지수		세계 순위	
	2010	2008	2010	2008
카자흐스탄	0.5578	0.4743	46	81
우즈베키스탄	0.4498	0.4057	87	109
키르기스스탄	0.4417	0.4195	91	102
타지키스탄	0.3477	0.3150	122	132
투르크메니스탄	0.3226	0.3262	130	128
지역평균	0.4239	0.3881		
세계평균	0.4406	0.4514		

출처: http://unpan1.un.org/intradoc/groups/public/documents/un-dpadm/unpan038848.pdf(검색일: 2011.09.26).

제 5 절 공공정책: 자원-에너지 정책을 중심으로

1 카자흐스탄의 에너지 정책 추진 과정

독립 이후 과거 구 소련의 계획경제체제의 통제에서 벗어나, 자국의 힘으로 국가경제발전을 이룩하는 것을 최우선 과제로 삼은 카자흐스탄 정부는 카스피해 연안의 석유와 천연가스를 개발하여 유럽을 포함한 제3국에 수출한다는 전략을 세우고 이를 추진하였다.

먼저, 유전개발을 위한 기술과 자본이 절대적으로 부족한 상황에서 카자흐스탄 정부는 외국자본의 도입이 절대적으로 필요하다는 인식 하에, 적극적인 투자 유치를 위한 투자 관련법을 제정하는 등의 제도 정비에 박차를 가하였다. 또한 CIS 국가들 중 가장 먼저 금융권에 대한 사유화와 자유화를 실시하였으며 부실금융기관들을 통합하는 등 금융기관에 대한 정부의 감독을 강화하기도 하였다.

카자흐스탄 정부의 이러한 노력 결과, 특히 미국과 러시아와의 에너지 협력 정책이 가시적인 결실을 보게 되었다.

미국과는 1994년 2월 '민주주의 파트너십'에 합의한 데 이어, 1997년 11월에는 '경제 파트너십'의 일환으로 카스피해 석유개발 계약이 2건 체결되었다.[48] 그리고 2001년 12월 공동선언에서는 양국 간 에너지산업을 위한 협력 강화 지침인 '휴스턴 이니셔티브'가 채택되어, 카자흐스탄 경제의 다양화와 세계 에너지 공급의 다원화, 지역 안정화에 대한 기여 방안 등이 제시되었고 에너지자원에 대한 투자 및 개발 지원, 카스피해 파이프라인 개발 지원, 외국투자자의 권리 보호를 위해 상호 노력하고 협력하기로 하였다.

한편, 1994년 3월에 열린 러시아와의 정상회담에서 '경제관계 강화를 위한 협정'에 조인하여 러시아, 우크라이나와 함께 3국 관세동맹을 창설하였고, 유라시아경제공동체를 통한 CIS 경제통합을 지지하였다. 또한 국영 에너지기업인 카즈무나이가스(KazMunaiGaz)는 러시아의 가즈프롬(GazProm)과 합작, KazRosGaz를 설립하여 카자흐스탄에서 생산되는 천연가스를 러시아의 파이프라인을 이용해 연간 50억m^3을 유럽에 수출하는 15년 장기계약을 체결하였고, CPC 송유관 공동 건설을 추진하기도 하였다.

2 '카즈무나이가스(KazMunaiGaz)'사와 에너지 정책

국영 에너지기업인 카즈무나이가스는 2002년 2월 대통령령에 의해,[49] 원

48) 이 2건의 계약은 텍사코 등과의 컨소시엄에 의한 80억 달러의 40년 계약과 모빌 등과의 유사 계약이다. 심충희, "카자흐스탄 자원민족주의 특성연구", 2009, p.36.

49) 상기 대통령령으로 KazMunaiGaz는 기존의 Kazakhoil 과 TransNefteGaz를 합병하여 탄생하였다.

유의 채굴과 생산에서 운송, 가공 및 판매 등의 석유사업 분야의 전 영역으로 규모를 확장하여 비용을 절감하고 경쟁력을 높일 목적으로 기존의 석유회사들을 합병한 거대기업이다.[50] 그 결과, 카즈무나이가스는 생산, 정유, 운송, 판매 전반에 걸쳐 자회사를 통해 석유산업을 통제하고 있다(〈그림 4-4〉 참조).

카즈무나이가스는 다음과 같은 역할을 맡고 있다.[51]

· 석유가스에 대한 정부의 통합정책 창출 및 효과적·합리적 개발 추진

· 모든 석유계약에 의무적 참여를 통해 운영자로서 정부의 이익 대변

· 석유의 탐사, 개발, 생산, 수송에 대한 정부의 규제 기능 수행

<그림 4-4> 카자흐스탄 석유산업 조직도[52]

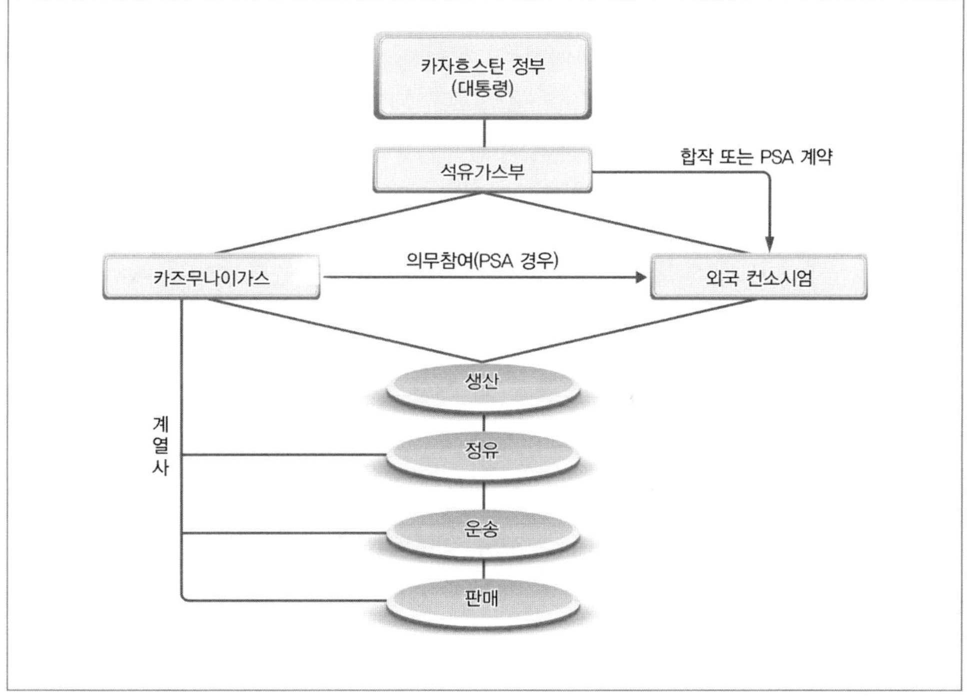

50) 김중관, "카자흐스탄의 에너지 산업과 경제정책", 「중동연구」, 제25권 1호, 2006, p. 183.

51) 외교통상부 자료.

52) 심충희, 2009, p.37 재인용.

한편, 카자흐스탄 정부는 카스피해 해상유전 가능지역을 120개 구역으로 구분하여 개발하는 석유 · 가스산업 종합발전계획(2003~2015)을 3단계로 나누어 추진하고 있다(〈표 4-21〉 참조).

이 밖에도, 카자흐스탄은 정유공장을 상당 수 보유하고 있으며, 최근 10년 동안에 일본 기업과 계약을 통해 Atyrau 정유공장 시설의 현대화 사업을 추진하고 있다. 카자흐스탄에는 3대 정유공장이 있으며, 이곳의 총 정제능력은 1일 40만 1천 배럴이다(〈표 4-22〉 참조).

<표 4-21> 석유 · 가스산업 종합발전계획(2003-2015년)

단계(연도)	세 부 내 용	목표 생산량
1단계 (03~05)	- 해상광구 분양 등 성공적인 투자환경 조성 - 유전 탐사 - 신규 송유관 선정	
2단계 (06~10)	- 해상유전 개발 본격 추진 - 해상광구 추가 분양 - 해상유전 인프라 구축 - 신규 송유관 건설	연 1.2억 톤
3단계 (11~15)	- 잔여 해상광구 추가 분양 통한 생산량 지속 확대 (생산 안정화 단계)	연 1.8억 톤

<표 4-22> 카자흐스탄 주요 정제 시설

주요 정유공장	위치	정제능력(천 배럴/일)	운영회사
Atyrau	서 부	106	KazMunaiGaz
Pavlodar	북동부	163	KazMunaiGaz
Shymkent	남 부	132	PKOP*

* PKOP: PetroKazakhstan Oil Product.

** 출처: 외교통상부 자료 재인용.

반면, 천연가스의 경우에는 많은 매장량에도 불구하고 파이프라인 등 설비 부족과 비용문제로 인해 대량 생산에 어려움을 겪고 있다. 이로 인해, 카자흐스탄은 국내에서 소비하는 천연가스의 40% 정도를 투르크메니스탄과 우즈베키스탄, 그리고 러시아로부터 수입하고 있는 실정이다.

3 파이프라인 현황 및 신설 계획

내륙해인 카스피해에서 생산되는 석유를 수출하기 위해서는 파이프라인 등 수송로 건설 및 확보가 필수적이기 때문에 카자흐스탄 정부는 석유 생산 능력의 증대와 더불어 석유수송망 확충 및 수출다변화를 위하여 지속적인 노력을 아끼지 않고 있다. 이는 구 소련 당시 건설된 파이프라인이 러시아 영토를 경유하거나 노후화되어서 카스피해에서 생산된 석유를 수송하는데 이미 한계에 다다랐기 때문이다.

카자흐스탄 정부는 이와 같은 문제를 해결하기 위하여 텡기즈 유전과 러시아의 흑해 연안 항구인 노보로시스크를 잇는 총길이 1,580km의 CPC(Caspian Pipeline Consortium) 송유관을 2001년 11월에 개통하여 새로운 수출 경로로 이용하고 있으며, 러시아 영토를 통과하지 않는 BTC(Baku-Tbilisi-Ceyhan) 라인과 카샤간 유전을 연결하여 향후 카자흐스탄의 주요 수출노선으로 활용할 방안을 모색하고 있다. 또한, 2005년 12월 카자흐스탄 중부 아타수(Atasu)와 중국 서부 알라샨쿠(Alashankou)를 잇는 파이프라인을 완공함으로써 다양한 수출로 확보에 주력하고 있다.

그러나 이러한 수출로 개척과 확보를 위한 노력은, 카스피해 연안국의 해저 분할 문제와 파이프라인을 둘러싼 미국, EU 및 러시아의 이해관계 대립 등 적지 않은 갈등으로 인해 더 많은 시간과 인내를 요구하기도 한다. 예를 들어, 이란을 경유하는 노선(카자흐스탄-이란-페르시아만)은 경제성이 매우 높으나 미국 등의 반대로 실현 가능성이 희박한 경우이며, 러시아 영토를 통과하지 않는 수출로(KCTS: Kazakhstan Caspian Transport System)는 해저 송유관 건설이 경제적이나 카스피해를 둘러싼 영유권 문제와 환경오염 문제로 그 해결 방법을 찾기가 쉽지 않은 상황이다.53)

<표 4-23> 카자흐스탄 원유 수출용 파이프라인

구분	파이프라인	경유루트 (연장 ㎞)	원유수송 능력(b/d)	투자비 ($)	비고
기존 및 완공	Atyrau-Samara	Atyrau(카)-Samara(러) (695)	- 30만 - 50만 확대계획	- 총 2억	- CPC 이전 주요 수출라인
	Zhanazhol-Kenkiyak-Orsk	Zhanazhol(카)-Kenkiyak-Orsk(러) (400)	- 13만	- 소련 때 완공	- 수출라인
	Omsk-Chardzhev	Omsk(러)-Atasu(카)-Shymkent-Chardzhev(투르크멘) (1,970)	- 84만 - 44만	- 소련 때 완공	- 러시아원유 수입라인
	CPC (Caspian Pipeline Consortium)	Tengiz(카)-Astrakhan(러)-Novorossiyk (1,580)	- 56만 - 140만 ('15년)	- 26억 (1단계) - 총 42억	- 보스포러스 해협 병목 문제
	Karachaganak-Atyrau	Karachaganak-Bolshoi-Chagan-Atirau(635)	- 8만 9천	- 기완공	- CPC와 연결

53) 이에 대한 대안으로 카자흐스탄 쿠릭항과 아제르바이잔 바쿠항에 원유 선적터미널을 건설하여 유조선 선단을 이용한 수송을 추진 중에 있다.

	BTC (Baku-Tbilisi-Ceyhan)	Baku(아제르)-Tbilish(그루지야)-Ceyhan(터키) (1,767)	- 최초 50만 - 140만 확대계획	- 총 30억	- 향후 카자흐의 주요 수출 라인 예상
	Kenkiyak-Atyrau	Kenkiyak-Atyrau (448)	- 12만	- 2.23억 (1단계)	- 현재 CPC 및 Atyrau-Samara와 연결
	Atasu-Alashankou	Atasu(카)-Alashankou(중) (962)	- 20만 - 40만 (3단계 완료시)	- 8억 (2단계) - 총 30억 (3단계 완료시)	- 3단계구간 사업 검토중
구상중	Kazakhstan-Turkmenistan-Iran	Tengiz or Uzen-Turkmenbashi (투)-Neka(이)-Teheran (1,200)	- 1백만 (제안)	- 21억	- '99년 타당성 검토 - swap라인으로 이용 추진
	Central Asia	카자흐-투르크멘-아프간-파키스탄	- 1백만 (제안)	- 25억	- 양해각서 체결 - 정치불안으로 중단
	Trans-Caspian	Tengiz-투르크멘-Baku	- 초기 20만 - 향후 1백만	- 총 25억	- BTC와 연결 - Kahagan유전 본격 개발 후 추진 예상

출처: 외교통상부 자료 재인용.

4 자원개발 관련 규정

한편, 카자흐스탄 정부는 외국인의 직접투자를 장려할 목적으로 투자법(Закон РК об инвестициях)을 제정하고, 석유·가스산업을 포함한 모든 산업부문을 대상으로 우선분야를 선정하여 이 분야의 투자자에게 관세 및 세제혜택을 지원하고 있다. 이 투자법은, 1994년 제정된 외국인 투자법과 1997년 제정된 국가지원법을 통폐합하여 2003년 1월에 공표되었다.[54] 이 투자법에 의하면, 카자흐스탄 정부가 지정한 투자 우선 부문인 농업, 식품, 의복, 기계, 화학제품, 건설 등에 투자할 경우 관세 면제는 1년에서 최대 5년까지, 기업의 수익세는 10년까지 혜택을 줄 수 있다. 또한 선진기술을 기반으로 카자흐스탄에 필요한 새로운 생산 설비를 설립할 경우에도 해당된다.[55]

특히 외국계 기업이 카자흐스탄의 유전 개발에 참여할 경우에는 카자흐스탄 지하자원법(Закон о недрах и недропользовании)[56]에 따라 지하자원개발권(право недропользования)을 부여받아야 한다. 자국 기업 및 외국 기업은 정부로부터 지하자원개발권을 부여받은 후에 탐사를 수행할 수 있다. 지하자원개발권을 부여받는 방법으로는 직접협상, 투자입찰, 생산물분배계약(PSA: Production Sharing Agreement)이 있으며, 각각의 주요 내용은 <표 4-24>를 참조하라.

---

54) 김상원, "카자흐스탄의 에너지개발과 외국인 투자", 『국제지역연구』, 제12권 1호, 2008, p.33.

55) 카자흐스탄 투자법 제3장 제11조-제22조 참조.

56) 지하자원법의 입법 취지는, 지하자원의 사용과 관련하여 카자흐스탄의 이익을 보장하고, 지하자원의 보호 및 합리적인 이용 방법을 모색하고, 지하자원 사용자의 이익 보호와 모든 경제 부문의 균등한 발전을 위한 조건 형성 및 지하자원 이용에 관한 법적 기반을 강화하는 데 있다. 또한 지하자원법은 제1장 총칙, 제2장 지하자원 관련 집행기관의 권한, 제3장 지하자원 이용자의 권리, 제4장 지하자원개발권 제공에 관한 입찰, 제5장 지하자원 이용에 관한 계약, 제6장 지하자원 및 환경보존, 지하자원의 연구와 사용, 제7장 주민 및 직원의 안전, 제8장 지하자원 국가기금, 제9장 법적 조건, 제10장 경과규정 및 보칙 으로 구성되며 총 74개 조항으로 이루어져 있다. 김한칠 외, 2008, pp.69-70.

<표 4-24> 카자흐스탄의 지하자원개발권 부여 방식

계약 종류	계약 절차 및 내용
직접협상	- 국영기업(카즈무나이가스)과의 계약방법 - 신청서 제출과 협상일 통보 절차 - 개발권에 대한 독점적 소유 가능
투자입찰	- 육상 유전에 해당 - 공개 또는 비공개 입찰로 업체 선정 - 정부가 참가희망 기업의 탐사계획서 심사 뒤 선정
PSA	- 해상 유전에 해당 - 개발된 자원을 참여 지분에 따라 분배하는 방식 - '02년 법 개정 후 카즈무나이가스의 지분참여(최소 50%) 의무화

출처: 이현복, "카자흐스탄 지하자원개발 관련법에 관한 고찰" 참조.

5 에너지자원과 환경문제

1) 환경문제의 실태

최근에 자원개발로 인한 환경문제는 자원 보유 국가들이 겪는 보편적 현상이다. 이에 따라 자원개발에 따른 환경오염에 대한 규제도 강화되고 있는 실정이다. 특히 석유, 가스와 같은 에너지자원의 개발은 인위적인 지형의 변형을 초래할 뿐만 아니라 인체에 치명적인 유해물질의 주된 원인이 되므로 해당국가뿐 아니라 국제사회도 많은 우려를 나타내고 있다.

특히, 카자흐스탄의 경우는 구 소련 때부터 중공업 발달에 기인한 대기오염과 핵실험[57]에 의한 방사능 오염이 매우 심각하였다. 또한 지구적 재앙으로

57) 카자흐스탄의 대표적인 핵실험장인 세미팔라틴스크 지역에서는 1949년부터 1989년까지 공중, 지표, 지하에서 총 456회의 핵실험이 진행되었다. 박창규, "아랄해역의 환경문제와 수자원 관리의 변화와 과제", 「중앙아시아 연구」, 제11호, 2006, p.256.

불리는 아랄해의 환경문제와 유전개발 등에 따른 카스피해의 오염문제는 카자흐스탄 정부의 심각한 골칫거리가 아닐 수 없다.

카자흐스탄 환경보전부가 발표한 온실가스 배출지표에 따르면, 에너지산업이 가장 심각한 환경오염의 주범으로 판명되었다(<표 4-25> 참조). 이에 카자흐스탄 정부는 2009년 3월 교토의정서에 공식 가입하고 온실가스 배출 요인에 대한 모니터링 시스템을 도입하는 등 에너지산업에 대한 환경규제를 더욱 강화할 전망이다.

<표 4-25> 카자흐스탄 산업 부문별 온실가스 배출 현황

(단위: 백만 톤, CO2 중량 기준)

부문	1990	1992	2000	2004	2005	2006	2007
에너지	257.9	291.3	137.0	172.2	187.9	197.2	208.2
공업	17.5	14.5	10.6	14.3	15.3	15.1	16.7
농업	23.1	22.1	9.8	11.9	13.0	15.8	14.3
합계	298.5	327.9	157.4	198.4	216.2	228.1	239.2

출처: 카자흐스탄 환경보전부(http://www.nature.kz).

2) 환경 규제 방법과 사례

독립 직후 카자흐스탄 정부는 외국인 투자 유치 전략에 따라 외국계 기업의 유전 탐사와 개발에 대한 환경 규제를 거의 하지 않았으나, 2005년 이후 환경오염을 이유로 외국계 에너지기업에 대한 환경 규제를 강화하고 있다.

이에 따라 관련법인 지하자원법에 대한 빈번한 개정(1999, 2004, 2007년)을 통해 환경오염과 관련된 규정을 추가하였고, 개정된 석유법(Закон РК о нефти)에는 석유가스자원에 대한 탐사 및 개발 난립 방지와 환경보호에 관한 규정이 포함되었다. 그리고 2003년에는 '카자흐스탄 환경 안보 구상: 2004-2015'를 발표하여 카자흐스탄 환경 안보의 기본 과제를 기후변화를 일으키고 오존

층을 파괴하는 행위 금지, 토양의 황폐화 및 사막화 방지, 카스피해 연안 오염 방지 등을 통한 생태계 보존으로 규정하고 있다.

한편, 카자흐스탄 정부가 환경오염을 이유로 외국계 기업을 규제한 사례들은 다음과 같다.

- 텡기즈 유전 합작기업 TengizChevoil(TCO) 고소(2007.08)
- TCO에 벌금 609만 달러 부과(2007.10)
- AGIP KCO에 유전탐사 3개월 중지 명령(2007.07)
- AGIP KCO에 환경위반 범칙금 부과(2007.12)
- KPO에 벌금 1,500만 달러 부과(2008.03)

카자흐스탄 정부의 이러한 규제는 환경보호 위반 또는 계약 및 조약 위반이 그 표면상의 이유이나, 관련 유전 광구에 대한 지분 회수를 목적으로 하는 일종의 압력행사라고 말할 수 있다.[58]

제 6 절 한국과의 관계

1 한국-카자흐스탄 관계 개관

한국과 카자흐스탄은 1992년 1월 외교관계를 수립한 이후, 대통령을 포함한 고위급 인사들의 지속적 교류와 개방적 시장경제체제 등 공통의 가치와 문화적 친밀성을 바탕으로 실질적인 협력관계를 꾸준히 발전시켜 왔다.

---

58) 수출입은행 "외국인투자 에너지사업에 대한 압력행사 배경과 전망", 『해외지역정보』, 2008, p.51.

카자흐스탄 정부는 한국 기업들의 적극적인 카자흐스탄 진출과 투자를 환영하였을 뿐만 아니라, 한국의 기술과 경험이 카자흐스탄의 경제정책과 경제발전에 도움이 될 것이라는 인식 하에 한국과의 관계를 중요시하였다.

1997년 외환위기로 인한 한국 기업들의 투자가 급감하기도 하였으나, 2003년 11월 나자르바예프 대통령의 한국 방문과 2004년 9월 노무현 대통령의 카자흐스탄 방문을 통한 카스피해 석유 및 광물자원에 대한 공동 개발 협정 체결 등 양국의 노력으로 실질적 경제협력관계는 더욱 확대되었다.

또한, 카자흐스탄은 1993년 핵무기 자진 포기 경험을 바탕으로 UN을 비롯한 국제무대에서 한반도 비핵화와 북핵문제의 평화적 해결을 확고히 지지함으로써 정치·외교적으로 한국과의 긴밀한 관계를 유지하고 있다. 게다가 양국관계는 2009년 5월 이명박 대통령의 카자흐스탄 국빈방문을 계기로 전략적 동반자관계로 격상되어 상호 협력의 범주가 더욱 확대되고 강화되었다.

이 밖에도 알마티 한국교육원의 설립 운영, 고려극장 및 고려일보 등의 다양한 문화 예술 행사 지원, 홍보 프로그램 제작 지원, 합동 문화 축제 개최 등 문화 예술 분야에서의 협력도 활발히 진행되고 있다. 그리고 카자흐스탄에 거주하는 10만 여명의 고려인도 구 소련 다른 지역에 비해 활발한 사회 진출 활동을 전개하는 것으로 알려져 있다.[59]

2 양국 주요 인사 교류 현황

수교 이후 2011년 8월까지 주요 인사 교류 현황을 보면, 나자르바예프 대통령이 한국을 네 차례 방문(1990.11, 1995.5, 2003.11, 2010.4)한데 이어 노무현 대통령이 한 차례(2004.9), 이명박 대통령은 두 차례(2009.5, 2011.8) 카자

59) 대표적인 인사로는 김 게오르기 대통령 직속 반부패위원장(전 법무장관), 리 블라디미르 알마티시 대통령실 자산위원장, 최 유리 카스피해 은행장 등이다.

흐스탄을 국빈 방문하였다. 그리고 외무부장관, 대법원장, 상하원의장 등 고위급 인사들의 지속적인 교류가 이어지고 있다.

<표 4-26> 한국-카자흐스탄 주요 인사 교류 현황

연 도	내 용
1990. 11	나자르바예프 소연방 카자흐스탄공화국 대통령 방한
1992. 07	이상옥 외무장관 카자흐스탄 방문
1995. 05	나자르바예프 카자흐스탄 대통령 국빈 방한
1997. 10	예시모프 제1부총리 방한
2000. 06	김용준 헌법재판소장 방카
2000. 09	최종영 대법원장 방카
2001. 08	아브디카리모프 상원의장 방한
2002. 04	투야크바이 하원의장 비공식 방한
2002. 09	예센바예프 산업무역부장관 방한
2002. 10	토카예프 국무방관 겸 외무장관 방한
2002. 11	신국환 산업자원부장관 방카
2003. 11	나자르바예프 대통령 공식 방한
2004. 03	이희범 산업자원부장관 방카(제1차 자원협력위)
2004. 05	마미 대법원장 방한
2004. 07	셈비노프 국방차관 방한
2004. 07	임채정 국회 통일외교통상위원장 방카
2004. 07	아비카예프 상원의장 비공식 방한
2004. 09	노무현 대통령 카자흐스탄 국빈 방문
2004. 10	프로테트 국방차관 방한
2004. 11	이명박 서울시장 방카
2005. 01	전윤철 감사원장 방카
2005. 04	마르첸코 경제부총리 방한
2005. 04	김용덕 관세청장 방카
2005. 04	슈콜릭 에너지광물자원부장관 방한
2005. 05	켈림베토프 경제예산기획부장관 방한
2005. 08	윤영철 헌법재판소장 방카

2005. 09	김원기 국회의장 방카
2005. 12	이호준 국가인권위원회 상임위원 방카(대선 참관)
2005. 12	샤키로프 외무차관 방한(한-카자흐 정책협의회 참석)
2006. 01	오영교 행정자치부장관 방카(대통령 취임식 참석)
2006. 03	임채정 국회 통일외교통상위원장 방카
2006. 04	아비카예프 상원의장 방한
2006. 04	슈케예프 아스타나시장 방한
2006. 06	반기문 외교통상부장관 방카(CICA 정상회의 참석)
2006. 09	한명숙 국무총리 방카
2006. 09	정세균 산업자원부장관 방카
2006. 12	무하메드자노프 하원의장 비공식 방한
2007. 03	김원웅 국회 통일외교통상위원장 방카
2007. 03	김신일 교육부총리 방카
2007. 05	조중표 외교부 1차관 방카
2007. 06	예르막바예프 외교차관 방한
2007. 07	디야첸코 하원부의장 방한
2007. 08	이상수 노동부장관 방카(BIE 유치 교섭)
2007. 11	마민 아스타나시장 방한
2007. 11	예르막바예프 외교차관 방한(한-중앙아협력포럼 참석)
2008. 02	슈케이프 부총리 방한(대통령 취임식)
2008. 03	조중표 국무총리실장 방카
2008. 05	한승수 국무총리 방카
2008. 07	이윤호 지식경제부장관 방카(아스타나 천도 10주년 특사)
2008. 07	오세훈 서울시장 방카
2008. 08	북경올림픽 계기 양자 정상회담
2008. 08	신각수 외교부 2차관 방카(제3차 CICA 외교장관회의)
2008. 08	이윤성 국회부의장 방카
2008. 10	유명환 오교장관 방카(제3차 ACD 외교장관회의)
2009. 04	김장실 문화관광부차관 방카
2009. 04	바탈로프 에너지광물부차관 방한(제4차 경제공동위 참석)
2009. 05	이명박 대통령 카자흐스탄 국빈 방문
2009. 07	최시중 방송통신위원장 방카

2009. 07	예르멕바예프 외교차관 방한(제7차 정책협의회 참석)
2009. 08	안상수 대통령 특사 방카
2009. 10	신재민 문화관광체육부차관 방카(UN 세계관광기구 총회)
2009. 10	예세케세프 정보통신처장관 방한
2009. 12	예르멕바예프 외교차관 방한(제3차 한-중앙아포럼 참석)
2010. 03	이세케세프 산업신기술부장관 방한
2010. 04	나자르바예프 대통령 국빈 방한
2011. 08	이명박 대통령 카자흐스탄 국빈 방문

출처: 외교통상부 자료.

3 한국-카자흐스탄 경제 관계

1) 교역현황

1992년 1,100만 달러로 시작한 양국의 교역액은 2000년부터 급격한 증가세를 보여 2007년에는 8억 달러로 전년 대비 34%의 성장을 달성하였다.

하지만 2008년 미국발 서브프라임 사태가 일어남에 따라, 카자흐스탄의 경기는 급속히 냉각되었고 이로 인한 건설 경기의 부진은 한국 기업에 커다란 타격을 주었다. 이에 2008년 교역액은 전년 대비 13% 감소하였으며 2009년 교역액은 2008년 대비 32%까지 감소하였다.

그러나 양국의 교역액은 2010년부터 다시 급격한 증가 추세에 있으며, 2011년 7월 말 현재 교역액은 전년 동기대비 22% 증가하였고 연말에는 수교 이후 처음으로 10억 달러를 넘을 것으로 전망된다.

<표 4-27> 한국-카자흐스탄 교역 현황

(단위: 천 달러, %)

구분	2006	2007	2008	2009	2010	2011.7
교역량	599,697 (16.6)	807,794 (34)	698,193 (-13.0)	474,352 (-32.0)	938,324 (97.8)	413,736 (22.0)
수출	323,815 (18.8)	551,027 (70)	347,736 (-36.3)	307,991 (-11.4)	604,390 (96.2)	390,600 (8.1)
수입	275,882 (14.2)	256,767 (-6)	350,457 (36.5)	166,361 (-52.5)	333,934(100.7)	222,510 (26.8)
무역수지	47,933	294,260	-2,721	141,630	270,456	168,090

출처: KOTIS, ( )은 전년 동기 대비 증감률.

<표 4-28> 한국의 대 카자흐스탄 주요 수출 및 수입 품목('09 기준)

(단위: 천 달러)

순위	'09 대 카자흐 수출		'09 대 카자흐 수입	
	품목명	금액	품목명	금액
1	석유화학	59,223	철강제품	99,862
2	수송기계	52,604	비철금속	34,511
3	산업용 전자제품	32,060	광물성 연료	28,228
4	가정용 전자제품	30,147	정밀 화학제품	3,094

출처: 무역협회 자료.

한편, 한국의 대카자흐스탄 주요 수출 품목은 자동차, 석유화학제품, 가정용 전자제품 등 내구 소비재이며, 주요 수입 품목은 비철금속, 철강제품, 광물성 연료 등 지하자원으로 구성되어 있다.

2) 투자 현황

2011년 6월 말 현재, 한국의 대카자흐스탄 투자 규모는 약 28억 달러에 달한다. 특히 2006년 이후 카자흐스탄의 건설 경기 호황에 따른 건설업 투자와 국제 원자재 가격 상승에 의한 광업부문의 투자가 큰 비중을 차지하였다. 또한, 2008년 국민은행의 BBC 지분 인수와 신한은행의 현지법인 설립 등 금융부문에 대한 투자도 증가하고 있다.

<표 4-29> 한국기업의 카자흐스탄 진출 현황

기 업 명	진출 연도	주 요 활 동	설립형태
석유공사	2005.02	원유탐사 및 개발	알마티 사무소
광물자원공사	2005.11	광물탐사 및 개발	알마티 사무소
LG전자	1994.05	가전제품 조립 및 가전・통신제품 판매	현지 법인
삼성전자	1993.01	가전・통신제품 판매	현지 법인
대우전자	1994.04	가전・통신제품 판매	알마티 지사
삼성물산	1991.01	무역 및 투자 사업	알마티 지사
LG상사	2004.07	무역 및 투자 사업	알마티 지사
SK	2005.02	원유탐사 및 개발	알마티 지사
아시아나항공	2004.06	운송업	알마티 지사
성원건설	2006.02	건설업	알마티 지사
우림건설	2006.02	건설업	현지 법인
동일하이빌	2004.07	건설업	현지 법인
국민은행	2008	은행업	현지사무소, 지분인수
신한은행	2008	은행업	현지 법인
대신증권	2008	금융업	현지 사무소
현대증권	2008	금융업	현지 사무소

출처: 외교통상부 자료 재인용.

한편, 국제적 금융위기로 인한 일부 한국기업의 철수로 대카자흐스탄 투자가 약간의 감소세를 보이기도 하였으나 점차 회복되는 추세에 있다.

3) 한국-카자흐스탄 에너지자원 협력 현황

한국석유공사를 비롯한 삼성, LG, SK 등 한국기업들은 석유개발 컨소시엄을 구성하여 카스피해 유전 개발 사업을 추진하고 있다. 한국 측 컨소시엄은 카자흐스탄 석유가스공사와 카스피해 유망 광구인 잠빌(Zambyl) 광구에 대한 공동개발 양해각서를 체결(2004년 3월)하고 지분양도를 포함한 실무협상을 마무리 한 후, 2008년 5월 한승수 총리가 카자흐스탄을 방문하였을 때 이에 대한 본 계약을 마무리하였다. 그리고 이명박 대통령의 카자흐스탄 방문(2009년 5월)을 계기로 잠빌 광구 공동운영 회사를 설립하기에 이른다.

<표 4-30> 한국기업의 카자흐스탄 유전개발 진출 현황

단계/참여일	광구명	운영권자	한국기업 컨소시엄 지분	컨소시엄 참여기업	예상매장량 (10억 배럴)
탐사 2008.04	Zambyl (해상)	KMG, 한국석유공사	27%	석유공사, SK에너지, 삼성, LG 등 8개사	1.6
탐사 2006.11	S.Karpovsky (육상)	KMG, 한국석유공사	50%	석유공사, GS홀딩스, 경남기업 등 5개사	0.58
탐사 2005.11	ADA (육상)	한국석유공사	75%	석유공사, LG상사	1.15
탐사 2004.12	Egizkara (육상)	LG상사	50%	석유공사, LG상사	0.23

출처: 한국석유공사 자료.

그 밖에도 육상 광구인 예기즈카라(Egizkara) 광구, 남 카르폽스키(South Karpovsky) 광구, 아다(ADA) 광구에 대한 탐사 및 개발 사업에도 다양한 형태로 참여하고 있다.

또한 한국수력원자력공사는 카즈아톰프롬과 2002년 우라늄 장기 공급계약을 체결하여 연간 960톤의 우라늄을 공급받고 있으며, 한국광물자원공사 등도 카자흐스탄의 몰리브덴, 연, 아연 등 유망 광물 개발에 적극 참여할 계획을 가지고 있다.

4 ODA 지원 현황

카자흐스탄은 최근까지 한국의 공적개발원조(ODA: Official Development Assistance)의 중점협력대상국이었다. 따라서 한국정부는 카자흐스탄의 경제 및 사회발전에 기여하기 위하여 봉사단 및 전문가 파견, 연수생 초청 등 지원 사업을 활발히 추진하여 왔다. 하지만 카자흐스탄이 수원국(受援國) 명단 가운데 최상위 그룹인 UMIC(고중소득국) 소속국가임에 따라 지원 사업이 축소되었으며 한국국제협력단(KOICA) 사무소도 2010년 철수하게 되었다.

결국, 한국 정부는 1992년부터 2009년까지 무상원조 2,740만 달러, 1996년 통신망 현대화 사업에 2,000만 달러의 EDCF 차관을 유상원조 함에 따라 총 4,740만 달러를 지원하였다.

<표 4-31> 연도별 무상원조 지원 실적('92-'09년)

(단위: 천 달러)

구분	'92-'00	'01-'04	'05	'06	'07	'08	'09
지원액	6,291	5,170	902	1,749	2,351	4,968	5,970

출처: 외교통상부 자료.

5 한국-카자흐스탄 관계 발전 방안

지금까지 살펴보았듯이, 한국과 카자흐스탄의 관계는 수교 이후 양적, 질적으로 꾸준한 성과를 이루어왔다. 앞으로 양국 관계가 더욱 발전하기 위해서는 다음과 같은 방안들이 고려되어야 할 것이다.

첫째, '전략적 동반자관계'의 제고

한국과 카자흐스탄은 에너지자원 개발과 인프라 구축을 포함한 경제 협력을 더욱 강화해 나가고, 역내를 포함한 국제사회에서의 영향력 증대를 위한 상호 정치적 지지를 견고히 하여 현재의 '전략적 동반자관계'를 더욱 공고히 하여야 한다. 특히 카자흐스탄은 나자르바예프 대통령의 영향력이 매우 크므로 대통령을 포함한 고위급 인사들의 상호 교류가 양국 외교관계 강화에 상당한 도움이 될 것으로 전망된다.

둘째, 상호 문화에 대한 이해과 존중

카자흐스탄은 역사적 배경과 문화적 특성, 카자흐민족의 혈연 및 지연관계, 종교 및 전통으로서의 이슬람, 민족 구성 등에서 우리와 전혀 다른 국가적, 민족적 정체성을 가지고 있다. 우리는 카자흐스탄의 다양한 특징을 이해하고 이를 감안한 맞춤형 전략을 세워야 한다.

셋째, 중앙아시아의 잠재성 및 중요성에 대한 인식 제고

중앙아시아에서 카자흐스탄의 지전략적 중요성을 인식하고 중장기적 외교전략을 마련해야 한다. 자원의 보고로서 뿐만 아니라 유럽과 아시아를 연결할 21세기 신(新)실크로드의 중심지역으로서의 가능성을 고려한 구체적 계획이 검토되어야 한다.

넷째, 현지 교포들(고려인)과의 네트워크 강화

카자흐스탄에 살고 있는 10여만 명의 교포들은 양국 관계 발전에 큰 역할을 담당해 왔다. 다양한 프로그램 —한국어 교육 확대, 모국 방문 확대, 교포 유학생의 국내 연수 확대, 문화교류 확대 등— 을 통한 교포들과의 소통과

네트워크 강화는 한국과 카자흐스탄의 관계 발전에 긍정적인 공헌을 할 것이다.

다섯째, 다양한 분야의 협력 확대 노력

지금까지 양국 관계가 경제, 외교적 분야에 치우쳐 발전되었다면, 앞으로의 관계는 문화, 역사, 기술, 학술, 관광 등 다양한 분야에 걸친 상호 협력으로 확대되어야 한다. 그래야만 이것을 기반으로 다양하고 정확한 지식 인프라가 구축되며, 이는 한국과 카자흐스탄의 발전 전략과 세부 방안에 중요한 지침과 정보를 제공할 것이다.

제 7 절 결 론

카자흐스탄은 광활한 영토, 지리적 및 지정학적 환경, 풍부한 자원, 지속적인 경제발전, 인구 그리고 주변 국가들과의 광범위한 협력관계 등을 고려할 때 유라시아 대륙의 중심 국가이자 발전가능성이 가장 높은 나라이다.

정치적 안정과 석유, 가스 등 에너지자원을 기반으로 급속한 경제발전을 이룩하고 있는 카자흐스탄은 2008년 세계금융 위기의 여파로 경제성장이 잠시 주춤하였으나, 정부의 산업다변화정책 및 투자유치 노력, 그리고 WTO 가입에 대한 전망은 카자흐스탄의 시장개방과 무역자유화에 대한 기대로 이어져 경제발전을 위한 다양한 환경이 한층 개선되고 있다.

한편, 카자흐스탄의 정치체제는 나자르바예프 중심의 개발독재형 권위주의 체제로 정치적 안정은 상당 기간 지속되어 왔으나, 제도적 미비로 인한 민주화의 후퇴와 정경유착을 통한 이너서클의 부패가 정치 발전의 걸림돌이 되고 있다.

반면, 카자흐스탄은 국제기구 및 역내 다자협력기구의 활동에 적극 참여함으로써 중앙아시아의 허브국가로서 입지를 강화할 뿐 아니라 국제사회에서의 영향력도 증대할 것으로 보인다. 또한, IT 분야에 대한 정부의 관심과 꾸준한 투자는 짧은 기간 내에 혁혁한 성과를 보이며 전자정부 등 국민을 위한 정책에 기여하는 것으로 평가받고 있다.

한국과 카자흐스탄은 상호보완적인 관계에 있다. 한국 입장에서는 에너지자원뿐 아니라 중앙아시아 진출을 위한 교두보로서 카자흐스탄이 절실하며, 카자흐스탄 입장에서는 한국의 IT 및 인프라 건설 기술 그리고 경제발전 및 정치발전 경험 등이 매우 필요하다.

결론적으로, 카자흐스탄은 한국의 중앙아시아 진출을 위한 중요한 교두보이자 확고한 협력 파트너로서 자리를 잡고 있다. 이제 양국의 '전략적 동반자 관계'가 그 이상의 관계로 발전하기 위해서는 다양한 분야에 대한 투자와 협력, 그리고 서로에 대한 이해와 신뢰를 바탕으로 한 구체적인 방안들을 모색해야 할 것이다.

참고문헌

강명구, "중앙아시아 5개국의 국가 발전 전략", 2006.

김상원, "카자흐스탄의 에너지개발과 외국인 투자", 「국제지역연구」 제12권 1호, 2008.

김일수 외, 「중앙아시아의 거인 카자흐스탄」 서울: 궁리, 2008.

김중관, "카자흐스탄의 에너지 산업과 경제정책", 「중동연구」 제25권 1호, 2006.

김한칠 외, 「카자흐스탄의 정부조직과 법체계」 서울: 한국법제연구원, 2008.

박창규, "아랄해역의 환경문제와 수자원 관리의 변화와 과제", 「중앙아시아 연구」 제11호, 2006.

수출입은행, "외국인투자 에너지사업에 대한 압력행사 배경과 전망", 「해외지역정보」 2008.10.

신범식 외, 「21세기 유라시아 도전과 국제관계」 서울: 한울아카데미, 2006.

심경욱, "유라시아 국가들의 군사 · 안보 현안", 2006.

심충희, "카자흐스탄 자원민족주의 특성연구", 2009.

이재영 외, 「카자흐스탄 정치 엘리트와 권력구조 연구」 서울: 대외경제정책연구원, 2009.

외교통상부, "카자흐스탄 개황", 2010.

주 카자흐스탄 한국대사관, 「카자흐스탄은 어떤 나라?」, 2007.

제 5 장 우즈베키스탄의 행정과 정책

성 동 기(인하대학교)

우즈베키스탄은 1991년 9월 1일 소비에트연방으로부터 독립하면서 민주주의와 자본주의로 체제를 전환하였다. 그러나 전통적으로 이 지역은 군주제와 소비에트체제 하의 공산당 일당독재만이 존재하였던 역사적 배경으로 인해 민주주의로의 체제전환과 이에 따른 정치개혁이 얼마나 성과를 거둘 수 있을지 의문시 되었다. 실제로 독립 당시에 집권세력은 과거 공산당 출신들이 대부분이었으며, 국민들 역시 민주주의라는 체제를 경험하지 못했기 때문에 민주주의 선진국과 국제기구 등이 요구하는 서구식 민주주의 시스템의 도입은 힘들 것이라고 예상되었다. 게다가 해당국은 신생국이라는 한계를 벗어나기 위해서 경제적으로 단기간의 고도성장을 달성하고 이슬람원리주의와 대치하는 안보 상황을 원활하게 해결해야만 하는 문제들에 직면하고 있었기 때문에 서구식 민주주의 시스템은 장애요소로 인식되었다. 이러한 환경으로 인해 해당국의 정치시스템은 대통령을 비롯한 행정부의 강력한 권한과 이에 따른 신속한 정책결정을 바탕으로 하는 개발독재로 변화되어 갔다. 따라서 입법부와 사법부, 야당, 그리고 시민단체가 민주주의 체제를 발전시키는데 제 역할을 하기 힘들었다. 현재 우즈베키스탄의 이슬람 카리모프 대통령은 독립부터 지금까지 권좌를 유지하고 있으며, 야당과 시민단체는 여당의 견제역할을 하지 못하고 있다. 스티븐 레비츠키(Steven Levitsky)는 현재 우즈베키스탄 정치체제를 "경쟁 없는 권위주의(non-competitively authoritarian)"로 정의하였다.[1]

그러나 우즈베키스탄의 이러한 정치체제가 민주주의 체제를 벗어나는 법적 · 제도적 장치를 바탕으로 존재하는 것은 아니다. 외형적으로 서구식 민주주의 시스템을 상당 부분 도입하고 있기 때문에 해당국은 사실상 민주주의 국가의 면모를 구비하고 있다. 문제는 정권을 유지하기 위해서 법적 · 제도적 장치를 합법적으로 악용하는 것이고 이에 대한 해당국의 국민적 저항이 없다는데 있다.[2] 예를 들면, 국민투표를 통한 대통령 임기의 연장에 대해서 국민의 심판이 없었기 때문에 현 정권이 지금까지 권좌를 유지할 수 있었던 것이다. 따라서 민주주의적 법적 · 제도적 장치를 근간으로 하는 비민주주적 행태가 나타나고 있는 것이 해당국의 정치 환경이라고 정의할 수 있다. 민주주의가 발전하기 위해서는 집권세력에 대한 야당, 시민단체, 그리고 국민의 견제와 저항이 수반되어야 한다. 따라서 우리는 이러한 행위가 가능하도록 해당국 정부가 법적 · 제도적 장치를 구비했음에도 불구하고 실제로 이것을 활용하지 못하는 해당국만의 독특한 정치문화에 주목해야 한다.

본 연구에서는 민주주의로 체제를 전환한 지 20년에 불과한 우즈베키스탄의 독자적인 정치체제를 이해하기 위해서 다음과 같은 논의를 중심으로 해당국의 상황을 이해하고자 한다.

---

1) Levitsky, Steven and Way, A. Lucan. 2002. "The Rise of Competitive Authoritarianism", Journal of Democracy, Vol.13, No.2, pp.51-65.

2) 성동기 · 최준영 · 조진만, "중앙아시아 개발독재의 패러독스?: 카자흐스탄과 우즈베키스탄 사례의 다면적 분석을 중심으로", 중소연구, 제34권, 제2호, 2010, pp.213-237.

1) 인문 · 사회적 환경

본 연구는 우즈베키스탄이 개발독재를 추구할 수밖에 없었던 역사적 배경, 사회 · 문화적 환경, 정치 · 경제적 특징을 중심으로 논의를 전개할 것이다. 여기서는 역사적으로 해당국이 겪었던 정치체제에 대한 분석, 씨족이라는 독특한 사회시스템을 바탕으로 전개되는 정치문화에 대한 분석, 그리고 이를 바탕으로 형성된 정치 · 경제시스템에 대한 분석 등이 제시될 것이다.

2) 헌법 및 법률적 기반

본 연구는 실제로 해당국이 구축한 민주주의 시스템이 법적 · 제도적으로 어떠한 행태인지를 헌법 및 법률적 기반을 중심으로 논의를 전개할 것이다. 여기서는 해당국의 헌법, 법률, 명령, 조례, 규칙과 같은 민주주의 국가의 보편적인 법체계가 분석될 것이며, 비민주주의적 법과 조항들이 제시될 것이다.

3) 정치체제와 거버넌스

본 연구는 우즈베키스탄의 정치체제 분석과 거버넌스 체제를 중심으로 논의를 전개할 것이다. 여기서는 정부조직과 체제, 정당조직과 체제, 그리고 시민사회와 이익집단 등을 제시하면서 해당국의 정치체제와 거버넌스 체제를 분석할 것이다.

4) 행정체계와 정책 과정

본 연구는 정책결정에 대한 정책수행을 담당하는 해당국의 행정조직을 중심으로 논의를 전개할 것이다. 여기서는 행정조직의 구조, 중앙행정조직, 관료조직과 정부조직 개편 등이 분석될 것이며, 이를 바탕으로 인적자원관리, 예산과 재정, 전자정부 등의 내용도 세부적으로 제시될 것이다.

5) 공공정책

본 연구는 중앙아시아의 자원부국으로 평가받는 해당국의 자원-에너지 정책을 중심으로 공공정책이 논의될 것이다. 특히 이 부분은 해당국뿐만 아니라 세계의 자원-에너지 수입국들에게 주목을 받는 내용이기 때문에 그 가치가 높다가 여겨진다. 여기서는 해당국의 자원-에너지 정책에 대한 법적 · 제도적 장치에 대한 현황과 특징이 분석될 것이다.

6) 한국과의 관계

본 연구는 우즈베키스탄의 정치체제와 행정체제에 대한 논의의 결과를 바탕으로 한국의 경험을 해당국에 제공할 수 있는 가능성을 분석하는 데 있다. 우즈베키스탄은 한국과 지속적으로 우호적인 관계를 유지하고 있으며, 전략적으로 우리에게 중요한 의미를 가진다. 따라서 여기서는 양국이 상호 간에 보다 발전적인 방향을 추구하고 그 결과를 달성하기 위해서 정치 · 행정적으로 우리가 지원할 수 있는 것이 무엇인지가 제시될 것이다.

제 1 절 인문 · 사회적 환경

1 역사적 환경

우즈베키스탄은 역사적으로 실크로드의 허브 역할을 담당하였다. 중국에서 출발한 대상들이 인도, 이란, 중동, 유럽으로 가기 위해서는 반드시 중앙아시아를 거쳐야만 했으며, 그 중심에는 지금의 우즈베키스탄에 존재하는 오아시스 도시들이 있었다. 특히 해당국의 두 번째 도시인 사마르칸트는 실크로드의 핵(core)으로 평가를 받았다. 동에서 서로 그리고 남에서 북으로 이동하는 대상들이 피로한 여정을 잠시 멈추고 쉬어가야만 하는 곳이 지금의 우즈베키스탄이었기 때문에 이곳에 모인 다양한 국가의 상인들은 상호 간에 정보와 물건들을 거래할 수 있었다. 그러나 이러한 지리적 가치는 해당 지역에 역사적으로 불행을 가져왔다. 당대에 강대국들은 실크로드의 허브인 이곳을 침략하고 지배함으로써 해당 지역이 가지는 기능을 직접 보유하고자 했다. 고대의 알렉산더대왕, 중세의 칭기즈칸, 근대의 러시아제국 등을 필두로 하여 동서양의 동시대 강대국들이 지금의 우즈베키스탄을 향해 끊임없는 침략과 지배를 시도하였으며 그 목적을 달성하였다. 이러한 역사가 우즈베키스탄에 남긴 유산은 다민족다문화사회, 이곳을 지배했던 국가들의 문화적 잔재 등이었다. 따라서 현재 우즈베키스탄에 나타나고 있는 정치문화, 행정문화 등은 이와 같은 역사적 유산으로부터 영향을 받았다고 할 수 있다.

<그림 5-1> 실크로드의 허브

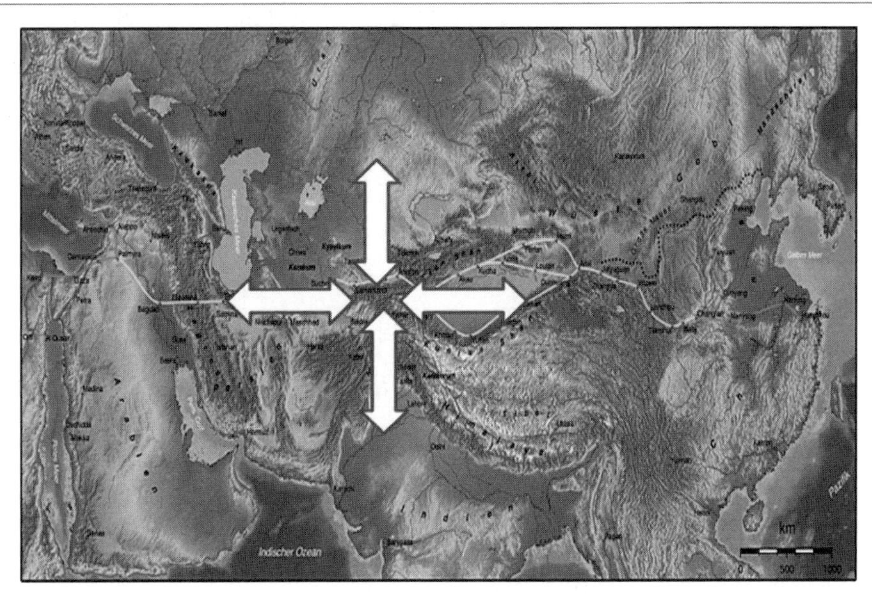

우즈베키스탄의 역사적 환경을 구체적으로 살펴보면 다음과 같이 나타난다.

첫째, 실크로드의 허브

위의 〈그림-1〉에서 나타나는 것처럼, 지금의 우즈베키스탄은 실크로드의 중앙에 위치하기 때문에 고대부터 근대까지 유라시아 대륙의 인류(人流)와 물류(物流)의 허브 역할을 담당하였다. 이러한 기능을 통해 조로아스터교, 기독교, 불교, 이슬람 등과 같은 동서양의 문명이 유라시아 대륙으로 확산되고 발전되어 나갔다.

둘째, 이민족의 침략과 지배의 역사

실크로드의 허브로서 기능을 담당한 지금의 우즈베키스탄은 해당 지역이 가지는 오아시스의 풍요로움으로 인해 동 시대 동서양의 강대국들이 소유하고 싶어 했던 곳이었다. 고대 우즈베키스탄 지역에서 발생한 중앙아시아의 초기국가인 호레즘(Khorezm), 소그드(Sogd), 박트리아(Bactria)가 존재한 이후 주변의 페르시아, 그리스, 투르크, 아랍, 몽골, 러시아 등과 같은 이민족 국가들이 지속적으로 이곳을 침략하여 지배하였다. 단지 14세기에 사마르칸트를 수도로 정하고 150여 년 동안 번성했던 티무르제국(The Timurid State)만이 이곳을 중심으로 주변을 지배했다. 결과적으로 지금의 우즈베키스탄 영토는 동서양 강대국들이 지배하면서 자신들의 문명을 이식한 흔적들로 역사를 이루었다고 할 수 있다. 이러한 영향은 지금도 우즈베키스탄 각 분야에서 나타나고 있다.

셋째, 소비에트연방

우즈베키스탄 나아가 중앙아시아가 다른 지역과 뚜렷하게 차이를 보이는 지역성은 소비에트체제와 이슬람이 공존한다는 것이다. 유라시아 대륙에 존재하는 페르시아문명, 투르크문명, 이슬람문명이 공존하는 이 지역이 이란, 터키, 중동과 다른 지역적 특색을 가지게 된 것은 소비에트연방에 속했던 역사가 있었기 때문이다. 따라서 이란, 터키, 중동과 같은 국가들이 가지는 문명이 존재하기 때문에 이곳을 앞의 국가들과 같은 지역적 특성을 가질 것이라고 판단하면 틀린다는 것이다. 오히려 소비에트체제 하에 존재하였기 때문에 러시아적인 특징이 보다 많이 나타나는 곳이 우즈베키스탄이고 중앙아시아이다. 결과적으로 지금의 우즈베키스탄이 가지는 정치, 경제, 사회 문화 전반에 소비에트체제가 남긴 유산들이 아직도 강하게 존재한다는 점을 이해해야만 한다.

넷째, 독립 이후(1991~현재)

앞에서 언급한 것처럼, 우즈베키스탄의 독립은 내부의 자생적이고 지속적인 투쟁을 통해 쟁취한 것이 아니라 소비에트체제의 붕괴를 통한 무임승차적인 성격이 강했기 때문에 다양한 문제점들을 가지게 되었다.[3] 해당국이 독립을 맞으면서 직면했던 3중고는 체제전환, 소비에트시기에 형성된 잠재적 분쟁요인, 구 공산당 세력의 집권으로 정리할 수 있다.[4] 우즈베키스탄의 독립은 단순

<그림 5-2> 우즈베키스탄의 역사 형성 과정

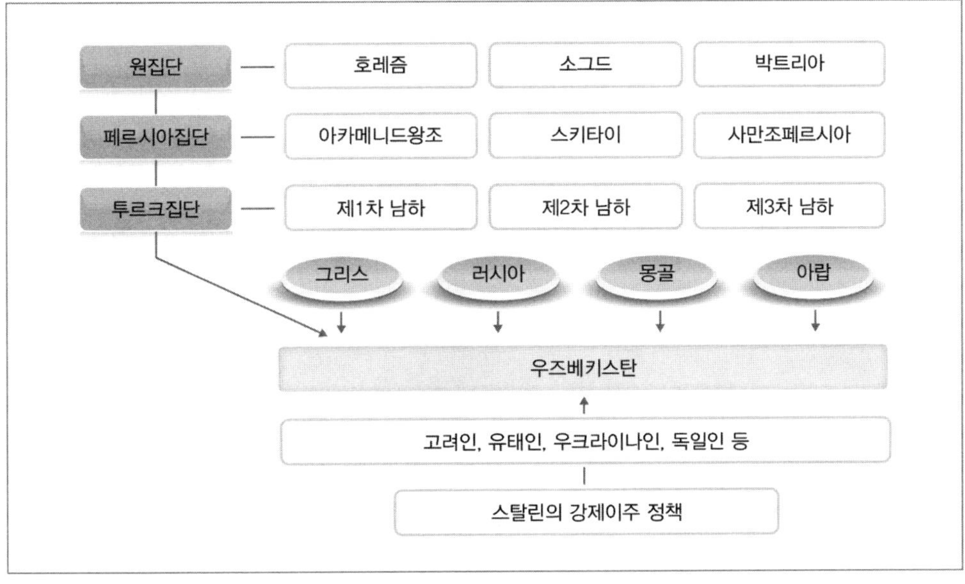

3) 중앙아시아 국가들의 무임승차적 독립에 대해서는 학계의 주장이 대부분 일치한다. 다음의 문헌 참조. 김대성, "소련해체 이후 강대국의 대 중앙아시아 지역패권주의 정책과 국제질서: 카자흐스탄과 우즈베키스탄의 일반개황", 한국중동학회논총, 제19권, 제1호, 1998, pp.1-42. Shireen T. Hunter, "Central Asia since independence", foreword by Marie Bennigsen Broxup(Westport, Conn: Praeger, 1996).

4) 성동기, "중앙아시아 민족주의와 이슬람의 정체성," in 신범식 외, 21세기 유라시아의 도전과 국제관계, 서울: 한울아카데미, 2006. pp.359-393.

히 식민지 지배에서 벗어나는 것이 아니라 새로운 체제전환을 맞이하는 시대적 격동기를 의미하였다. 게다가 자본주의와 민주주의로 대표되는 체제의 변화와 더불어 소비에트시기에 표면적으로 드러나지 못했던 민족, 국경, 그리고 종교 문제가 잠재적인 분쟁의 요인으로 대두되는 등 신생약소국이 추진해야 될 발전의 도상에 다양한 장애요인들이 나타나기 시작했다. 그리고 독립 후 발생하게 될 위의 문제들에 대비해 임시정부 성격의 특정집단이 체계적으로 준비하여도 극복하기 어려운 상황에 신생국 집권세력에 구 공산당 출신들이 그대로 정권을 승계하여 포스트 소비에트 시대에 해당국의 미래는 불안하게 조명되었다. 이러한 문제점들을 해결하기 위해서 우즈베키스탄이 시도한 정책은 새로운 국가발전 이데올로기를 수립하는 것이었다. 해당국은 다민족다문화 공동체로 구성되어 있기 때문에 통일된 형태로 국가의 정책을 수행하는데 어려움을 가지고 있었다. 과거 소비에트라고 하는 구심점을 통해 소비에트 시민들이 움직였듯이 우즈베키스탄도 무엇인가 자국의 국민들을 국가정책과 수행에 참여하게 만드는 새로운 이데올로기가 필요했다. 따라서 이들이 선택한 것이 바로 민족주의와 이슬람의 장려였다. 이처럼 신생약소국으로서 해당국은 위의 3중고를 가지는 상황에서 국가발전 전략의 한 축으로 민족주의와 이슬람의 장려를 선택하여 우선적으로 자국민들의 지지와 참여를 얻어내고자 하였다. 특히 이러한 움직임은 민족정체성을 달성하기 위해 인정된 모델인 민족국가(nation-state building)건설과 직결되는 것이었다. 따라서 지금의 우즈베키스탄 정치, 경제, 사회를 이해하기 위해서는 해당국의 민족국가 건설과 관련된 정책적 연관성이 분석되어야 한다.

2 사회 · 문화적 환경

우즈베키스탄이 사회 · 문화적 환경은 지리적 특성, 인구와 민족, 종교, 교육제도, 복지제도로 나누어서 다음과 같이 정리할 수 있다.

첫째, 지리적 특성

해당국은 북위 37°-46°, 동경 56°-74°에 위치하며, 동서의 길이는 1,425km, 남북의 길이는 930km에 달한다. 면적은 447,400㎢를 가지는데 이것은 세계 56위, 독립국가연합(CIS) 5위에 해당된다.[5] 국경은 북쪽으로 카자흐스탄과, 남서쪽으로 투르크메니스탄과, 동남쪽으로 타지키스탄과, 북동쪽으로 키르기스스탄과, 남쪽으로 아프가니스탄과 접하고 있다. 결과적으로 우즈베키스탄은 주변의 중앙아시아 국가들에 의해 둘러싸인 유일한 국가이기 때문에 실크로드의 허브이자 핵의 기능을 담당할 수 있는 지리적인 장점을 가지지만, 반대로 세계에서 유럽의 리히텐슈타인(Liechtenstein)과 함께 유일하게 대양(大洋)으로 나가기 위해서는 두 개 이상의 국가를 지나야만 하는 내륙국가(landlocked country)로 분류된다. 중앙아시아를 동서로 가로지르는 하천인 길이 2,212km의 시르 다리야(Syr Darya)와 2,400km의 아무 다리야(Amu Darya)가 우즈베키스탄의 남북으로 흐르고 있기 때문에 해당국의 2/3가 경작이 가능한 오아시스

<그림 5-3> 우즈베키스탄 지도

5) http://www.worldatlas.com/webimage/countrys/asia/uz.htm(검색일 2011.07.01).

지대이며, 나머지 1/3은 사막인 키질쿰(Kyzyl Kum)과 천산산맥의 산악지대로 구성되어 있다.[6]

우즈베키스탄의 기후는 여름에는 고온건조한 반사막 기후와 겨울에는 전형적인 대륙성 기후를 가진다. 따라서 5월부터 10월까지의 평균온도는 35도에 달하며 비가 거의 오지 않는다. 그러나 겨울에는 최저 온도가 영하 23도에 달할 만큼 춥고 눈도 많이 내린다.[7]

둘째, 인구와 민족

우즈베키스탄의 인구는 2011년 1월에 들어서 2천 9백만을 돌파하였다고 이슬람 카리모프 대통령이 공식적으로 발표하였는데, 이 수치는 중앙아시아 전체 인구의 절반에 해당된다.[8] 수도인 타슈켄트는 2009년도 당시 2,201,000명이었는데, 지금도 그 수는 증가하고 있다. 우즈베키스탄 인구 현황에서 특히 주목해야 할 점은 아래 〈표 5-1〉에서 나타나는 것처럼 청년-중년층의 연령대별 인구가 거의 70%를 차지하는 데 있다. 특히 평균연령(median age)이 25.7세이기 때문에 해당국의 성장을 받쳐줄 인구의 토대는 상당한 경쟁력이 있다고 여겨진다.

<표 5-1> 2011년도 우즈베키스탄 인구의 주요 현황

<table>
<tr><td rowspan="3">연령별 인구 비율</td><td>0-14세</td><td colspan="3">26.5%(남자 3,817,755 / 여자 3,635,142)</td></tr>
<tr><td>15-64세</td><td colspan="3">68.8%(남자 9,620,356 / 여자 9,742,818)</td></tr>
<tr><td>65세 이상</td><td colspan="3">4.7%(남자 560,574 / 여자 751,955)</td></tr>
<tr><td>평균연령</td><td colspan="2">25.7세</td><td>출산율</td><td>17.43명/1천 명</td></tr>
<tr><td>사망률</td><td colspan="4">5.29/1천 명(21.92/유아 1천 명)</td></tr>
<tr><td>평균수명</td><td colspan="4">72세(남자 69세 / 여자 75세)</td></tr>
</table>

출처: http://www.cia.gov/library/publications/the-world-factbook/geos/uz.html(검색일 2011.07.01).

---

6) http://www.stat.uz/upload/iblock/f0f/Uzb_ru.pdf(검색일 2011.07.01).
7) http://lcweb2.loc.gov/cgi-bin/query/r?frd/cstdy:@field(DOCID+uz0029)(검색일 2011.07.01).
8) http://www.regnum.ru/news/polit/1367147.html(검색일 2011.07.01).

우즈베키스탄의 민족 분포는 우즈베크인 84%, 러시아인 2,8%, 타지크인 4,7%, 카자흐인 2%, 카라칼팍인 1,9%, 고려인 0,8%, 키르기스인 0,8%, 타타르인 0,5, 투르크멘인 0,6%, 기타 1,9%로 구성된다.[9] 이와 같은 해당국의 민족분포는 1989년 소비에트연방의 공식적인 마지막 인구조사(Всесоюзная перепись населения 1989 года. Национальный состав населения по республикам СССР) 자료와 많은 차이를 보이는데, 당시에 우즈베크인은 71%, 러시아인은 8%를 차지하였다.[10] 이러한 변화의 원인은 해당국의 강력한 민족주의 정책으로 인해 러시아인을 비롯한 다수의 소수민족들이 모국으로 돌아갔기 때문이다.

셋째, 종교

2010년 우즈베키스탄 정부가 발표한 자료에 의하면, 우즈베키스탄 인구의 93%는 하나피파의 수니 이슬람, 1% 정도는 시아 이슬람, 4%는 러시아정교회(Russian Orthodox Christianity)를 믿는다고 나타났다.[11] 우즈베키스탄 무슬림의 성향은 이 지역의 이슬람 역사를 살펴보면 이해할 수 있다. 7세기 아랍이 현재의 우즈베키스탄으로 침략한 이후 이 지역은 과거와 동일하게 끊임없이 동 시대 강대국들의 침략과 지배를 받아야만 했다. 따라서 이 지역의 지배세력이 빈번하게 교체되고 사회적 불안이 지속됨으로 인해 무슬림들은 이슬람의 정치적 성향을 추구하기 보다는 종교 본연의 의미를 찾는 수피즘(sufism)을 선호하였다. 그리고 근대 들어서 이 지역에서 발생한 이슬람 비폭력저항운동인 '자디드(jadid)운동'은 정치적인 경향보다는 자강적인 의미를 통해 제국주의를 극복하고자 했기 때문에 현재 우즈베키스탄 이슬람의 비폭력적인 성향에 영향을 주었다. 특히 소비에트라는 배경을 가지고 중앙아시아를 근대화하려고 했던 이 지역 출신 공산당 세력과는 달리 자디드운동은 뚜렷한 지원세력이 없어서 활동의 범위에 한계를 가졌다. 마지막으로 소비에트 시기에 발생

9) http://ru.wikipedia.org/wiki/%D0%A3%D0%B7%D0%B1%D0%B5%D0%BA%D0%B8%D1%81%D1%82%D0%B0%D0%BD#cite_note-6(검색일 2011.07.01.)

10) http://demoscope.ru/weekly/ssp/sng_nac_89.php?reg=4(검색일 2011.07.01).

11) http://www.state.gov/g/drl/rls/irf/2010/148810.htm(검색일 2011.07.01). 나머지 2%는 개신교, 유대교 등이 있다.

한 이슬람 탄압과 소비에트 교육의 강화는 80여 년이라는 기간 동안 우즈베키스탄 무슬림들의 의식을 변화시켰다. 이러한 현상은 현재 지도층의 대부분이 구 공산당 출신이며 이들이 시행하는 해당국의 이슬람 정책을 살펴보면 알 수 있다. 결과적으로 우즈베키스탄의 이슬람은 세속적 성향을 가지고 있다고 판단할 수 있다.

넷째, 교육제도[12]

우즈베키스탄 교육기관의 절대다수는 소비에트시기와 같이 공립학교이다. 1986-87년 교육기관(취학 전 기관, 일반교육학교, 중등전문학교와 고등교육기관)의 전체 수는 1만 7669개에 달하며, 이곳에서 공부하는 학생 수는 630만 1,100명에 이른다. 1987년부터 2006년 동안에 우즈베키스탄의 인구는 38.3% 증가했고 학생 수는 22.1% 증가했다.

독립 이후 우즈베키스탄의 교육제도는 구 소련 교육제도와 서구식 교육제도의 특징을 결합하는 형태로 이루어져 있다. 구 소련 체제에 오랜 기간 편입되어 있었고, 독립 이후에는 서구의 표준을 지향함에 따라 이들 요소들은 우즈베키스탄 교육제도의 종합적인 성격에 영향을 미쳤다.

한편으로, 구 소련 교육제도의 유산으로 남아 있는 것은 일반교육과 중등전문학교의 무상교육, 고등교육의 부분적 무상의 성격, 직계 체제 및 학위등급, 교육부와 고등 및 중등전문교육부 간의 분리, 칸디다트(Kandidat)와 독토르(Doktor) 학위제, 과학아카데미 지부 시스템의 존재 등이 있다.

다른 한편으로 서구교육 시스템의 특징으로는 학사와 석사 학위의 분리, 시장 원리, 시험과 순위 시스템, 고등교육기관의 유상교육 도입 등이 우즈베키스탄의 새로운 제도로 도입되었다.

구 소련과 서구교육의 결합시스템은 학과목의 구성에도 나타난다. 대부분의 교사들은 외국어를 모르고, 서구학술 작업에 대해 알지 못한다. 때문에 그들은 과거와 같이 구 소련 시기 출판된 문헌이나 인터넷의 러시아어 자료에 기

12) 교육제도는 다음의 연구보고서를 재정리한 것임. 신효숙, "우즈베키스탄의 교육현황 및 발전과제," 한국교육개발원, 2007.

초해 강의를 하고 있다.

우즈베키스탄은 구 소련 사회주의 교육의 영향으로 높은 문해율과 취학률을 보여 주고 있다. 문맹퇴치 문제는 1960년대 후반에 시작되어 오늘에 이르고 있다. 현재 우즈베키스탄은 실제적으로 국민들이 높은 문해율을 가진 많지 않은 개발도상국 중의 하나이다. 국민들의 교육수준은 우즈베키스탄이 성과 중에 하나이다.

유엔의 평가에 따르면 우즈베키스탄 성인의 문해율 수준, 교육기관에 입학한 학생 총수는 인적 잠재력의 발전 수준이 중간단계인 국가뿐만 아니라, 최고로 발전된 나라들이 보여주는 평균 지표들보다 높은 수준에 있다. 독립과 경제개혁이 진행되던 기간에 우즈베키스탄 주민의 문해율 수준은 97.7%(1991년)에서 2002년 99.3%까지 상승했다. 중등전문, 직업교육과 고등교육을 받은 성인은 75%를 넘어섰다.

<그림 5-4> 교육비 지출(US dollar)

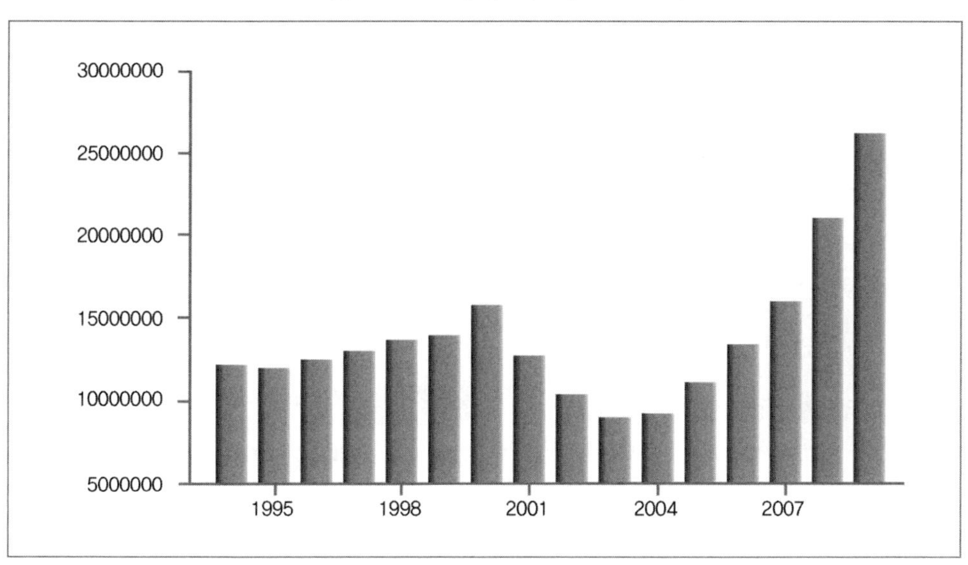

출처: http://www.tradingeconomics.com/uzbekistan/adjusted-savings-education-expenditure-us-dollar-wb-data.html(검색일 2011.07.01).

<표 5-2> 우즈베키스탄 인간개발지수(HDI)

	기대수명	평균취학기간	GNI($)	HDI 지수
1980	65.4	12.1	..	..
1985	67.0	12.4	..	..
1990	66.8	11.2	..	..
1995	66.4	11.0	1,580	..
2000	67.0	10.7	1,739	..
2005	67.4	11.5	2,163	0.588
2010	68.2	11.5	3,085	0.617

출처: http://hdrstats.undp.org/images/explanations/UZB.pdf(검색일 2011.07.01).

그러나 위와 같은 교육수준에도 불구하고 전체적인 인간개발지수(HDI)는 위의 〈표 5-2〉와 같이 나타나고 있는데, 전체 조사대상국 169개국 중에서 해당국은 102위를 차지하였다.

우즈베키스탄의 교육기관은 교육법 제10조에 따라 취학 전 교육(6-7세), 일반중등교육(1-9학년), 중등전문 직업학교(8-9학년), 고등교육(학사), 고등교육기관 이후의 교육(석사 이상), 자격인증향상과 인재 재교육, 교외교육(방과 후 학습의 형태) 등의 형태로 나뉜다.

다섯째, 복지제도

우즈베키스탄은 소비에트체제의 복지제도 유산을 유지하고 있기 때문에 자국의 경제력에 비해서는 복지제도의 법적·제도적 장치가 잘 갖추어져 있다고 평가받고 있다. 복지제도를 향상시키기 위한 정책은 크게 교육, 보건, 노동시장과 고용, 공공재 서비스, 아동복지, 양성평등, 사회보호, 연급개혁 부문에서 이루어지고 있다.

교육부문의 복지제도에 핵심이 되는 내용은 교육법에서 밝히고 있는 12년 무상의무교육의 추진에 있다. 이 외에도 "3번째 밀레니엄의 아이들(Children of the Third Millennium)" 프로그램에 따라서 취학 전 학교의 입학률 향상,

사립형 취학 전 학교 기관의 확대, 교사의 자질 향상 등과 같은 정책이 진행되고 있으며, “2004-2009년 학교교육 발전을 위한 국가 프로그램” 대통령령에 따라서 교육자재의 현대화 사업, 직업교육의 강화 등이 추진되고 있다.

보건부문은 2000년도 내각이 결정한 “건강한 세대 프로그램”에 따라서 의료체계의 개선, 의료장비의 현대화, 의료수준의 선진화, 여성과 아이를 위한 의료 혜택 강화 등과 같은 정책이 추진 중이며, 이를 달성하기 위해서 해당국 정부는 국제기구와 선진국으로부터 차관을 활용하고 있다.

우즈베키스탄은 중앙아시아 최대의 노동시장으로 평가받고 있기 때문에 노동시장과 고용 부문에 대한 복지정책은 중요한 현안으로 인식되고 있다. 이 부문에 있어서 해당국이 가지는 문제점은 매년 배출되는 노동력과 이를 받아들이는 고용시장의 불균형에 있다. 이를 해결하기 위해서 해당국은 노동시장의 수요와 공급의 균형, 시골 노동력의 경쟁력 강화, 고용촉진을 위한 투지환경의 개선, 고용창출을 위한 2차 산업의 육성, 직업교육의 강화, 가내수공업과 중소기업 육성 등과 같은 정책을 추진하고 있다.

공공재 서비스부문은 2002년 내각이 결정한 “1991년 이전에 건축된 아파트 수리 프로그램”과 “상수도 개선 프로그램”을 바탕으로 추진되고 있다. 이는 거주환경의 개선, 에너지와 물 공급의 안정화, 공공재 공급 가격의 안정화, 상수도 배관 교체 사업 등으로 진행되고 있다.

아동복지 부문은 위의 교육부문과 병행되어 추진되고 있는데, 주요 내용으로는 국제 표준에 적합한 가족보호 프로그램, 가족 건강 증간 프로그램, 12년 의무무상교육, 장애인, 고아 등 소외계층을 위한 사회보호 장치 개선 등이 있다. 해당국은 이를 달성하기 위해서 국제기구 프로그램과 차관을 활용하고 있다.

양성평등 부문은 사회 각 부문에서 여성의 권리를 증진시키는 것이 주목적이다. 특히 2004년도 “우즈베키스탄 여성위원회의 활동 지원을 위한 추가적인 정책” 대통령령을 통해서 해당국은 고용의 양성 평등, 여성의 권리 향상, 모(母)로서 여성의 특권 향상 등과 같은 정책을 추진하고 있다.

사회보호 강화 부문은 장애인을 위한 프로그램이다. 해당국은 장애인을 위한 휠체어, 보청기, 점자도서 보급 등을 추진하고 있으며, 궁극적으로 국제수준에 적합한 재활 프로그램 도입을 목표로 프로그램을 진행하고 있다.

연금시스템 개혁 부문은 연금을 현실화 시키는 프로그램이다. 연금수령자들이 받는 연금이 실제 생활을 지탱하기에는 부족하기 때문에 이를 제도적으로 개선하려고 시도하고 있다. 대표적인 것이 연금펀드를 조성하여 연급 수령액을 현실화시키는 것이다.

3 정치 · 경제적 환경

1) 정치체제의 모델

우즈베키스탄은 구 소련 붕괴 직전 민주주의와 자본주의로 체제를 전환하면서 국가발전에 적합한 정치체제 모델을 독자적으로 개발하려고 하였다. 이를 위해서 먼저 세계 각국에 존재하는 다양한 정치체제를 조사하기 시작하였다. 우즈베키스탄 정부는 세계 각국의 정치체제를 크게 서구식 민주주의, 아시아식 개발독재, 그리고 이슬람식 정치치제 등의 세 가지로 모델로 분류하였다. 각 정치체제의 특징은 다음과 같다.

<표 5-3> 우즈베키스탄 정치제제의 특징

정치모델	특 징
서구식 민주주의	미국식 민주주의 모델, 3권 분립, 대통령 임기 중임 한정 등
아시아식 개발독재	한국, 대만, 싱가포르식 모델, 대통령 권한 강화, 3선 연임 가능 등
이슬람식 국가	정교일치의 이슬람 전통 모델과 터키식 세속적 이슬람 정치체제 등

우즈베키스탄은 준비되지 못한 독립과 더불어 체제전환기에 전문성을 구비한 통치자가 아닌 과거 공산당과 공산주의 출신들이 권력을 차지함으로써 체제전환에 적합한 모델을 선택하기가 힘들었다. 게다가 신생약소국이라는 한계를 벗어나기 위해 단기간에 고도의 성장을 필요로 하였기 때문에 이중적인 부담을 가지게 되었다. 그러나 무엇보다 과거 공산당 1당 중심의 통치체제가 익숙한 통치권은 다음과 같은 목적으로 아시아식 개발독재를 최종적으로 선택하였다.

첫째, 독재의 익숙함

공산당 일당의 당수로서 정치적 경험을 가진 우즈베키스탄 통치권은 3권분립과 다당제를 동시에 추구하는 서구식 민주주의 시스템을 선택하는 것이 스스로 위험한 것임을 알았다. 따라서 다당제가 존재하기는 하지만 실질적인 일당 중심의 아시아식 개발독재 모델이 그들의 몸에 맞는 옷이라고 인식했다.

둘째, 안보의 부담감

서구식 민주주의 시스템을 도입하게 되면 정착하는 과정에 발생하는 다양한 문제가 자칫 주변의 이슬람원리주의 세력에 의해 악용당할 가능성이 있다고 판단했다. 따라서 권력을 독점하는 아시아식 개발독재가 안보를 지향하는 또 다른 정점을 가지고 있다고 여겼다. 특히 한국의 박정희식 모델은 상당히 호감을 가져왔다.

셋째, 이슬람에 대한 부정적 시각

우즈베키스탄은 독립하면서 사우디아라비아, 이란, 터키 등 이슬람 세계의 3대 그룹이 동시에 자신의 종교적 특성(종파)을 해당국에 이식시키기 위해 이 지역으로 진출하였다.

① 사우디아라비아: 이슬람 수니파의 맹주로 그들의 종파를 확산시키려고 시도하였다. 그러나 이슬람 원리주의 성향인 와하비즘의 위험이 있었기 때문에 우즈베키스탄은 철저하게 경계하고 통제하였다. 무엇보다 왕족 중심의 정치체제는 해당국과 근본적으로 코드가 맞지 않았다.

② 이란: 이슬람 시아파의 맹주로 그들의 종파를 신천지에 해당하는 우즈베

키스탄에 심고자 하였다. 그러나 신정일치에 가까운 이란의 정치체제 역시 해당국과 근본적으로 코드가 맞지 않았다.

③ 터키: 정교분리와 민주주의를 동시에 가지는 세속적 정치체제를 가지는 터키는 우즈베키스탄이 가장 먼저 고려했던 국가였다. 그러나 유럽식 경향을 가지는 국가 분위기와 군부의 영향이 정치권을 위협하는 체제에 의구심을 가지기 시작했다.

결과적으로 우즈베키스탄은 아시아식 개발독재를 자신의 새로운 정치체제에 가장 적합하다고 판단하고 채택하였다. 그리고 여기에 자국의 독특한 시스템을 보충하여 독자적인 모델을 고안하였다.

아시아식 개발독재 체제를 도입하면서 우즈베키스탄은 고민에 빠졌다. 한국, 대만, 싱가포르 등은 2차 산업 위주의 개발독재를 진행하였지만 자국은 그러한 산업구조나 인프라가 없었다. 따라서 해당국은 이들과는 다르게 "자원개발형+국가안보형" 독재체제를 독자적으로 고안하였다.

2) 정부구조

우즈베키스탄은 민주주의 국가의 3권 분립 형태인 입법부, 행정부, 사법부로 나뉘어져 있으나, 실제로 강력한 대통령제를 중심으로 정부구조가 형성되어 있다. 각 부에 대한 세부적인 내용은 다음과 같다.

대통령은 임기 7년이며, 주요 권한은 군통수권, 법률거부권, 국가비상사태 선포권, 총리 및 각료 임면권, 검찰총장 및 부총장 임면권, 지방정부 관리 임면권을 가지고 있다.

내각은 1명의 총리와 6명의 부총리로 구성되며, 그 밑으로 13부의 장관과 9개의 위원회 위원장이 있다. 총리는 대통령 지명 후 국회 동의로 선출되며, 각료는 총리 추천에 의거 대통령이 임명한다.

지방정부는 12개 주정부와 타슈켄트 시정부로 구성되며, 최고관리인 하킴(Hakim)은 5년마다 지역선거로 선출되고 지방의회가 존재한다. 그리고 카라

<그림 5-5> 우즈베키스탄 정부구조

대통령		
입법부	행정부	사법부
선거관리위원회	기획예산처	검찰
중앙정부 기관		
지방정부 기관		

칼팍스탄 자치공화국은 중앙정부의 통제를 받는다.

입법부는 상원과 하원으로 나누어진다.

상원(Senat)은 임기 5년으로 총 의석은 100명이다. 14개의 지방에 해당하는 12개주, 카라칼팍스탄 자치주, 타슈켄트 시의 지방의회에서 정당에 속하지 않는 6명씩 84명이 선출되며, 나머지 16명은 대통령이 각 분야의 전문가를 임명하도록 되어 있다. 상원의 주요권한은 헌법 · 최고 재판관 선거권, 정보기관(SNS) 부장 · 검찰총장 임명 승인권, 대통령이 지명한 외교 사절 · 중앙은행 총재 임면권 등이 있다.

하원(Oliy Majlis)은 임기 5년으로 총 의석은 150명인데 이 중에서 135석은 지역구에서 국민투표를 통해 선출되고 나머지 15석은 우즈베키스탄 생태운동(Ecological Movement of Uzbekistan)에 배당된다.[13] 지역구 투표에서는 1차, 2차 투표가 행해지는데, 1차에서 50%를 획득하면 당선되며, 만약에 1차 투표에서 50%를 얻지 못하면 2차 투표를 통해 최종적으로 선출된다. 2009년 12월

13) 2008년 12월 하원 의석 수가 기존의 120석에서 150석으로 바뀌었다.

27일 실시되었던 제3차 총선에서 집권여당인 자유민주당(Liberal Democratic Party)이 53석, 인민민주당(People's Democratic Party)이 32석, 민족부흥민주당(National Revival Democratic Party)이 31석, 정의사회민주당(Justice Social Democratic Party)이 9석을 차지하였다.[14] 주요권한은 입법권, 예산심의권, 국제조약 비준권, 총리·각료의 임명 승인권 등이 있다.

사법부는 헌법재판소, 최고재판소, 고등경제법원, 군법원, 하급법원, 검찰 등으로 구성되어 있다. 헌법재판소는 임기 5년의 헌법재판소장과 재판관 6명으로 구성되며, 역할은 국제 조약, 국내 법률, 자치 공화국 헌법 등의 합헌 여부와 헌법과 법률의 해석 등을 담당한다. 최고재판소는 최고 단계의 민사·형사·행정 법원으로 각 주 및 지방의 민·형사 법원 및 군법원을 감독한다. 검찰총장은 대통령이 지명하고 의회의 동의를 받으며, 법집행을 감독하고 총장은 정당 및 정치단체에 가입할 수 있다.

3) 지역파벌

우즈베키스탄의 정치·경제적 환경에서 중요한 부분을 차지하는 요소가 씨족 중심의 지역파벌이다. 역사적으로 특정 지역을 중심으로 권력을 구축한 지역파벌의 존재는 현재 우즈베키스탄의 정치·경제적 상황을 이해하는데 밑바탕이 되며, 이러한 형태는 정부구조와 외교 및 국방에도 영향을 미치고 있다. 우즈베키스탄의 씨족 중심의 지역파벌은 역사적으로 형성되어 왔으며, 소비에트체제 하에서도 그 명맥은 유지되었다.

소비에트 당국은 해당 지역을 원활히 통치하기 위해서 지역파벌을 제거하려고 집단농장 체제를 활용하였다. 그러나 이러한 정책은 오히려 지역파벌을 보다 공공하게 만들었다.

따라서 현재 우즈베키스탄에 나타나는 씨족 중심의 지역파벌 행태는 소비에트체제에서 완성되었다. 소비에트 당국은 해당 지역의 지역파벌을 제거하기

---

14) 자유민주당 외에 정당들 역시 친여 성향의 정당들이다.

보다는 이들을 중심으로 존재하는 지역주의를 활용하는 방향으로 정책을 바꾸었다. 대표적인 것이 핵심 지도층 선발에 있어서 지역안배를 고려하는 것이었으며, 특정 지역의 씨족이 장기간 권력을 장악하는 것을 막으려고 했었다.

우즈베키스탄의 대표적인 지역파벌은 〈표 5-4〉에서 나타나는 것처럼 페르가나 파벌, 지작-사마르칸트 파벌, 타슈켄트 파벌 등이 있다. 소비에트 당국은 초기에는 지역 안배 정책을 추진하였지만, 1959년부터 우즈베크사회주의공화국 당비서에 선발된 지작-사마르칸트 파벌의 샤라프 라시도프(Sharaf Rashidov)가 장기 집권하면서 지역파벌의 균형적인 구도가 파괴되었다. 그는 1959년부터 1983년까지 역임하면서 자신의 지역파벌이 해당국을 장악할 수 있도록 토대를 구축하였다. 그의 사후 몇 차례 지역파벌 간에 권력의 변동이 있었으나 결국 사마르칸트 출신의 현 대통령인 이슬람 카리모프가 권력을 차지하게 되었다.[15)]

독립 이후 지작-사마르칸트 지역파벌이 권력을 차지하였으나, 이후 이슬람 카리모프 대통령이 타슈켄트 지역파벌과 연합전선을 구축하면서 현재는 사마르칸트 지역파벌이 열세에 있다고 평가받고 있다. 현재 우즈베키스탄의 지역

<표 5-4> 우즈베크사회주의공화국 당비서와 소속 지역파벌

이름	직위	소속 지역파벌	집권기간
Osman Yussupov	당비서	페르가나	1937-1950
Amin Niyazov	의장	페르가나	1947-1950
	당비서		1950-1955
N. A. Muhitdinov	당비서	타슈켄트	1955-1957
Sabir Kamalov	당비서	타슈켄트	1957-1959
Sharaf Rashidov	당비서	지작	1959-1983
Islam Karimov	당비서	사마르칸트	1989-1991

15) 우즈베키스탄의 씨족에 관한 연구는 다음의 논문 참조. 성동기, “우즈베키스탄 씨족(clan)의 순환적 발전행태”, 러시아어문학연구논집, 제16권, 2004, pp.349-370.

파벌 정치구도는 과거 소비에트 시기와 다른 점을 가지고 있는데, 그것은 외부 세력의 간섭이 없어진 상황에서 지역파벌 간의 권력투쟁은 일단 기득권을 가진 씨족에게 유리하게 전개된다는 것이다.

예를 들면, 이슬람 카리모프는 철저한 통제를 바탕으로 다른 지역파벌들의 저항을 막았으며 특히 이권의 독점을 통해서 재정적인 압력을 가하고 있다. 체제전환기에 우즈베키스탄은 독자적인 경제활동을 하여야만 한다. 과거에 경제문제를 모스크바에서 결정하던 상황과는 다르다. 단순한 지령을 수행하는데 익숙한 이들은 경제적 책임에서 벗어나 있었다. 따라서 지역파벌 간의 이권쟁탈도 제한된 범위 내에서 가능하였다. 그러나 지금은 집권하고 있는 지역파벌이 원하는 만큼 이권을 독점할 수 있다. 그럼에도 불구하고 집권 지역파벌 역시 자국의 경제적 낙후로 인해 이권이 줄어들게 되면 내분을 배제할 수 없다. 이것은 사회 문제와도 직결된다. 자신들의 출신지역에게 경제적 우선권을 주지 못하면 파벌 내부에 불만이 발생하게 되고 나아가서는 분쟁의 불씨가 될 수 있다.

기득권을 가진 이슬람 카리모프는 지역주의 파벌에 대해서 집권 초기에 통제를 가했다. 무엇보다도 국민적 지지를 얻어내기 위해서 정치적, 사회적 안정을 최우선 정책으로 내세웠다. 무엇보다도 주변의 타지키스탄 내전과 러시아의 치안 부재를 인식하는 국민들의 입장에서 그의 정책은 지지를 받았다. 따라서 이슬람 카리모프는 지역씨족의 통제와 정적제거를 할 수 있는 정당성을 얻게 되었다. 그의 장기개발독재는 현재까지도 국민들에게 지지를 받고 있다. 이것은 지역파벌이 이슬람 카리모프의 영향력을 계속해서 받고 있다는 것을 의미한다. 만약에 국민적 지지가 줄어들 경우에는 다른 지역파벌들이 저항할 수 있는 명분을 가지게 된다. 이슬람 카리모프는 자신의 정권을 유지하기 위해 국가의 주요 천연자원을 독점하여 관리하고 있다. 그를 지지하고 있는 측근의 씨족에게 천연가스와 금의 채광산업을 맡기고 있다.

4 외교 및 국방[16)]

우즈베키스탄은 1991년 구 소련 붕괴 이후 미·중·러 등의 정치·경제적 각축장으로 변화되어 갔다. 미국에는 경제원조 획득을 위해 미국 측에 공군기지를 제공하는 등 대테러에 적극 협력하였으나, 경협 상태는 부진하다. 러시아와는 1991년 소련으로부터 '정치적 독립' 이후 탈러시아를 추구하여 왔으나, 인권문제를 둘러싼 서방과의 관계 악화 및 '경제적 독립'의 현실적 곤란으로 2005년부터 친러정책으로 선회하였다. 중국에 대해서는 '가상 적국'으로서 관계 강화에 소극적이지만 경제적 관계는 강화시키고 있다.

우즈베키스탄의 외교정책 기조는 소비에트연방으로부터 독립 이후, CIS 국가들과 기존 유대 관계를 유지하되, 대미 접근 등 독자적 외교 노선 추구하는 것이 핵심이다. 2000년 초반 우즈베키스탄의 친서방정책과 9·11 사태 이후 미·일의 대테러 등 전략적 이해의 일치로 각각 '전략적 동반자관계'에 합의하였으나, 2005년 5월에 발생한 안디잔사태 이후 전통적인 친러정책으로 선회하여 '우-러 동맹조약'이 체결되었다. 그리고 내륙국가로서 인도양·페르시아만 출구 확보를 위해서 이란·아프가니스탄·파키스탄 등과의 관계 증진을 추구하고 있다.

인접 중앙아시아 국가들과는 정치·경제적 자립기반 강화 및 이슬람 극단주의 확산·마약밀매 방지 등을 위해 상호 긴밀히 협조하고 있다. 독립 이후 탈러 독자외교정책을 추진하였으나, 최근 민주화와 인권문제를 위요한 서방과의 갈등으로 카자흐스탄·키르기스스탄·타지키스탄과 함께 친러 성향의 외교노선을 추구하고 있다. 특히 주변 제국과의 국경·민족 갈등문제 해결을 통한 정세안정에 주력하고 있는데, 키르기스스탄(2000년)·카자흐스탄(2002년)과 국경병력 감축에 합의하는 등 역내 긴장완화 노력을 지속하고 있다.

우즈베키스탄의 국방력은 이미 소비에트시기에 중앙아시아에서 가장 큰 규모를 가지고 있었는데, 독립 이후에도 이를 물려받아 현재 지상군 4만 명과

16) 아래의 내용은 다음의 보고서를 정리한 것임. 우즈베키스탄 주재 한국대사관 2008 보고서.

공군 1만 5,000명을 포함하여 총 5만 5천 명 정도를 보유하고 있다. 그러나 소비에트시기보다 적은 국방예산과 체계적인 훈련과 경험의 부족으로 실질적인 수준은 평가하기 힘든 상태이다. 독립 이후부터 국방예산은 평균 6천만 달러 정도이며, 2006년 당시에 탱크 340대, 전투기 136대를 보유하고 있었다. 기본적으로 군대 구성원은 징집제를 바탕으로 하는데 18세의 남성이면 누구나 2년의 의무복무를 마쳐야 한다.

5 경제구조 변화 및 발전 전략

우즈베키스탄은 구 소련으로부터 독립 이후 시장경제체제로 점차 전환해가고 있지만, 해당국 정부는 여전히 시장 기반 경제에 대해서 신중한 입장을 고수하고 있다.

<표 5-5> 우즈베키스탄 경제지표

경제지표	단위	2005	2006	2007	2008
GDP	억 달러	137	170	223	279
1인당 GNP	달러	523	642	823	1,011
경제성장률	%	7.0	7.2	9.5	9.0
소비자물가상승률	%	12.3	11.4	11.9	15.5
경상수지	백만 달러	1,947	2,933	4,267	6,247
상품수지	백만 달러	1,446	1,774	2,296	3,290
수출	백만 달러	4,757	5,615	8,026	10,370
수입	백만 달러	3,310	3,841	5,730	7,080
외환보유액	백만 달러	2,895	4,459	7,413	10,150
총 외채	백만 달러	4,302	3,892	3,927	3,987

출처: 우즈베키스탄 경제부 2009.

정부 통계의 신뢰성이 낮기 때문에 정확한 성장률을 추정하기 어렵지만 우즈베키스탄은 최근 몇 년간 급속한 경제성장을 달성하였다. 이를 통해 큰 폭의 대외 흑자, 외환보유고 증가 등의 가시적인 결과가 나타나고 있다.

2008년 세계 곡물가격 상승과 함께 임금 및 복지 수준 인상으로 우즈베키스탄의 소비자물가상승률은 12%를 나타냈다. 그러나 2008년 하반기부터 시작된 경제위기로 인해 대외여건이 악화되면서 우즈베키스탄의 경제성장률은 전년보다 다소 낮아진 8.6%를 기록하였다.

2009년에는 주요 수출시장인 러시아의 수요 둔화, 러시아 및 카자흐스탄 등지로부터의 해외 근로자 송금 수입 감소 등으로 경제성장이 더욱 둔화되었다. 그러나 2009년에는 수입식료품 및 원유 가격 하락 등으로 소비자물가상승률이 전년보다 크게 낮아졌다.

최대 교역 상대국은 러시아로 자동차, 천연가스를 수출하고 있으며 기계장비, 음식료, 화학제품을 수입하고 있다. 우리나라와의 교역량 역시 꾸준히 증가하고 있는 상태로 우리나라의 대(對)우즈베키스탄 수입품은 우라늄, 면사 등이며 주요 수출품은 자동차 부품, 승용차 등이다. 우즈베키스탄의 주요 산업은 농업, 에너지자원 개발 산업, 공업, 서비스업으로 나눌 수 있다.

<표 5-6> 주요 산업 분야별 GDP 비중

구분	농업, 임업	산업	서비스
비중(%)	31.1	25.2	43.7

출처: EIU, 2006.

<표 5-7> 원유 및 천연가스 매장량

구분	매장량	생산량
원유	6억 배럴	125천 b/d
가스	66.1 조 ft3	55.4 bcf/d

출처: BP, Statistical Review of World energy, June 2007.

<표 5-8> 광물자원 보유현황

광종	단위	우즈베키스탄(A)	세계(B)	A/B(%)	세계 순위
금	톤	5,300	49,800	10.6	5
몰리브덴	천 톤	60	8,600	0.7	11
텅스텐	천 톤	20	3,200	0.6	12
우라늄	천 톤	65.62	2,619.31	2.5	10

출처: 우즈베키스탄 주재 한국대사관, 2008, 경제동향 보고서.

우즈베키스탄은 원면, 에너지 등 1차 산업 위주의 산업구조를 가지고 있으나, 최근 정부의 제조업 육성책으로 제조업의 비중이 증가하고 있다. 해당국은 인구 2,900만 명인 중앙아시아의 최대 시장이자 교통 요충지로서 원유·천연가스·금 등이 풍부한 투자 유망 국가로 평가받고 있다. 특히 천연가스는 러시아, 투르크메니스탄에 이어 구 소련 연방국가 중 제3위의 매장량을 보유하고 있다.

우즈베키스탄에는 총 162개의 유·가스전이 분포하고 있으며 이 중 원유는 약 50개 유전, 가스는 약 25개 가스전에서 생산 중이다. 남부 아무 다리야(Amu Darya)분지가 컨덴세이트 포함, 원유 매장량의 83%, 가스 매장량의 88%를 점하고 있다. 금은 추정 매장량이 5,300톤(세계 35위)으로 연간 50톤을 생산(세계 9위)한다.

우즈베키스탄 정부의 강력한 농업육성 정책에 따라 다른 CIS 국가들은 독립 이후 농업분야에서 상당한 후퇴를 초래했으나 우즈베키스탄의 농업생산은 거의 매년 성장하고 있다.

우즈베키스탄의 금융산업은 사회주의 금융관행과 정부의 통제 등으로 카자흐스탄 등 인근 CIS 국가와는 달리 국제금융시장에 제한적으로 노출되어 국제금융 환경 변화에 거의 영향을 받지 않았다. 현재 우즈베키스탄은 은행업을 제외한 증권, 보험 등의 금융시장 발달은 취약한 상태이다. 은행산업은 중앙은행과 30개 상업은행(3개의 국영은행 포함)으로 구성되어 있으며 상업은행은 모든 업무분야에서 중앙은행의 직접적이고 강력한 통제를 받고 있다. 보험산업의 경우 27개의 보험사가 영업하고 있으나 Uzbek-invest를 제외한 대부분이 영세한 수준(자본금 U$1백만 이하)이다. 증권거래소가 있으나 IPO, 채권시장 등이 채 발달되어 있지 않아 소수의 투자자문사 형태로 운영되고 있다. 현재 31개사의 상장주식이 거래되고 있으나 주가 Index가 없는 등 서구적 의미의 주식 시장으로 기능은 못하고 있다. 최근 들어 우즈베키스탄의 금융시장은 석유, 가스등의 에너지 가격 상승 등에 기인한 경제 성장에 힘입어 외형적인 성장은 충실히 이루어지고 있다고 보인다. 우즈베크 중앙은행에 따르면 2008년 9월 당시 우즈베크 은행들의 총자산은 11.798조 som(약 87억$)에 달해 전년 대비 27.2% 증가했으며, 은행들의 자본금도 동 기간 17.1% 증가한 1.76조 som에 달한다. 그러나 2007년부터 국영상업은행을 중심으로 외국 신용평가기관으로부터 신용등급을 받고 있으나 대부분 투자 부적격 등급에 머물고 있다.[17]

제 2 절 헌법 및 법률적 기반

1 법체계[18]

우즈베키스탄의 법률체계는 대륙법계에 속하고, 일반적으로 헌법분야, 민(상)법분야, 형법분야, 행정법분야 및 절차법분야의 영역으로 분류된다. 해당국의 법률체계는 대륙법계를 취하고 있는 우리와 유사한 특징을 가진다고 할 수 있다.

17) http://countryinfo.mofat.go.kr/webmodule/htsboard/hbd/hbdread.jsp?typeID=17&boardid=6793&seqno=556690&c=&t=&pagenum=1&tableName=TYPE_CYBERBOARD&pc=&dc=&wc=&lu=&vu=&iu=&du=(검색일 2011.07.01).

18) 김한칠, “우즈베키스탄의 법률환경”, 한국수출입은행, 2007. pp.3.

우즈베키스탄은 기본적으로 성문법주의를 택하고 있으며, 법원(法源)은 헌법을 최고의 근본법으로 하고 그 아래에 입법부에서 제정된 법률인 민(상)법, 민사소송법, 경제소송법, 형법, 형사소송법, 행정법 및 행정소송법 등이 있으며, 그 아래로 명령(대통령, 정부), 조례, 규칙, 국제조약 등이 순서대로 존재한다. 여기서 주목해야 하는 것은 해당국의 법률이 승인된 국제조약에 우선한다는 조항이 헌법에 명시되어 있지 않는 것이다.

2 헌법의 구조 및 주요 내용

우즈베키스탄의 헌법은 최고회의(the Supreme Council) 12차 11번째 회의에서 1992년 12월 8일에 제정되었다.

해당국 헌법의 기본 조항은 유엔헌장의 세계인권선언(the Universal Declaration of Human Rights)과 국제공법(international public law)을 토대로 이루어졌다. 헌법은 서문, 26장 128항을 포함하는 6조로 구성되었다. 제1조는 헌법의 주요 원칙, 제2조는 기본권, 자유, 국민의 책임, 제3조는 국가의 경제와 사회 근저, 제4조는 행정, 영토, 국가구조, 제5조는 정부의 구조와 기능, 제6조는 헌법개정의 원칙 등을 내용을 한다.

특히 주목할 내용은 헌법의 전체 128개 항 중에서 60개의 항이 국민의 법적 지위에 집중되어 있다는 것인데, 이는 해당국이 인간의 위대함과 가치를 높이기 위해 존재하는 국가라는 점을 강조한 것이다.

<표 5-9> 헌법목차[19)]

서문 1조. 기본원칙

19) http://www.legislationline.org/documents/action/popup/id/7636(검색일 2011.07.01).

1장. 주권
2장. 민주주의
3장. 헌법과 법의 권위
4장. 대외정책
2조. 기본권, 자유, 국민의 책임
5장. 일반규정
6장. 시민권
7장. 인권과 자유
8장. 정치권
9장. 경제와 사회권
10장. 인권과 자유의 보장
11장. 국민의 의무
3조. 사회와 개인
12장. 사회의 경제적 근거
13장. 공공조합
14장. 가족
15장. 대중매체
4조. 행정과 영토 구조 그리고 국가 시스템
16장. 우즈베키스탄의 행장과 영토 구조
17장. 카라칼팍스탄
5조. 국가조직
18장. 의회(Oliy Majlis)
19장. 대통령
20장. 내각
21장. 지방조직의 근본원칙
22장. 사법
23장. 선거
24장. 검찰
25장. 재정과 신용
26장. 방위와 안보
6조.

3 법률의 구조 및 주요 항목

우즈베키스탄의 법률은 의회(Oliy Majlis)에 의해서 제정된다. 주요 법률은 다음과 같다.[20]

<표 5-10> 우즈베키스탄의 주요 법률

- 선거법(Electoral Law): 국민선거법, 지역의원 선거법, 국회의원 선거법. - 행정법: 행정책임법, 공식어 언어법, 공공조합법, 시민법, 옴부즈맨법, 통계법. - 형법: 형법, 형사소송법, 테러리즘법 - 민법: 민법, 가족법, 토지법, 상법 - 회사법 - 노동법 - 세법: 관세법, 세법 - 은행법: 증권과 주식거래법 - 통신과 언론법 - 광고법 - 운송법 - 환경법 - 지적재산권법 - 에너지법 - 건축법

20) http://www.lexadin.nl/wlg/legis/nofr/oeur/lxweuzb.htm(검색일 2011.07.01).

제 3 절 정치체제와 거버넌스

1 정부조직과 체제[21)]

1990년에 최초로 등장한 대통령은 국가 행정의 중요한 위치에 있으며, 국가 정치 시스템의 핵심이다. 우즈베키스탄에서 대통령의 첫 번째 역할은 개혁과 안전을 보장하는 것이다. 헌법 89항에 따라서 대통령은 국가의 통수권자이고, 행정부의 수반이고, 내각의 의장이다. 대통령은 7년 임기로 국민에 의해서 보통선거로 선출된다.[22)] 대통령은 어떠한 제한이 없는 면제권을 가진다. 퇴임 이후 전직 대통령은 헌법재판소의 종신 구성원이 된다. 대통령이 자신의 직무를 수행할 수 없을 시 그 직무와 권한은 한시적으로 해당국 의회의 상원의장에게 이양된다. 그리고 그 상원의장은 3개월 이내에 해당국의 대통령 선거법에 따라 선거를 실시해야만 한다.

내각은 헌법 96항에 따라서 총리, 부총리, 장관, 국가위원회 의장들로 구성된다. 내각은 경제, 사회 등 각 부문이 효과적으로 기능을 수행하도록 관리하고, 법률, 의회 결정, 대통령 명령 등을 집행한다. 내각은 현행 법령에 따라

---

21) Division for Public Administration and Development Management (DPADM) & Department of Economic and Social Affairs(DESA), “Republic of Uzbekistan: Public Administration Country Profile”, 2004. pp.6-7.

22) 헌법상에 명시된 대통령의 임기는 다음과 같은 과정을 통해 개정되었고 장기 집권에 토대가 되었다. 1989년 우즈베크사회주의공화국공산당 서기장 출신인 이슬람 카리모프는 1990년 3월 24일 대통령에 당선되었으며 구 소련 붕괴 직후 1991년 12월 29일 대선에서 임기 5년의 우즈베키스탄 초대대통령이 되었다. 그러나 그는 재선을 1년 앞둔 1995년 3월 26일에 1996년 예정된 대선을 실시하지 않고 현재의 대통령 임기를 2000년까지 연장시키는 국민투표를 실행하여 성공하였다. 이후 2000년 1월 9일에 그는 재선에 성공하였으며 2002년 1월 27일 또 다시 국민투표를 실시하여 대통령의 임기를 5년에서 7년으로 연장하였다. 우즈베키스탄 헌법에는 명백히 대통령 출마 3선 연임의 금지 조항과 5년 임기가 명시되어 있다. 그러나 그는 두 번에 걸친 임기연장은 제외하고 5년제 대선에는 두 번째 출마한다는 이상한 계산법으로 2007년 12월 23일 대선에 출마하여 임기 5년의 재선이자 실질적인 3선 연임을 달성하였다.

우즈베키스탄 전 영토 내 모든 기관, 기업, 공무원 및 시민이 의무적으로 준수하여야 하는 명령과 규칙을 선포할 수 있다.

내각은 다음과 같이 구성된다.[23]

<표 5-11> 우즈베키스탄 내각

· 총리(Prime Minister)
· 부총리(Deputy Prime-Minister)
- 제1부총리(First Deputy Prime Minister)
(겸직) 재무장관, 거시경제 · 경제구조조정 · 지역통합발전 담당 위원장.
- 부총리(Deputy Prime Minister)
(겸직) 건설이슈 · 산업 · 건설자재 · 거주 및 교통 담당 위원장.
- 부총리(Deputy Prime Minister)
(겸직) 지질 · 연료 · 에너지, 화학, 석유화학, 철강 담당 위원장.
- 부총리(Deputy Prime Minister)
(겸직) '우즈베키스탄자동차공업(Uzavtosanoat) 회장, 기술-엔지니어 · 전자 · 항공 · 표준화 담당 위원장.
- 부총리(Deputy Prime Minister)
(겸직) 교육 · 보건 · 사회안전 · 정보통신 담당 위원장.
- 부총리(Deputy Prime Minister)
(겸직) 외무경제교류장관, 투자 · 무역장관.
- 부총리(Deputy Prime Minister)
(겸직) 외무경제교류장관, 투자 · 무역장관.
- 부총리(Deputy Prime Minister)
(겸직) 여성위원회 위원장.
· 장관(Minister)
- 경제(Minister of Economy)
- 법무(Minister of Justice)
- 내무(Minister of Internal Affairs)
- 외무(Minister of Foreign Affairs)

23) http://www.gov.uz/en/government/1265(검색일 2011.07.01).

- 중고등전문교육(Minister of Higher and Secondary Special Education)
- 공교육(Minister of Public Education)
- 보건(Minister of Public Health)
- 노동 · 사회안전(Minister of Labor and Social Security)
- 문화체육(Minister of Culture and sports)
- 국방(Minister of Defense)
- 비상사태(Minister of Emergency Situations)
- 농업 · 수자원(Minister of Agriculture and Water Management)

공무원[24]은 다음과 같이 구성된다.

우즈베키스탄의 공무원(government officials and employees) 시스템과 그 지위를 규정하는 특별한 법률은 없다. 세계은행은 우즈베키스탄의 공무원 선발과 상벌은 특별히 규정된 것이 없다고 평가하였다.

일반적으로 우즈베키스탄의 공무원 선발 시스템은 다음과 같이 이루어진다.

첫째, 일반 행정직

일반 행정직 공무원을 선발하기 위한 공개적인 국가고시 제도는 없다. 우즈베키스탄에서 공무원이 되기 위해서는 일차적으로 대학교를 졸업해야만 한다. 다음으로 부모나 친척 중에서 공직에 종사하는 사람이 있어야 한다. 만약에 특정한 관청에서 고용이 필요할 경우에 공개적으로 인원을 선발하기보다는 내부 공무원들 중에서 대학교를 졸업한 자녀들을 대상으로 기회를 제공한다. 여기서 혈연, 지연, 학연이 많은 변수로 작용한다.

둘째, 전문직 공무원

전문직 공무원의 경우에는 석사 이상의 학력을 가진 자를 대상으로 비공개적으로 채용한다. 이 경우에도 혈연, 지연, 학연이 변수로 작용하지만, 일반 행정직 공무원의 경우보다는 덜 하다고 알려져 있다.

---

24) Division for Public Administration and Development Management (DPADM) & Department of Economic and Social Affairs(DESA), "Republic of Uzbekistan: Public Administration Country Profile", 2004. pp.13-14.

우즈베키스탄 공무원에 대한 상벌원칙은 법적으로 규정되어 있지 않지만 일반적으로 3-5년 기간에 수행한 업무 내용을 평가한다. 이를 토대로 조직이 재구성된다. 고급 관리들로 구성되는 평가위원회는 일차적으로 해당 공무원을 상대로 공식적인 업무 수행 결과를 분석하고, 다음으로 정치관, 사회관, 윤리관 등에 대한 질문을 하여 상벌을 규정한다. 평가위원회의 평가등급은 긍정적, 부정적, 조건적 등과 같이 3등급 나누어진다. 해당 공무원이 긍정적 평가를 받으면 그 자리를 유지할 수 있으며, 부정적인 평가를 받으면 해고의 대상이 되며, 조건적인 평가를 받으면 3-6개월 후에 재평가를 받는다.

우즈베키스탄 공무원은 공무원 아카데미(the Academy of Public Administration)에서 10회 정도의 교육을 통해 자신의 업무 능력을 향상시킬 수 있다. 위의 기관에서 주로 해당 업무의 지식을 학습한 뒤 수차례의 포럼이나 세미나에서 발표를 해야만 한다.

우즈베키스탄 공무원의 임금은 일반적으로 최소 임금규정을 바탕으로 산정되며 여기에 학력, 경력, 특성 등에 따라 차등을 둔다. 실질적으로 임금이 높지는 않지만 유급휴가, 사회보장 등을 받을 수 있다. 그러나 전체적으로 임금수준이 낮기 때문에 부정부패가 만연하고 있다. 실제로 부패지수(CPI)의 평가에서 우즈베키스탄은 178개 국가들 중에서 최하위권에 머물고 있다. 해당국의 CPI는 2009년에 1.8을 받았으며, 2010년에는 1.6을 받아서 7위를 차지하였다.[25]

2 정당조직과 체제

우즈베키스탄의 정당조직은 다당제를 원칙으로 하며, 각 당은 법무부에 등록되어야만 활동할 수 있다. 현재 국회의원을 배출한 주요 정당은 집권당인

25) 국제투명성기구(Transparency International) 2010년 CPI 지수.

자유민주당(Liberal Democratic Party), 친여 정당들인 인민민주당(People's Democratic Party), 민족부흥민주당(National Revival Democratic Party), 정의사회민주당(Justice Social Democratic Party), 우즈베키스탄 생태운동(The Ecological Movement) 등이 있다. 각 정당의 현황과 특징은 다음과 같다.

첫째, 자유민주당(Liberal Democratic Party)[26]

이 당은 집권여당으로서 중도 좌파적(center-left) 성향을 가진다.

2009-2010년 총선에서 53석을 차지하였다. 2007년 대통령 선거에서 이슬람 카리모프가 이 당으로 출마하였다.

둘째, 인민민주당(People's Democratic Party)[27]

이 당은 과거 우즈베크사회주의공화국 공산당을 승계하면서 지금의 당명으로 바꾸었다. 독립 초기에 이슬람 카리모프 대통령이 중심이 되었다. 2009-2010년 총선에서 32석을 차지하였다.

셋째, 민족부흥민주당(National Revival Democratic Party)[28]

1995년에 지식인들을 중심으로 창당한 이 당은 특히 여성 당원의 비율이 가장 높다. 당명에 나타나는 것처럼, 이 당은 우즈베키스탄 문화와 전통을 옹호하는데 정책을 집중하고 있다. 그러나 민족주의적 성향이 강하게 나타나 반러시아 연대를 주창하기도 하였다. 2009-2010년 총선에서 31석을 차지하였다.

넷째, 정의사회민주당(Justice Social Democratic Party)[29]

이 당은 중도 좌파적인 성향을 가지며, 2009-2010년 총선에서 9석을 차지하였다.

다섯째, 우즈베키스탄 생태운동(The Ecological Movement)[30]

---

26) http://en.wikipedia.org/wiki/Uzbekistan_Liberal_Democratic_Party(검색일 2011.07.01).

27) http://en.wikipedia.org/wiki/People's_Democratic_Party_of_Uzbekistan(검색일 2011.07.01).

28) http://en.wikipedia.org/wiki/Uzbekistan_National_Revival_Democratic_Party(검색일 2011.07.01).

29) http://en.wikipedia.org/wiki/Justice_Social_Democratic_Party(검색일 2011.07.01).

30) 이지은, "중앙아시아 시민사회 발전 가능성 연구: '우즈베키스탄 생태운동(Ecological Movement of Uzbekistan)' 시민환경단체 성격 분석을 중심으로", 국제정치논총, 제50집

환경파괴와 생태변화의 피해를 가장 극심하게 경험하고 있는 우즈베키스탄은 이를 해결하기 위해 최근 적극적이고 강화된 환경정책을 입안, 실행하고 있다. 특히 2009년 하원의회 선거에서 시민환경단체를 표방하는 '우즈베키스탄 생태운동(이하 생태운동)'에 총 150석 중 15개 의석을 당연직으로 배분하는 파격적인 조치를 취하여 국제적인 주목을 받고 있다. 의석 배분으로 입법권을 가지게 된 시민단체가 기존의 환경법을 개정하고 국제적 기준에 맞는 새로운 환경법 재정을 주도하는 우즈베키스탄의 사례는 매우 혁신적인 조치로 받아들여지고 있다. 2008년 8월 2일에 창당한 이 당은 2008년 개정된 선거법을 통해 14개의 지방 행정구역에서 각 1명씩과 생태운동 중앙위원회 집행부에서 1명이 추천을 받아 15명이 하원으로 선출된다.

3 시민사회와 이익집단

우즈베키스탄 정부는 시민사회 형성에 상당한 제약을 가하고 있다. 1992년부터 2-5년에 걸쳐 우즈베키스탄 정부는 다음과 같이 비정부조직(NGO)를 비롯한 시민단체의 조직과 활동에 관한 법적인 근거를 마련하였다.[31]

첫째, 시민조직(public association)의 형성에 관한 법적 근거

<표 5-12> 시민조직의 형성에 관한 법적 근거

헌법
- 3조: Citizens of Republic of Uzbekistan have the right to get associated into trade unions, political parties and other public associations, participate in mass movements. No one can infringe rights, freedoms and dignity of persons constituting oppositional minority in political parties, public

제5호, 2010, pp.93-123.

31) http://www.legislationline.org/?tid=220&jid=56&less=false(검색일 2011.07.01).

associations, mass movements and also representative bodies of power - 10조: No public association, movement can act on behalf of people of Uzbekistan - 15조: Public associations and citizens act in accordance with the Constitution and laws - 30조: Public associations are obliged to provide citizens with a possibility to get familiarized with documents, decisions and other materials impacting their rights and interests - 44조: Everyone is guaranteed with the right to appeal the illegal actions of public associations to the court - 56조: Public associations in the Republic of Uzbekistan are acknowledged organizations of veterans and youth, creative unions, mass movements and other associations of citizens, registered in accordance with the order prescribed by the law - 58조: The state ensures observation of rights and lawful interests of public associations and creates equal legal possibilities for their participation in public life
법률
- The Law “On Non-State Non-Commercial Organizations” - The Law “On Public Associations in the Republic of Uzbekistan”
명령
- The Resolution of the Cabinet of Ministers of the Republic of Uzbekistan “On Ordering the Registration of Charters of Public Associations in the Republic of Uzbekistan” - The Rules for Consideration of Applications to Registration the Charters of Public Associations Acting on the Territory of the Republic of Uzbekistan

둘째, NGO의 정의에 관한 법률

우즈베키스탄은 NGO를 확대해석하여 “비국가 · 비영리 조직(non-state non-commercial organization(NNO))”으로 정의하고 비국가 · 비영리 조직에 관한 법률(On Non-State Non-Commercial Organizations)을 1999년 4월 14일

공포하였다.

셋째, NGO의 설립에 관한 법률

NGO 설립에 관한 법률은 민법(Civil Code) 제75조, 제76조, 시민조직에 관한 법률(On Public Associations in the Republic of Uzbekistan) 제8조, 그리고 비국가·비영리 조직에 관한 법률(On Non-State Non-Commercial Organizations) 제12조에 근거를 두고 있다. 주요 내용은 설립 발기인은 최소 5명으로 하며 반드시 정부에 등록되어야 한다고 명시하고 한다.

넷째, NGO의 활동영역

NGO 활동영역에 관한 법률은 민법(Civil Code) 제76조와 비국가·비영리 조직에 관한 법률(On Non-State Non-Commercial Organizations) 제13조, 제15조에 근거를 두고 있다. 주요 활동영역은 자선, 사회, 문화, 교육 분야에 한정하고 있다.

다섯째, 정부등록 없이 활동하는 NGO의 기능

헌법 제56조, 민법 제40조, 그리고 형법(Criminal Code) 제216조, 제216조 제1항에 따라 정부에 등록하지 않는 NGO는 원천적으로 활동이 불가능하다.

여섯째, NGO에 대한 정부 지원

2007년 1월 3일 우즈베키스탄 정부는 등록된 NGO 활동의 장려와 보장을 위해 "비정부·비영리 조직의 활동에 대한 보장법(On guarantees of activity of nongovernmental nonprofit organizations)"을 공포하여 NGO 단체가 정부의 재정적 지원을 받을 수 있도록 유도하였다. 특히 이 법은 국가의 보조역할, 보조금제도, 그리고 사회질서에 도움이 되는 활동을 하는 NGO 단체에게 재정적 지원을 한다고 명시되어 있다.

우즈베키스탄은 신생독립국으로서 한계를 단기간에 벗어나기 위해 다양한 부문에 걸쳐 개혁 작업이 필요하였다. 그러나 독립 초기에 우즈베키스탄 정부는 주요 부처의 일방적인 정책입안과 정책집행을 통해 개혁을 시도하였다. 이러한 과정은 특히 체제전환기에 필요한 입법과 사회문제에 집중되어서 전문성이 요구되었다. 따라서 자본주의 시장경제 이행에 필요한 입법, 환경문제,

그리고 교육문제 등과 관련된 개혁이 부진할 수밖에 없었다. 이를 극복하기 위해 우즈벡정부의 "비정부 · 비영리단체 지원펀드" 조성과 협력은 정부기관과 NGO 단체가 공동의 목표를 가지는 관련 부문에 한해서 상호간 지원과 요구를 할 수 있는 토대를 만들었다. NGO 단체는 원활한 활동을 위해서 정부 기준에 맞는 부문에 맞추어 자선, 사회, 문화, 교육 단체 등을 만들어야 했다. 그러나 실제로 해당국의 경제개혁 부진과 선진 외국기업들의 진출 및 투자가 급감하면서 재정문제에 직면하게 되었다. 무엇보다 활동에 필요한 최소한의 자금이 조달될 필요가 있었다. 이러한 상황에서 정부는 특정 부문에 대한 전문가 집단의 지원을 통해 개혁 작업에 전문성을 높이기 위해 "비정부 · 비영리조직의 활동에 대한 보장법"을 공포하였다. 이 법은 실제로 양자의 공동이익에 부합되는 현실적인 것이었다. 개혁에 필요한 입법을 수행하는 국회(Oliy Majlis)는 소속 분과위원회들 중에서 교육, 환경, 문화 등의 분과와 이 부문에 전문성을 가지는 NGO 단체와의 상호협력 관계를 구축하였다. 이러한 형태는 각 정부부처에도 적용되어 주요 NGO 단체는 그 기능을 제대로 발휘할 수 있었다. 그리고 이 외의 다양한 NGO 단체들은 정부가 이들로부터 공개로 제안서를 받아 공정한 평가를 거친 끝에 보조금을 받을 수 있었다. 여기서도 수혜를 받은 단체들의 활동방향은 의료개선나 유년세대 교육과 관련되었다. 결과적으로 국가의 발전에 도움이 되는 분야에서 NGO 단체들은 정부와 상호 이익의 공통점만 찾는다면 재정적 지원을 받을 수 있는 길이 열린 것이다. 현재 우즈베키스탄에서 등록된 NGO는 2,300개 정도로 알려져 있으며, 이 속에는 62개의 국제 NGO가 활동하고 있다.[32]

32) Division for Public Administration and Development Management (DPADM) & Department of Economic and Social Affairs(DESA), "Republic of Uzbekistan: Public Administration Country Profile", 2004. pp.10.

제 4 절 행정체계와 정책과정

1 행정구역

<표 5-13> 우즈베키스탄 행정구역

구분	내용
1개 특별시	· 수도 타슈켄트(인구 약 250만명)
12개 주 (Viloyat)	· 타슈켄트, 사마르칸드, 페르가나, 나망간, 부하라, 안디잔, 지작, 시르다랴, 카쉬카다리야, 수르한다리야, 나보이, 호레즘
1개 자치공화국 (Republic)	· 카라칼팍스탄 자치공화국(카라칼팍인 32.1%) · 대규모 소수민족 집단에게 부여한 자치단체로 독자적인 헌법과 법률을 보유

2 지방정부의 행정체계

우즈베키스탄의 지방정부는 다음과 같은 특징을 가진다.[33]

첫째, 호킴(Hokim)

우즈베키스탄의 주, 시, 구의 지방행정 체제는 형식적으로는 집행부와 의회가 분리되어 있으나 실질적으로는 호킴이라 불리는 장에 의해 통합되어 있다. 호킴은 헌법 제103조의 1인 관리의 원칙(Principle of one-man management)에 따라 의회(인민대표자회의)와 집행부의 수장을 겸하고 지방차원의 모든 행정에 대해 단독으로 책임을 진다. 단독책임의 원칙에 따라 호킴은 수직적인 계층을 형성한다.

33) http://cities-localgovernments.org/gold/Upload/country_profile/Uzbekistan.pdf(검색일 2011.07.01).

타슈켄트시와 주의 호킴은 당해 지방의회의 동의를 얻어 대통령이 임면하고, 시와 군의 호킴은 당해 지방의회의 동의를 얻어 당해 지역을 관장하는 광역지방정부의 장(타슈켄트시장 또는 주지사)이 임면한다. 호킴은 1회 연임할 수 있으며, 호킴과 지방의회 의원의 임기는 5년이다.

우즈베키스탄의 지방의회는 연 2회 개최되는 회기 중에만 업무를 수행하며, 회기는 보통 1-2일에 불과하고 몇 시간의 안건처리로 끝난다. 폐회 중에는 호킴이 전적으로 권한을 가지고 업무를 수행한다.

둘째, 지방정부의 권한[34]

지방정부의 권한은 헌법과 법률에 의해 부여되는 업무를 수행하도록 광범위하게 주어진다. 지방정부는 국가의 헌법과 법률, 의회의 결정, 대통령 및 내각의 결정을 집행한다. 헌법은 지방정부에 대하여 지역의 조세부과, 예산편성 및 집행, 경제, 사회, 문화, 농촌지역개발, 법질서유지, 국민안전, 환경보호 등에 관한 상당한 정도의 권한을 위임하고 있다. 호킴은 이러한 업무를 효율적으로 수행하기 위하여 관할구역 내의 모든 개인 및 단체를 구속하는 법적 구속력을 가진 규칙, 명령, 훈령 등을 발할 수 있다. 지방정부는 외자유치, 외국자본이 참여하는 합작기업이나 공장의 신설 등 지역 내의 외국기업활동을 확대, 촉진할 책임을 가지고 있고, 정기적으로 이를 위한 지역시책을 마련하고 있다.

셋째, 지방재정

우즈베키스탄은 토지는 모두 국유를 원칙으로 하고 있으며, 구 소련 시대의 국영기업, 농장의 사유화를 추진하고 있으나 아직도 대부분의 주요 토지, 농장, 공장이 국유인 경우가 많다.

지방정부활동의 재정적 기초는 당해 지방소재 모든 행정기관의 국가재산(공공재산: Communal Property)과 당해지역의 경제사회 발전에 공여되는 기타 다른 재산으로 구성된다.

34) 아래의 내용은 다음의 보고서를 정리한 것임. 우즈베키스탄 주재 한국대사관 2009 우즈베크 지방행정 보고서.

지방의회는 국가재산의 배분 및 기타 법령에 따라 취득한 재산에 대해 소유주로서의 모든 권한을 가진다. 또한 국가가 배타적 소유권을 가지는 재산에 대하여 지방정부의 호킴과 지방의회는 생산 및 사회시설의 효율적 배분, 자연자원과 노농력의 합리적 이용, 자연보호, 주민에 대한 사회보장 등을 위한 부분적인 통제권을 가진다.

지방정부의 재원은 예산, 예산외신탁기금, 차입금, 다른 예산으로부터의 양여, 기부금으로 구성된다. 이는 지역 간 사회경제개발프로그램 등 공동프로그램을 위해 계약에 의해 다른 지방정부, 기업, 단체, 조직, 개인의 재원과 통합 운용될 수 있다.

넷째, 지방정부의 예산

지방의회는 당해 지방정부의 예산과 그 집행결과에 대해 승인권을 가지며, 지방정부의 예산의 편성과 집행은 지방정부의 호킴이 담당하며, 집행부의 재정지출은 예산의 범위 안에서 이루어진다.

지방정부의 세입은 법령에 따른 세금 및 공공요금, 지방소유재산의 임대 및 매각수입, 환수, 추징금중 법령에서 정한 일부, 기타 법령에 따른 수입으로 구성된다.

지방의회는 개인, 기업, 단체 등에 의한 자발적인 기부, 법령에 의한 특정형태의 벌금, 다른 예산외기금을 재원으로 하는 예산외 기금을 조성할 수 있다. 예산외기금의 재원은 특별은행계정에 두고 압류대상이 되지 않으며 당해 지방정부의 호킴과 의회의 결정에 의해 지출된다.

타슈켄트시와 각 주의 의회는 법령이 정하는 바에 따라 외화기금을 조성할 수 있으며 당해 지방의회의 결정에 따라 이를 사용할 수 있다.

3 마할라(Mahalla)[35]

마할라의 개념은 중앙아시아 농경사회에서 발달된 지역공동체로 정의된다. 마할라의 유래에 대한 정확한 기록은 없으나 11세기 문헌에도 나타나기 때문에 그 역사가 오래 되었음을 알 수 있다. 일부는 마할라를 중동의 이슬람공동체에 두고 있지만 마할라는 종교, 민족, 신분을 중심으로 모인 단일목적의 집단이 아니라 이를 모두 수용하는 생활공동체로 그 특성을 가진다. 이러한 마할라의 전통은 지금도 유지되고 있다.

마할라는 무엇보다도 비정부 지역공동체의 특성을 가지기 때문에 조직과 기능이 정부행정조직과는 다른 형태를 가진다. 공동체의 책임자는 오크소콜(oqsoqol)로 불리며 구성원 가운데 연령, 경험, 지식 등을 고려하여 주민들에 의해 선출된다.

일반적으로 오크소콜은 단어의 직접적인 의미인 '하얀수염'에 나타난 듯 공동체의 연장자 그룹에서 선출된다. 오크소콜을 중심으로 마할라주민회의(mahalla citizen's assemblies)가 있으며 그 산하에 마할라위원회(mahalla committee), 교육자문(Educational Advisor), 복지위원회(Welfare commission), 여성위원회(Women's committee), 감사위원회(Audit committee), 행정위원회(Administrative committee)가 존재한다. 그리고 공동체의 중요정책은 회의(kengash)를 통해 수용되고 집행된다. 주요 기능은 첫째, 공동체 구성원들의 경조사 지원, 둘째, 공동체 내의 교육(전통 및 예절), 의료(위생), 복지분야(불우이웃)지원, 셋째, 공동체 사업의 실현 등에 집중된다.

마할라는 소비에트체제의 수용과 더불어 그 성격이 변화되었다. 특히 스탈린의 집단농장(kolhoz) 정책으로 인해 시골에 존재하는 마할라는 해당 지역의 집단농장에 흡수되었다. 그러나 전통적인 혈연 중심의 씨족(clan) 사회와 마할

35) 마할라에 관한 구체적인 내용은 다음의 문헌 참조. Sievers, W. Eric. "Uzbekistan's Mahalla: From Soviet to Absolutist Residensial Community Associations", Journal of International and Comparative Law, Chicago. 2002.

라는 오히려 집단농장이라는 광위의 집단에서 그 규모를 확장시켰으며 지역 파벌로 발전되었다. 결국 소비에트 당국은 우즈베키스탄에 존재하는 마할라의 존재를 인정하고 정책적으로 활용하였다. 마할라의 책임자인 오크소콜(oqsoqol)은 정부의 간섭 없이 구성원들의 선출을 원칙으로 한다. 그러나 소비에트 당국은 지역 공산당위원회가 오크소콜을 직접 지명하여 구성원들이 선출하도록 유도하였으며 이런 과정을 통해 마할라를 통제하였다. 대신에 마할라가 가지는 전통적인 기능은 유지하도록 허락하였다. 구 소련 붕괴 이후 우즈베키스탄이 독립하면서 마할라는 민족정체성 확립의 일환으로 정부의 적극적인 개입을 받게 된다. 비정부 행정조직인 마할라는 1992년 9월 12일 공포된 대통령령인 "마할라재단의 창립(on Creation of the Mahalla Foundation)"을 통해 본격화되었다. 이를 통해 마할라는 공식적으로 정부주도의 비정부단체(Government-Organised NGO(GONGO))로 등록되었으며 1993년 마할라법(mahalla law)으로 알려진 "시민자치정부체제에 관한 법"(the LawonInstitutionsofSelf-GovernmentofCitizens)으로 합법화되었다. 그리고 정부는 마할라의 정보를 공유하고 소통하기 위해 마할라신문(Mahalla Gazetasi)를 창간하여 활용하고 있다.

마할라는 최종적으로 우즈베크 정부에 의해 외형적으로 비정부 행정조직이라는 전통은 유지하였지만 내부적으로는 정부의 통제를 받고 있다. 특히 "시민자치정부체제에 관한 법"을 통해 정부는 오크소콜에 대한 임금지급, 마할라의 재정지원 등을 통해 후원과 동시에 회의 기록의 지방행정기관에 보고, 주민의 청원이 있을 경우에 오크소콜의 해임권 등을 통해 통제를 병행하고 있다. 따라서 마할라는 법적으로는 NGO, 시민자치정부라는 의미를 부여받고 있지만 실제로 정부의 간섭이 강화되고 있기 때문에 거버넌스 개념의 비정부조직으로 그 정체성을 단정 짓기에는 부족함이 있다. 그러나 정부 대(對) 비정부 간에 발생한 몇 가지 사례는 굿 거버넌스의 측면을 가지고 있다.

4 예산과 재정

우즈베키스탄은 독립 이후 체제전환에 직면하면서 국가 예산의 새로운 시스템을 구축하는데 집중해야만 했다. 이를 달성하기 위해서 가장 먼저 시도한 정책이 국가재무 시스템의 새로운 구축이었다. 그러나 만연한 부정부패와 탈세로 인해 효율적이고 투명한 재무시스템을 구비하기가 힘들었기 때문에 자체적인 시도보다는 국제기구로부터 지원을 받아들이기로 결정했다. 마침내 2007년 유엔개발기구(UNDP)가 해당국의 예산시스템을 개선하는데 필수적인 과정인 재무시스템 구축에 지원을 하였다. 동 기구는 예산안 형성과 관련된 법률적 토대 구축, 예산 집행의 투명성 제고를 위한 법률적 토대 구축과 현실화를 위한 회계제도 도입, 조세개혁 등과 같은 제도를 지원하였다. 2010년 6월에 위와 같은 과정이 마무리되었다. 그러나 해당국 정부의 예산과 재정은 위 기구의 지원 하에서 효율성, 책임성, 투명성을 바탕으로 개선되어 갔지만 여전히 만성적인 부정부패와 탈세로 인해 가시적인 성과를 보이지 못하고 있다.[36)]

우즈베키스탄 예산의 편성, 승인, 집행은 다음과 같은 단계로 진행된다.[37)]

첫째, 예산 편성

해당국의 예산 편성은 매년 5월 15일부터 10월 15일까지 담당부처인 재무부의 주관 하에 행정부 내각에 의해 수립되며 이를 입법부인 의회에 제출한다. 여기서 중요한 것은 국가조세위원회와 국가관세위원회가 예산 편성에 필요한 세입과 지출 자료를 재무부에 제출한다.

둘째, 예산 승인

내각이 제출한 예산안을 입법부인 의회가 10월 15일부터 12월 31일까지 검토하여 승인한다.

---

36) http://www.undp.uz/en/projects/project.php?id=163(검색일 2011.07.01).
37) 우즈베키스탄 예산체계에 관한 법령(ЗАКОН РЕСПУБЛИКИ УЗБЕКИСТАН О БЮДЖЕТНОЙ СИСТЕМЕ), http://www.publicfinance.uz/upload/files/budj_syst.pdf(검색일 2011.07.01).

셋째, 예산 집행

의회로부터 승인을 받은 예산은 다음해 1월 1일부터 집행된다. 이와 동시에 1월 1일부터 5월 15일까지 지난 연도 예산 집행에 대한 평가를 재무부를 중심으로 진행한다.

우즈베키스탄 예산에 주요 수입원은 각종 세금과 특별기금으로 구성된다. 전자는 직접세, 간접세, 특별세가 각각 평균적으로 25%, 50%, 15% 정도를 차지한다. 후자는 정부가 특정한 목적을 위해 직접 조성한 각종 기금과 국제기구들로부터 받은 기금으로 구성된다.

우즈베키스탄 예산의 주요 지출 대상은 사회 환경 개선 및 국민생활 안전을 위해 집행되는 교육, 보건, 문화, 사회보장, 치안 및 국방이 55%, 경제부문 20%, 기타 분야 25% 정도로 구성된다. 이와 같은 예산 지출 항목이 결정되면 예산은 해당국 내의 각 주(州), 타슈켄트시, 카라칼팍스탄 자치공화국으로 배정되어 내려가며, 이후 각 지역에서 다시 역내 도시와 농촌으로 할당되어 집행된다.

5 전자 정부[38)]

우즈베키스탄은 행정 집행의 효율성 향상, 경제성장의 달성, 그리고 부패방지를 위해서 전자정부에 관심을 가지고 있다. 이슬람 카리모프 대통령도 내각회의에서 행정개혁 5가지 지침에서 전자정부를 언급하였는데, 그는 공공분야에서 행정서비스의 효율성을 높이기 위해서 IT기술을 향상시키고 불필요한 서류를 없애도록 권고하였다.

현재 우즈베키스탄이 지향하는 전자정부의 일차적인 목표는 국민과 국가의

38) Division for Public Administration and Development Management (DPADM) & Department of Economic and Social Affairs(DESA), "Republic of Uzbekistan: Public Administration Country Profile", 2004. pp.16-17.

소통을 향상시키기 위한 정보공개, 투명성, 책임성에 있다. 그리고 이를 실현하기 위한 수단을 IT기술의 발달에 두었다.

우즈베키스탄은 현재 만성적인 관료주의, 낙후된 IT기술, 인프라 부족, 민관 소통의 부재로 전자정부를 실현할 수 있는 기초가 마련되지 않은 상태이다. 이를 해결하기 위한 첫 번째 법적 토대가 2002년 5월 30일 발효한 "IT기술의 전산화와 소개의 향상" 대통령령이다. 여기서는 2002-2010년 동안 위의 목표를 달성하도록 방향을 제시하고 있지만, 지금까지 가시적인 성과가 없는 상태이다.

제 5 절 공공정책: 자원-에너지 정책[39]

우즈베키스탄은 자국이 가지는 에너지 자원을 전략으로 활용하기 위해서 다음과 같은 정책을 가지고 있다.

- 석유와 가스부문에 대한 외국인 투자 적극 유치 노력
- 석유가스 탐사와 생산에 대한 외국인 투자 인센티브 제공
- 생산물분배계약(PSA) 조건으로 개발 허용
- 석유가스 분야 진출 외국기업이 계약사항을 이행하지 않을 경우 개발권을 몰수하는 모니터링 제도 운용

현재 에너지 자원과 관련된 대표기관은 우즈베키스탄국영석유기업(Uzbekneftegaz)이다. 해당국 에너지 자원의 탐사, 개발, 생산을 대부분 담당하고 있다.

우즈베키스탄의 대표적인 에너지 자원 매장지는 다음과 같다.

첫째, 콕둔말락(Kokdumalak) 원유 · 가스 · 컨덴세이트전

39) 외교통상부, "에너지 자원: 우즈베키스탄", 외교통상부 에너지자원협력과, 2008.

1989년에 생산을 개시하여, 우즈베키스탄 전체 원유 중 매장량의 1/3 이상을 차지하며 생산량의 약 70%를 점유하고 있다. 확인매장량은 원유 4억 배럴, 가스 5.4조 ft^3 컨덴세이트 5억 4천만 배럴, 잔존 매장량은 원유 1억 6천만 배럴, 가스 1.5조ft^3이다. 운영권자는 Uzbekneftegaz(100%)이며, 연 평균 생산량은 원유 3000만 배럴, 가스 520억 ft^3, 컨덴세이트 2,500만 배럴이다.

둘째, 슈르탄(Shurtan) 가스 · 컨덴세이트전

남부 아무다리야 분지에 위치하며, 1980년부터 생산을 개시한 유전으로 매장량은 컨덴세이트 1억 배럴과 가스 4.6조ft^3로 추정된다. 운영권자는 Shortan-NeftGaz이다. 2006년에 연간 액화가스(프로판, 부탄) 13만 5천 톤과 컨덴세이트 10만 톤을 생산할 수 있는 LPG 생산시설 건설 프로젝트를 개시하였다.

우즈베키스탄은 에너지 자원을 개발하기 위해서 유망 광구에 대한 분양을 추진하고 있다. 총 35개의 석유가스 탐사블럭을 이미 외국기업에 배분하여 2008년 6월 현재 5개 탐사블럭이 잔존하고 있다. 한편, 기존 개발 광구 중 과거 기술력으로 개발되어 유휴 매장량이 있는 광구는 추가 생산이 가능하다. 위와 같은 우즈베키스탄 광구를 분양받기 위해서는 정상회담 등 대통령을 비롯한 대통령 측근과의 교섭이 중요하다.

우즈베키스탄은 중앙아시아 주변의 산유국과 달리 에너지 자원과 관련된 인프라 산업이 발달되어 있다. 정유시설 인프라로는 페르가나, 알투 알릭, 부하라의 3개 정유공장을 언급할 수 있는데, 총 정유 능력은 22.2만 b/d이다. 2012년 이전까지 싱가포르 기업들과 하류부문 프로젝트를 추진할 예정이다.

제 6 절 한국과의 관계

1 역사적 교류 현황

역사적으로 우즈베키스탄 지역은 고대부터 실크로드의 허브 기능을 담당하여 아시아 및 유라시아 문명을 전방위로 소통시키는 역할을 하였다. 이러한 역사적 과정을 통해 우즈베키스탄은 다인종 · 다민족 · 다문화 사회가 뿌리 깊게 자리 잡고 있기 때문에 유라시아의 축소판이라고 할 수 있다. 러시아인, 우크라이나인, 유태인, 독일인 등과 같은 백인계 인종, 위구르인, 이란인, 아랍인 등과 같은 이슬람 문화권의 민족들, 그리고 우리와 역사적 관련성을 가지는 투르크계 민족 등이 다문화를 이루며 장기간 살고 있다. 그런데 문제는 위에서 언급한 민족들이 모두 우즈베키스탄에 진출하여 자국의 이익을 극대화시키려는 국가의 민족이라는 점이다.

현재 러시아, 독일, 중국, 이란, 아랍 등은 정치적으로 경제적으로 문화적으로 우즈베키스탄에 자국의 영향력을 강화하려는 국가들이다. 따라서 이러한 국가들은 자국의 디아스포라들을 이용하여 자국의 진출을 극대화시키려고 하고 있기 때문에 실제로 우즈베키스탄은 지금도 과거 실크로드에서 행하였던 기능을 하고 있는 것이다.[40]

우리 역시 우즈베키스탄 지역과 역사적으로 연관성을 가져왔다. 해당국의 사마르칸트에서 발견된 7세기 것으로 추정되는 아프라시아프(Afrasiyab) 벽화에 새겨진 고구려 사신의 모습,[41] 8세기 이곳으로 당(唐)의 군대를 지휘하여 침략하였던 고선지(高仙芝)의 흔적, 1937년 스탈린에 의해 강제이주를 당한 고려인의 존재는 이것을 대변하고 있다.[42] 그리고 1991년 우즈베키스탄이 독립

40) 성동기, "신아시아 외교 대상 지역의 입장 및 협력방안: 중앙아시아", 김규륜 외, "신아시아 외교와 새로운 평화의 모색Ⅰ", 통일연구원, 2010, 서울, pp.184.

41) 일부 학자는 통일신라의 사신이라고도 한다.

42) 구 소련 붕괴 이후 현재 중앙아시아의 고려인은 카자흐스탄에 13만 명, 우즈베키스탄에

한 후 우리는 본격적으로 이곳으로 진출할 수 있었다.

구 소련 붕괴 이후 우즈베키스탄과 우리의 교류는 무엇보다 경제적으로 상호간의 필요성에 의해서 단기간에 급속도로 진전되었는데, 그 이유는 다음과 같다.

첫째, 우즈베키스탄의 필요성

우즈베키스탄은 독립 이후 자국의 경제성장과 이슬람원리주의와 대면하고 있는 안보문제를 해결하기 위해서 이와 유사한 상황에서 국가발전을 달성한 한국을 롤 모델로 인식하였다. 남북한이 대치하는 상황에도 불구하고 단기간에 경제 강국으로 성장한 한국이 그들이 직면한 환경에 적합하다고 판단한 것이다.

둘째, 한국의 필요성

한국은 구 소련이 붕괴할 당시에 '세계경영'을 화두로 새로운 경제발전을 준비하던 시기였다. 이러한 상황에서 우즈베키스탄은 한국 기업들이 유럽 시장에서 도약하는데 베이스캠프로서 기능을 할 수 있다고 판단되었다.

셋째, 양국의 이해관계

한국 기업들은 우즈베키스탄에게 자본과 기술을 투자하고, 해당국은 한국 기업들을 위해 노동력과 토지를 제공하는 상생(相生)적 전략이 추진되었다. 그리고 무엇보다 중요한 것은 독립 초기에 자본과 기술이 필요하였던 우즈베키스탄에게 해당국의 열악한 경제상황에도 불구하고 적극적인 투자를 단행한 대표적인 국가가 한국이었기 때문에 이 사실에 대해서 지금도 이 지역 국가들은 한국에 고마움을 표시하고 있다.

전체적으로 우즈베키스탄과 한국의 경제협력은 1998년도 한국의 경제위기와 2007년도 글로벌 금융위기로 인해 해당국이 영향을 받기는 하였지만 지속적으로 성장하고 있는 국면이다. 게다가 한국 기업들의 투자가 우즈베키스탄의 경제 성장에 실질적인 도움이 되었기 때문에 이 지역에는 친한(親韓)적 분

16만 명, 키르기스스탄에 2만 명 정도가 거주하고 있다.

위기가 나타났으며, 현재도 존재하고 있다.

그러나 경제적인 상호이해관계를 통해 교류가 발전했음에도 불구하고 우즈베키스탄과 한국 간의 정치적 교류는 이에 미치지 못하는 것이 지금까지의 상황이다. 이러한 이유는 다음과 같다.

첫째, 우즈베키스탄의 가치에 대한 인식의 부족

무엇보다 우즈베키스탄이 국제무대에서 가지는 영향력과 가치에 대한 한국의 인식이 부족했기 때문이다. 주지하는 바와 같이, 해당국은 가스와 지정학적 요충지로 세계무대에 의미를 가지고 있었지만, 미국과 EU, 중국, 러시아 등이 구 소련 붕괴 이후부터 일찍이 이것에 가치를 두고 정치적 교류를 활성화시킨 것에 비해 한국의 움직임은 상당히 늦었다. 특히 이러한 문제로 인해 경제교류는 발전하였지만 자원개발에는 위의 국가들에 비해 상당히 뒤처지는 결과를 가져왔다.

둘째, 한국의 정치적 역할론에 대한 명분의 부족

한국이 이 지역과 정치적 교류를 확대시키려고 하여도 위에서 언급한 상위 국가들과 충돌하는 부분과 이들보다 역량이 부족한 부분이 존재했기 때문에, 한국이 이 지역에서 정치적으로 역할을 할 수 있는 명분을 찾지 못하였다.[43]

우즈베키스탄은 앞에서 언급한 것처럼, 자국의 경제발전에 롤 모델로서 한국을 인식하고 있다. 실제로 해당국은 한국의 경제발전 모델을 연구하여 자국에 벤치마킹하고 있다고 알려져 있다. 이미 우즈베키스탄은 한국과 외교적으로 '전략적 동반자관계'를 상정하였으며, 한국을 미국, 러시아, 중국, 일본 등과 함께 5대 중점 외교 대상국으로 간주하고 있다.[44]

특히 우즈베키스탄은 한국의 북핵문제에 대한 평화적 해결 노력과 남북 화

43) 구 소련의 붕괴와 9·11테러 이후 중앙아시아를 중심으로 전개된 급변하는 국제질서를 한국가 주도할 수 있는 역량은 부족한 것은 사실이며, 특히 막대한 자금력과 정치적 영향력을 앞세워 중앙아시아의 자원을 개발하는 상위 국가들과 경쟁이 되지 못한 것도 사실이다. 그러나 무엇보다 중요한 것은 역량보다는 역할을 찾는 것인데, 이것은 기본적으로 이 지역에 대한 가치와 인식이 부족했기 때문이다.

44) http://uzb.mofat.go.kr/kor/eu/uzb/affair/relation/index.jsp(검색일 2011.07.01).

해 · 교류 등 한반도 평화정착 노력을 적극 지지하는 등 대북정책에 공조하고 있기 때문에 한국은 이를 적극적으로 활용할 가치가 있다.45) 게다가 이미 우즈베키스탄은 2000년 12월 KEDO 회원국으로 북한 경수로 건설에 자국 인력을 투입한 경험이 있기 때문에 더욱 중요한 의미를 가진다.46)

이를 바탕으로 우즈베키스탄은 국제무대에서 한국을 지지하고 있으며, 한국의 국제기구 진출을 적극 지지하는 주요 협력국으로 인식되고 있다. 해당국은 이미 여수 엑스포 유치 지지 및 참가 조기 결정, 2014 인천아시안게임 유치 지지, UN 경제사회이사회(ECOSOC) 이사국(2007년-2010년) 입후보 지지, 국제민간항공기구(ICAO)과 만국우편연합(UPU) 이사국 입후보 지지, 반기문 장관의 UN사무총장 입후보에 대한 최초 공개 지지, 2018년 평창 동계올림픽 유치 지지, 2012년 제18차 기후변화협약 당사국 총회(COP 18) 한국 유치 지지 등 적극적인 지원을 하였다.47)

결과적으로 우즈베키스탄의 한국에 대한 정책과 가치부여는 우리보다 훨씬 우호적으로 나타나는데, 이러한 이유는 우즈베키스탄의 독립 초기에 한국의 적극적인 투자가 큰 역할을 했기 때문이다.

2 실질협력 현황48)

한국과 우즈베키스탄은 교류 초기인 1990년대 중반에 상호보완적 경제구조를 활용하여 양국 간에 교역과 투자를 활성화하였다. 우즈베키스탄은 독립 이

45) 중앙아시아 5개국은 1998년 9월 실시된 제42차 IAEA총회에서 한국측이 제안한 북한 핵 관련 결의안 공동제안국으로 참여하였다.

46) 우즈베키스탄은 북한 내 신포 경수로 건설현장에 2001년 3월에 건설노동자 500명을 파견했으나, 경수로 건설 중단으로 전원 철수하였다.

47) http://news.mofat.go.kr/enewspaper/articleview.php?master=&aid=2655&ssid=19&mvid=755(검색일 2011.07.01).

48) 이재영 · 윤성학, “중앙아시아 시장진출 가이드: 카자흐스탄, 우즈베키스탄”, 서울: 한국무역협회, 2006. pp.95-109.

후 자동차, 섬유 분야에 중점을 둔 경제성장 전략을 추진하였는데, 그 핵심은 수입대체산업화와 수출지향적인 제조업정책이며, 이를 위한 경쟁력 있는 제조업 육성이다. 한국은 이러한 제조업 육성에 필요한 세계적 수준의 기술과 자본을 갖고 있기 때문에 전략적인 파트너가 되었다. 우즈베키스탄 정부는 한국의 기술과 자본이 중국이나 터키보다 훨씬 경쟁력을 갖고 있다고 생각하고, 한국과 강력한 경제협력을 희망하였다. 더욱이 한국은 중국과 터키와 달리 우즈베키스탄에 대한 정치적 패권이나 지역 갈등이 없기 때문에 가장 이상적인 파트너이다. 따라서 한국의 자본과 기술, 우즈베키스탄의 자원과 노동력이 결합하여 유라시아 지역에서 한-우즈베키스탄 간 중요한 경제협력관계가 구축되었던 것이다.

한국과 우즈베키스탄의 협력과 전략적 파트너십은 2005년 이후 시장 공략을 넘어 에너지 협력으로 연결되고 있다. 한국은 에너지자원의 개발과 안정적 수급을 위해 중동에 이은 세계 최대의 석유·가스자원 부존지역인 카스피해 지역에 인근한 우즈베키스탄의 전략적 가치를 높게 평가하고 있다. 한국의 적극적인 경제협력 추진은 우즈베키스탄에서 우호적으로 에너지자원을 확보하고 시장선점 효과를 누릴 수 있는 계기가 되었다. 2005년 5월 노무현 대통령의 우즈베키스탄 방문 및 양국 정상회담 시 양국 관계를 '전략적 협력관계'로 발전할 것을 합의하고 본격적인 에너지 개발에 착수하였으며, 2006월 3월 우즈베키스탄 대통령 방한 결과 우즈베키스탄 내의 원유·가스광구 4곳에 대한 탐사 및 개발이 허가되었다.

현 정부가 추진하고 있는 에너지·자원외교 대상 지역에는 독립국가연합(CIS)이 포함되어 있으며 이 중에서도 회원국인 러시아, 카자흐스탄, 우즈베키스탄, 투르크메니스탄, 그리고 아제르바이잔 등이 중심국가로 선정되어 있다. 그러나 지난 기간 동안 정부가 CIS를 상대로 추진한 에너지·자원외교의 결과를 분석해보면 우즈베키스탄이 다른 국가들보다 주목을 받고 있다. 실제로 실용정부 출범 이후 본격적인 에너지·자원외교의 출발은 2008년 5월 11일부터 8박 10일 동안 진행된 한승수 전 총리의 우즈베키스탄, 카자흐스탄,

투르크메니스탄, 그리고 아제르바이잔 등 중앙아시아 4개국 순방이었다. 그리고 다음 해인 2009년 5월 10일부터 4박 5일 동안 이명박 대통령이 그 뒤를 이어 우즈베키스탄과 카자흐스탄을 방문하였다. 비록 대통령이 2008년 9월 28일 3박 4일로 러시아를 방문하였지만, 행정부의 최고수반인 대통령과 총리가 잇달아 에너지·자원외교를 위해 2번 방문한 곳은 중앙아시아 지역이며, 그 중에서도 우즈베키스탄과 카자흐스탄이 유일하였다. 그러나 2011년 2월에 이슬람 카리모프 대통령이 한국을 방문하였으며, 이에 대한 답방으로 이명박 대통령이 그해 8월 23-24일 해당국을 방문하여 집권 이후 지금까지 추진해 왔던 해당국과의 에너지·자원외교에 최종적인 성과를 달성하였다. 따라서 현재까지 정부가 추진한 에너지·자원외교를 위해 방문한 국가들 중에서 대통령 상호간 방문한 횟수만 놓고 평가하여도 우즈베키스탄이 우리의 에너지·자원외교의 중심에 있다고 여겨진다.

이처럼 양국의 활발한 교류와 발전이 지속적으로 이루어지고 있는 이유는 다음에 있다.

첫째, 민간 기업의 활동

우즈베키스탄에 진출해 있는 우리의 민간 기업들은 다른 국가들의 기업들보다 그 활약상이 뛰어나다. 전자제품, 정보통신, 금융, 건설, 방직분야 등에서 한국제품의 우수성이 인정받고 있다. 초기 수출의 단계에서 현지 생산 공장 설립으로 투자 규모를 확대하여 성과를 높이고 있다. 여기서 중요한 것은 자동차, 전자, 정보통신, 방직, 등과 관련된 한국 기업들이 진출하여 해당국의 2차 산업에 틀을 만들었다고 평가받고 있다.[49]

둘째, 고려인의 존재

현재 우즈베키스탄에는 16만여 명의 고려인이 거주하고 있다. 1937년 스탈린에 의해 연해주에서 양국으로 강제이주를 당한 고려인은 어려운 정착 과정을 힘겹게 이겨내고 사회 각 분야에서 활약하며 그 민족성을 인정받았다. 이

49) 카자흐스탄과 우즈베키스탄에 활동하는 한국의 대표적인 기업에 관한 자료는 이재영·윤성학(2006) 참조.

<표 5-14> 1989년 구 소련 인구센서스 통계에 나타난 고려인 수

구 소련 공화국	고려인 인구 수(단위: 명)
소비에트사회주의연방공화국	438,650
러시아사회주의공화국	107,051
우즈베크사회주의공화국	188,772
카자흐사회주의공화국	103,315
키르기스사회주의공화국	18,355
타지크사회주의공화국	13,431
투르크멘사회주의공화국	2,848

출처: http://demoscope.ru/weekly/ssp/sng_nac_89.php(검색일 2011.07.01).

러한 과정에서 고려인은 해당국에 우리의 문화와 풍습을 알렸으며, 이것은 구 소련 붕괴 이후 한국 기업들의 해당국 진출에 경쟁력을 가지게 하는 계기로 작용하였다. 1991년 우즈베키스탄이 독립을 선포하면서 구 소련 지역에 거주하는 고려인과 직접적인 접촉이 가능하게 되었다. 당시에 고려인의 인구는 1989년 구 소련이 마지막으로 실시한 인구조사에 준거하여 살펴보면 〈표 5-14〉와 같다.

위의 표에서 나타나는 것처럼, 지금의 중앙아시아 5개국에 거주하였던 1989년 당시의 총 고려인 수는 326,721명이며, 이는 구 소련 전체 고려인 수의 77%에 달하는 수치이다. 특히 우즈베크사회주의공화국에 거주하는 고려인 수는 구 소련 전체에서 가장 많고 비중 역시 43%를 차지한다.

셋째, 한류

카자흐스탄과 우즈베키스탄에는 한국 제품의 우수성과 고려인의 존재로 인해 한류가 일찍이 진출하여 좋은 성과를 올리고 있다. 대표적으로 '올인', '완전한 사랑', '세잎클로버', '천국의 계단', '파리의 여인', '대장금', '장보고', '주몽' 등과 같은 드라마가 현지에서 호응을 받았다. 특히 카자흐스탄보다는 우즈베키스탄에서 그 정도가 높았다. 여기서 의미를 가지는 것은 다른 경쟁국들의 드라마가 해당국에 소개되어 한류만큼 성공을 거둔 사례는 없다는 점이다. 비록 미국의 드라마가 러시아 채널을 통해 소개되고 있지만, 전체적으로 해당국의 주민들과 문화코드가 맞는 한류를 앞지르지는 못하고 있다.

위와 같은 환경을 바탕으로 시장 확대, 에너지 개발과 함께 우즈베키스탄이 한국의 전략적 거점국가가 되기 위해서는 해당국에 대한 인적 교류의 확대에도 적극 나서야 한다. 지리적으로나 문화적으로 한국과 우즈베키스탄은 멀리 떨어져 있지만 앞에서 언급한 고려인의 존재와 1990년대 초반 대우가 이 지역에 적극적으로 진출한 이후 지금은 가장 가까운 이웃 국가로 변모하였다. 1996년 대우의 우즈베키스탄에 대한 투자 이후 한국과 우즈베키스탄은 산업인력 교류 및 관광 및 친지 방문으로 인적 교류가 확대되어 가고 있다.

타슈켄트와 서울 간에 성수기에는 일주일에 비행기가 6편까지 운항될 정도이다. 2005년 5월 한국은 우즈베키스탄을 고용허가제 대상국가로 선정하고

<표 5-15> 우즈베키스탄 대표적 한국기업(단위: 1,000달러)

투자자명	현지법인명	사업내용	허가금액 (투자금액)
갑을방적	KABOOL TOYTEPA TEXTILES	면사, 면직물	67,170 (0)
대우	KOSMO	건자재, 생필품, 원면	100 (0)
대우	UZ-DAEWOO AUTO CO	경승용차, 경상용차	100.000 (100.000)
대우전자	UZ-DAEWOO ELECTRO NICS CO, LTD	TV, VCR 전기다리미	15.000 (5.000)
대우	UZ-DAEWOO TEXTILES CO, LTD	순면사, 면혼방사	7.140 (0)
대우통신	ALOKA DAEWOO	교환기	3.315 (0)

출처: 한국은행(1995년 12월 30일 현재).

산업연수생을 최우선적으로 배정하는 우대 정책을 펼쳤다.

에너지 자원 확보에 대한 중요성이 점차 시급한 가운데, 한국이 우즈베키스탄과의 전략적인 파트너십을 강화하기 위해서는 우즈베키스탄이 절실히 필요로 하고 있는 제조업 투자를 한국 정부가 주도적으로 추진할 필요가 있다. 우즈베키스탄은 고용 창출과 지속적인 경제 활성화를 위해 한국 제조업의 높은 기술력과 자본을 간절히 필요로 하고 있다. 우즈대우자동차의 성공은 한국과 우즈베키스탄의 전략적 협력이 유라시아 대륙에서 어떠한 파워를 가지고 있는가를 잘 보여주는 사례이다.

한국에 있어 우즈베키스탄은 최근 임금 상승과 산업구조 고도화를 추구하고 있는 중국을 대신할 수 있는 제조업의 새로운 대안이 될 수 있다. 중국과 경쟁하고 있는 기계, 섬유, 자동차 분야에 대한 새로운 돌파구로서 한-우즈베키스탄 산업협력은 강화되어야 한다. 특히 한국의 섬유산업은 가격경쟁력 약화, 수출 감소, 환율변동에 따른 수익률 감소, 고임금, 인력부족, 내수시장 침체 등의 당면 문제를 안고 있다. 이러한 문제를 타개하기 위해 대부분의 한국 섬유업체들은 중국에 진출하였지만, 최근 중국 정부가 고부가가치 산업 육성전략을 추진하는 가운데, 인건비 상승, 각종 인프라비용 증가 등으로 고전을 면치 못하고 있다. 한국의 섬유기업들은 구소련 지역과 유럽과 미국, 그리고 중동과 서남아 시장을 공략할 수 있는 새로운 전진 기지로서 우즈베키스탄을 눈 여겨 보아야 할 것이다.

<표 5-16> 한국의 대(對)우즈베키스탄 교역 현황

(단위: 백만 달러, %)

구분	2007	2008	2009	2010(1-10월)
수출	748(15.3)	1,123(50.0)	1,150(2.4)	1,193(23.5)
수입	104(159.2)	263(153.2)	47(-82.0)	19(-45.8)
무역수지	644	534	1,103	1,174

출처: KOTIS.

<표 5-17> 연도별 우즈베키스탄 투자 현황

(단위: US $천)

연도	신규 법인 수	신고금액	투자금액
2006	14	41,274	22,142
2007	32	342,795	70.043
2008	28	118,747	65,152
2009	14	41,100	32,308
2010년 (1-9월)	12	30,966	22,182
누계	151	1,185,230	520,365

출처: 한국수출입은행.

3 발전 방안

우즈베키스탄과의 전략적인 발전 방향은 다음과 같다.

첫째, 국제무대에서의 주요 지지 세력으로서 활용

앞에서 언급한 것처럼, 우즈베키스탄은 주요 국제무대에서 우리의 입장을 전폭 지지한 대표적인 국가이다. 따라서 이를 바탕으로 해당국을 국제무대에서의 우리나라에 대한 주요 지지 세력으로 활용하기 위해서는 집중적인 지원이 필요하다.

둘째, 우즈베키스탄의 독자성 인식 필요

우리나라는 우즈베키스탄이 독립국가연합(CIS)에 소속되어 있다는 점을 중시, 해당국의 대외정책이 러시아와 유사할 것이라는 막연한 인식이 언론과 일반에게 널리 퍼져 있다. 그러나 우즈베키스탄은 강력한 민족주의 정책으로 러시아뿐만 아니라 주변의 중앙아시아 국가들과 차별성을 구축하고 있다. 따라서 향후 대(對)우즈베키스탄 관계에 있어서는 해당국의 친서방 외교정책, 중앙아시아 여타 국가에 대한 우월의식 및 정치 · 경제적, 지정학적 중요성을 특별히 고려하여야 할 것으로 판단된다.

셋째, 동반자적 협력관계 구축 필요

우즈베키스탄은 우리나라를 동반자로 인식하고 있는데, 이는 해당국이 한국을 서방 또는 러시아와의 관계에서 가지는 한계를 극복하고 실질적인 협력관계를 구축할 수 있는 국가로 인식하기 때문이다. 우즈베키스탄에 대해 편향된 시각을 갖는 것은 장기적인 협력관계를 위해 바람직하지 못하며, 서로의 장점을 살려 보완적인 협력관계를 맺을 수 있는 방향을 모색하는 것이 필요하다.

넷째, 우리 산업구조 조정기지로서의 중요성 인식

우즈베키스탄의 경제발전 전략이 우리와 상이한 만큼 우리의 기존 생산시설을 이전하여 상호 보완적인 경제구조를 구축할 경우에 양국이 호혜적 입장에서 이득을 취할 수 있다고 판단된다.

다섯째, 자원외교 강화 필요성

현재까지 우리나라 기업들은 우즈베키스탄으로 공산품 생산을 위주로 하고 있는데 이를 바탕으로 자원개발과 협력에 박차를 가해야 한다. 앞에서 제시한 것처럼, 우즈베키스탄은 천연가스를 비롯한 풍부한 에너지자원뿐만 아니라 우수한 양질의 전략광물도 보유하고 있다. 무엇보다 중요한 것은 해당국이 한국을 향해 신뢰를 전폭적으로 보내고 있기 때문에 자원개발과 협력이 다른 국가들에 비해 상대적으로 유리하다고 판단된다.

제 7 절 결 론

우즈베키스탄은 과거 실크로드의 허브로서 번성했던 지역이지만 무수한 외침과 지배를 통해 다양한 법과 제도를 복합적으로 간직해왔다. 특히 이슬람과 소비에트체제라는 두 개의 거대한 통치 이데올로기는 지금의 세속적 민주주의 법치국가 시스템에 영향을 주고 있다.

앞에서 강조한 것처럼, 이러한 역사적 배경으로 외형적으로 민주주의 시스템을 구축했다고 하더라도 이를 집행하는 통치자 그룹과 이를 받아들이는 국민들의 의식은 아직까지 민주주의 국가의 보편적 행태와 다른 모습을 보여주고 있다.

우즈베키스탄의 행정과 정책은 다음과 같은 특징을 가진다.

첫째, 강력한 대통령 중심제의 행정부 우위 시스템 구축

해당국은 1991년 9월 1일 독립을 선포하면서 단기간의 경제성장 달성과 이슬람원리주의자들로부터 안보를 강화해야 하는 두 과제를 달성하기 위해서 강력한 개발독재 시스템을 선택하였다.

둘째, 외형적 민주주의 국가

해당국은 국제사회와 소통하기 위해서 자국의 정치·경제체제를 동 시대 표준에 적합하도록 법적 토대를 구축하였다. 앞에서 살펴본 것처럼, 법치국가로서 틀을 조성하였기 때문에 외형적으로는 민주주의 국가로 인식되었다.

셋째, 독특한 정치문화 존재

우즈베키스탄 지역은 독립 이전까지 민주주의 시스템을 경험하지 못했기 때문에 통치자와 국민들 사이에 독특한 정치문화를 조성시켰다. 개발독재에 대한 국민들의 저항이 집권세력을 무너뜨릴 만큼 강하게 일어나지 못하는 것은 양측이 모두 아직도 과거 군주제와 소비에트 일당독재의 잔재를 벗어던지기 못하기 때문이다. 특히 씨족 단위의 지역파벌이 해당국의 정치문화에 미치는 영향도 무시할 수 없다.

넷째, 전근대적인 관료체계

과거 통치자와 관료는 일반 국민들에게 경외의 대상이었다. 전자는 후자에 대해 강력한 권위주의 의식을 가지고 있었으며, 후자는 전자에 대해 복종해야만 했다. 이러한 의식으로 인해 공무원 선발 역시 공평한 공채를 통해 이루어지지 않고 혈연, 학연, 지연에 따라 자신들만의 그룹을 형성하여 권력층을 형성하고 있다.

다섯째, 마할라

우즈베키스탄의 정치와 행정 시스템에 독특한 역할을 하는 것이 마할라이다. 이것은 정부가 지정한 공식적인 행정단위가 아닌 일종의 지역공동체 자치조직으로 평가받고 있다. 마할라 안에는 앞에서 언급한 관료집단들도 자동적으로 그 구성원이 된다. 이러한 형태는 공식적이고 비공식적인 시스템이 결합되는 것을 의미하는데 중요한 것은 마할라의 전통과 시스템이 보이지 않게 전자에게 큰 영향을 미친다는 것이다. 예를 들면, 법을 통하지 않고도 전통의 방식으로 구성원 간 교류를 통해 문제를 해결할 수 있다. 주민이 원하는 바가 관청이나 정부를 통해 제기되는 것이 아니라 마할라 구성원을 통해 소통할 수 있다는 것이다. 따라서 강력한 개발독재, 전근대적인 관료체계가 가지는 병폐가 마할라를 통해 어느 정도 해소되기 때문에 아직까지 국민적인 저항이 발생하지 않는다고 볼 수도 있는 것이다.

우즈베키스탄이 비록 외형적으로 민주주의 시스템을 구축했다고 하지만 여전히 부족한 부분이 많은 것이 사실이다. 그러나 이러한 것들을 해결하기 위해서는 상향식과 하향식의 단편적인 소통이 아닌 상호 간의 인식변화를 통한 상하 양방향의 소통이 필요하다고 여겨진다.

참고문헌

김대성, “소련해체 이후 강대국의 대 중앙아시아 지역패권주의 정책과 국제질서: 카자흐스탄과 우즈베키스탄의 일반개황”, 한국중동학회논총, 제19권, 제1호, 1998.

김한칠, “우즈베키스탄의 법률환경”, 한국수출입은행, 2007.

성동기, “신아시아 외교 대상 지역의 입장 및 협력방안: 중앙아시아”, in 김규륜 외,

"신아시아 외교와 새로운 평화의 모색Ⅰ", 통일연구원, 2010.

성동기, "우즈베키스탄 씨족(clan)의 순환적 발전행태", 러시아어문학연구논집, 제16권, 2004.

성동기, "중앙아시아 민족주의와 이슬람의 정체성", in 신범식 외, 21세기 유라시아의 도전과 국제관계, 서울: 한울아카데미, 2006.

성동기·최준영·조진만, "중앙아시아 개발독재의 패러독스?: 카자흐스탄과 우즈베키스탄 사례의 다면적 분석을 중심으로", 중소연구, 제34권 제2호, 2010.

신효숙, "우즈베키스탄의 교육현황 및 발전과제", 한국교육개발원, 2007.

외교통상부, "에너지 자원: 우즈베키스탄", 외교통상부 에너지자원협력과, 2008.

우즈베키스탄 경제부 2009.

우즈베키스탄 주재 한국대사관 2008 보고서.

우즈베키스탄 주재 한국대사관 2009 우즈베크 지방행정 보고서.

이재영·윤성학, "중앙아시아 시장진출 가이드: 카자흐스탄, 우즈베키스탄", 서울: 한국무역협회, 2006.

이지은, "중앙아시아 시민사회 발전 가능성 연구: '우즈베키스탄 생태운동(Ecological Movement of Uzbekistan)' 시민환경단체 성격 분석을 중심으로", 국제정치논총, 제50집 제5호, 2010.

외교통상부, "에너지 자원: 우즈베키스탄", 외교통상부 에너지자원협력과, 2008.

Levitsky, Steven and Way, A. Lucan. 2002. "The Rise of Competitive Authoritarianism." Journal of Democracy, Vol, 13. No, 2.

Shireen T. Hunter, "Central Asia since independence", foreword by Marie Bennigsen Broxup,(Westport, Conn: Praeger, 1996).

Sievers, W. Eric. "Uzbekistan's Mahalla: From Soviet to Absolutist Residensial Community Associations", Journal of International and Comparative Law, Chicago. 2002.

제 6 장 벨라루스의 행정과 정책

Ihar Ivanavich HANCHARONAK

벨라루스 공화국은 소련의 붕괴 이후 건설되었다. 벨라루스의 국가주권 선언은 1990년 의회에서 채택되었고 이어 1994년 3월 헌법이 통과되었다. 헌법에 의하면 벨라루스는 법치주의에 따른 사회민주주의 독립국이다. 헌법은 권력분립과 국가수반 및 정부수반으로서 대통령직을 규정하고 있다.

공화국은 대통령과 의회 간 대립을 드러내며 1995년부터 1996년에 걸쳐 정치적 위기를 경험했다. 1996년 11월 루카센코 대통령이 헌법 개정으로 인한 그의 정책을 지지하기 위해 국민투표를 실시했다. 개정된 헌법 하에서 더 이상 대통령이 정부수반이 아님에도 불구하고, 대통령은 법적 구속력을 가지는 대통령령의 발효 등 이전의 모든 권한들을 여전히 가지고 있다.

벨라루스는 경제 자유화를 선택하는 대신 강력한 정부개입과 산업 및 농업 부문에서의 공유재산제를 바탕으로 하는 사회주의 시장경제정책을 추구해왔다. 토지의 사적 소유는 오직 개인에 대해서만 한정적으로 허용된다.

1) 입법부

기존의 일원제인 제13대 소비에트 연방 최고회의로부터 1996년 국민투표를 통해 상·하원으로 구성된 양원제 국회가 탄생하였다.

하원의원 110인은 보통선거로 선출되어 4년간 재직한다. 상원의원 64인 가운데 56인은 6개 지역과 민스크로 이루어진 7개 대선거구에서 선출되고(선거구당 8석), 나머지 8인은 대통령이 지명한다. 모든 구성원은 4년간 재직한다.

벨라루스 의회는 예산 승인 과정에서 역할이 제한된다. 이는 주로 예산이 국가 전체라는 높은 수준에서 논의되기 때문이다. 예산이 포괄적이지 않기 때문에 의회는 공공지출의 전체적인 그림을 파악할 수 없다. 또한 대통령령의 예산 집행과 결부되어 물가변동 및 현금유동성에 대응하기 위해 연중 내내 예산을 개정하는 관행은 의회의 공식적인 예산 승인 절차에 대한 영향력을 제한하고 있다.

2) 행정부

1994년 이래로 국가권력은 행정부에 집중되어 왔다. 이러한 과정은 1994년 7월 대통령 선거에서 시작되었고 1996년 헌법 개정을 통해 강화되었다. 개정 헌법은 사실상 현직 대통령의 재임기간을 5년에서 7년으로 연장시켰고 대통령에게 법적 구속력을 갖는 법령을 발포할 권한을 부여했다.

1996년 국민투표로 결정된 헌법 개정의 결과로 벨라루스 대통령은 대부분의 핵심 정계 및 법조계 공무원들을 임명·해임할 수 있으며, 법적 구속력을 갖는 법령을 발포할 권한을 포함하여 포괄적인 권력을 누리고 있다. 행정 당국은 의회의 동의를 얻어 수상을 지명하는 대통령이 통제하는 정부(각료회의)의 관할 하에 있다.

개정 헌법 하에서 대통령이 더 이상 행정부 수반은 아닐지라도, 대통령은 법적 구속력을 가지는 대통령령의 발효 등 이전의 모든 권한들을 여전히 가지고 있다.

또한 대통령은 중앙 및 지방의회의 동의를 얻어 중앙은행장과 중앙선거위원장, 검찰총장, 헌법재판소 재판관의 과반수, 지방 의회장 및 벨라루스의 6개 주(선거구)의 지방행정수반을 임명한다.

대통령은 또한 연간 예산 초안을 입법부에 제출한다. 의회의 위원들은 각 요소들을 고려하며 특정 활동에 대한 추가기금의 할당을 요청할 수 있다. 그러나 그러한 경우에 의회는 추가 기금의 출처를 밝혀야 한다. 의회가 변경을 제안할 때, 의회의 조언 수용 여부를 판단할 권한은 여전히 대통령이 가지고 있다. 의회와 대통령에 의해 일단 승인된 예산은 시행령이 되어 집행된다.

3) 사법부

최고재판소는 재판과 공화국 지방법원 활동에 대한 감시를 실시한다. 경제법원은 기업과 개인의 권리와 이익을 보호하기 위한 목적으로 경제적 관계 영역에서 재판을 실시한다. 헌법적 통제는 헌법재판소에서 이루어진다. 위헌으로 간주되는 법적 행위 또는 각 규정들은 법에 의해 결정된 명령체계에서 효력을 잃게 된다. 벨라루스 재판관들의 최고 자치기구는 '재판관회의'로, 4년마다 1회 이상 소집된다.

헌법은 사법부의 독립성을 보장한다. 그러나 1996년 국민투표에 따른 헌법적 변경에 따라 행정부는 모든 수준의 재판관들을 지명할 권한을 가진다. 대통령은 헌법재판소 재판관 12인 중 6인과 최고재판소장 및 최고경제재판소장, 그리고 모든 행정 및 군사 재판관들을 임명한다. 1997년 이후 헌법재판소는 대통령령 또는 포고를 심리할 수 있는 권한이 박탈되었다.

4) 지방정부

벨라루스의 공공행정은 중앙정부, 지역 및 행정구역, 대도시 및 중도시,

마을과 지방의 소행정구역이라는 4가지 유형의 행정적·지역적 단위로 구분되어 있다. 많은 지역공동체들이 독립적 지위 또는 선출된 기구, 지역 예산 등을 결여하고 있다. 심지어 선출된 지역기구가 존재하는 곳에서도 기구의 독립성과 지역 문제 해결에 있어서의 실질적 영향력은 중앙정부가 갖고 있으며, 지역 주민 스스로의 참여는 허울뿐인 명목에 불과하다.

1996년 국가적 국민투표에 의해 승인된 헌법 규정에 따르면, 지방자치정부에 관한 법에 대해 두 차례의 개정이 이루어졌는데, 가장 최근의 개정판은 2000년 1월 10일자이다. 당 해법의 최신 개정판은 지방정부와 자치정부에 관한 법(이하 지방정부법)이다. 이 개정판은 이전 개정에 비해 두드러진 변화는 없으며 지방정부의 관료화와 중앙집권화를 향한 정부 목표에 완전히 부합한다. 변화는 주로 지방의회와 행정기구 간 관계와 관련되어 있다. 집행위원회는 자치정부로서의 이전 지위를 상실하고, 대신 행정부 시스템의 요소가 되어 '지방정부'로 규정되었다. 지방정부 기구들은 지역의 사안을 해결함에 있어 주로 국가의 이익을 고려하여 행동하도록 법적으로 요구된다. 내각법에 따르면 정부는 이들 지방정부 기구들을 통제할 권한을 갖고 있다.

지방정부 기구 시스템은 지역, 행정, 도시, 마을 집행위원회와 도시 행정구역 행정으로 구성되어 있다. 지방정부법은 집행위원회를 형성하고 의장을 임명하기 위한 중앙집권화의 과정을 법적으로 규정하고 있다. 또한 동법은 지역 영토를 관리하는 데 있어 막강한 역할을 부여한다.

지방자치정부 시스템은 지역 의회와 공동체 자치정부 기구(이웃, 골목, 거리와 마을 등으로 형성된 의회와 위원회), 주민투표, 회의 및 직접 민주주의의 기타 형식을 포함한다.

제 1 절 인문 · 사회적 환경

벨라루스 정부의 21세기 1/4분기의 과제는 2003년에 형성되었다: 주권적 환경에서 역동적이고, 확고한, 사회-경제적 발전 보장. 이때 루카쉔코 대통령은 벨라루스 국가의 이데올로기, 민족사상을 국가건설의 디딤돌로 보았다. 민족사상은 여러 측면에서 경쟁력 있는 제품을 만들고, 개개인의 인간적 자질을 높이고, 사회의 도덕적 발전의 높은 수준을 쟁취하려는 민족의 열망을 통해 형성된다.

인문적인 국가발전 모델을 세우기 위해서는 다음의 사항이 특히 중요하다. 첫째, 자신의 학문적, 인문적 사고방식, 세계관과 사상을 수정해야 하는데, 이는 보수적이고 어려운 일이다. 둘째, 인문학이 국가의 새로운 정신문화적인, 경제적인 성장에 기여하는 바를 올바로 평가하는 것이 중요하다. 이것은 국가의 사회-정치적인 상황과 정신-문화적인 상황에 대한 평가와 사회-기능적인 테크놀로지를 통해 얻어지는 GDP 성장의 정도를 평가함으로써 가능하다.

1995년부터 벨라루스는 경제활동 가능인구의 절대적인 부족에도 불구하고 고밀도 요소, 즉 학문과 세계적인 첨단 과학-기술의 도입을 통해 처음으로 GDP의 성장을 이루었다.

벨라루스 학술원의 경제연구소에 따르면, GDP 성장을 100%로 하면, 인문학술적 요소에 따른 성장은 80%에 달한다. 이 80%에서 국가정책이나 경영과 같은 인문학적인 부문은 GDP 성장의 50% 이상을 차지한다. 이와 같은 GDP 성장의 기반에는 벨라루스가 수입-수출관계를 맺는 유럽과 아프리카 국가들, 러시아, 중국, 베네수엘라, 이란 등 여러 국가들과 맺은 양자 간 혹은 다자간 국제 협력관계가 있다.

인문 학술적 지식의 발전과 그 사용 덕분에 벨라루스의 GDP의 구조에서 1995년 서비스 부분이 35%를 차지했던 것과 달리, 오늘날 벨라루스의 GDP의 구조에서 비물질적 경제는 50% 이상을 차지한다. 향후 5-7년간 이 수치는 60-70% 이상이 될 것이다. GDP의 이 부문에서 특히 지식 경제의 부분(창조적, 누스피어(noosphere) 경제), 즉 국제 정치와 국내 정치, 법, 문화, 학문, 교육, 예술, 매스미디어, 보건, 관광, 스포츠, 음악, 유통, 영화, 연극, 문학, 종교 등 기타 부문에서 서비스가 차지하는 부분이 증가할 것이다.

벨라루스의 사회-경제적 발전 모델에서 소위 말하는 상부구조(superstructure)는 좀더 중요한 의미를 갖게 되며, 사람의 인성, 이성, 지성의 발전이 이것의 생산성을 결정할 것이다.

철학에서 잘 알려진 바와 같이, 모든 학문과 실제는 그 학술적 개념에 따라 혁신적으로 발전한다. 이 기본은 전 세계적으로 유명한 러시아-미국 사회학자인 P. 소로킨이 이론적으로 증명했다. 그는 지식과 학문과 개념이 발전할수록, 모든 것은 따라온다고 주장한다.

이와 함께, 유감스럽게도, 현대 세계에는 러시아 소설가이자 학자인 A. 게르첸의 "사회의 발전은 습관이라는 목발을 짚고 간다."라는 말도 유명하다.

만약 예전 국가경영 시스템에서는 정치가 경제와 법의 상위에 있다는 방법론적인 원칙이 지배했다면 (정치는 경제의 응축된 표현이다 - V.I.레닌), 오늘날에는 반대로 경제가 정치와 법의 응축된 표현이라는 루카쉔코 대통령의 혁신적 국가경영패러다임이 실현되고 있다.

중요한 것은 결과만이 아니라, 그것이 실현되는 과정과 경제, 사회의 자연스러운 진보적 발전 원칙 그 자체이다. 유감스럽게도, 오늘날까지 인문-사회과학은 많은 경우 다른 나라의 경험을 기계적으로 편집해 왔으며, 이는 벨라루스의 발전 모델과 잘 맞지 않았다.

그러므로, 국가와 사회 발전 부문에서 구체적인 과제의 해결을 위해 사이버네틱스(Cybernetics)와 시스템학(systemology)을 합친, 그리고 최근 30년 사이에는 시너제틱스(Synergetics)까지 합친 메가 사이언스(mega-science)가 도입되었다.[1)]

---

1) Hancharonak I. 「메가사이언스와 국가경영」. Vestnik Moskovskogo gosuddarstvennogo universiteta im. M.V.Lomonosova. Series 21. 2009, pp.25-33.(written in russian)

사이버네틱스(Cybernetics). 이 메가 학문의 형성은 1948년에 N. 위너의 책 〈사이버네틱스〉로부터 시작되었다. 사이버네틱스는 경영 과정과 정보현상에 관한 것이며, 이로 인해 대중의 큰 관심을 받았다. 다른 한편, 사이버네틱스의 모델과 법칙은 사회 시스템에서 널리 사용되었으며, 초 학문적인 보편 이론 구조로 인정되기도 했다. 그러나 사회 현상에 대한 이 이론구조의 생산성은 처음에 기대했던 것처럼 효과적이지 않았으며, 사이버네틱스의 접근방법은 점차 인기가 없어지게 되었다.

시스템학(systemology). 이 학문 방향의 근본에는 2개의 아이디어가 놓여 있다: 시스템 아이디어와 시스템적 법칙의 확산 아이디어. 시스템 아이디어란 '전체는 부분을 합친 것 보다 크다' 혹은 '2+2=5'라는 식으로 설명될 수 있다. 그러나 오늘날 시스템 연구는 많은 유용한 발견을 했음에도 불구하고, 애초의 발전 용량을 다 소비하고, 시너제틱스에 밀려서 과거로 사라졌다.

시너제틱스(Synergetics). 독일 슈트트가르트 대학의 물리학교수인 H. 하켄이 시너제틱스라고 명명한 이 새로운 학제 간 학문분야의 탄생은 1977년-1978년으로 거슬러 올라간다. 그러므로 이 학문은 기껏해야 30년가량밖에 되지 않았으므로, 충분히 검증되었다고 보기는 어려우며, 게다가 시너제틱스가 연구하는 거시적 시스템(macroscopic systems)의 발전은 이보다 훨씬 더 긴 역사를 가지고 있다. 이와 관련하여, 몇 가지 부정확한 점이나 혼돈이 발생하는데, 특히 시너제틱스의 원칙을 사회 시스템에 적용하고, 모든 문제를 해결하는 보편적인 시너제틱스의 알고리듬을 모색하는 시도에서 특히 이러한 혼동이 많이 발생한다.

그와 같은 시너제틱스에 대한 집착은 목적 없는 상징들의 조작처럼, 연구의 목적 없는 비 학문화로 이끈다.[2] 하켄 교수는 시너제틱스를 전자나 인간 같은 매우 다양한 자연 현상의 하부 시스템으로 이루어진 시스템을 연구하는 학제 간 학문분야로 정의했다.

2) Levi-Stross K. 「사회과학은 휴머니즘이다」, Voprosy filosofii. 2010, pp.108-111.

그는 심지어 인간이 그 발전의 가장 중심에 선 체계, 즉 사회의 시스템을 연구하는데 시너제틱스의 원칙들을 반드시 적용할 것을 주장했다. 정신-도덕적, 심리적, 문화적, 생태적, 사회-정치적 요소들이 인간의 사회활동에 미치는 영향의 증가는 사회 환경에 큰 변화를 가져왔다. 기술과 테크놀로지에서 근본적인 변화가 일어났으며, 경쟁의 강화, 자원의 부족, 균등하지 못한 국가발전(예를 들어, 로마 클럽의 한 발표에 따르면, 영국에서 200년 전에 시작된 산업혁명은 세계의 몇몇 지역에서는 아직도 완결되지 않았다) 등을 불러왔다. 생태적, 사회적 문제의 증가로 인한 정치적 불안정과 정부로부터의 각 경제 주체들에 대한 활동 제약은 궁극적으로 사회를 좀더 유동적이고 다양하게 만든다. 다양한 가능성(Multiversion), 우연성, 비가역성(irreversibility)은 사회 환경의 기본적인 요소이고, 이는 경영의 목적을 실현하는 과정에서 사회 환경을 좀더 복잡하게 만든다.

시너제틱스는 매우 다양한 발전 대안을 갖고 있는, 그리고 끊임없이 현재도 발전하고 있는 세계의 자기 조직 개념을 형성하는데 큰 기여를 했다. 시너제틱스는 이 세계를 자기 조직적인 구조와 기능의 발생을 운영하는 몇 가지 공동의 원칙에 기반하여 분석하면서, 보편적인 역동적 카오스(chaos)를 구조화할 수 있는 기능을 증명했다. 이 구조화 기능은 유기적이고, 비유기적인 세계 모두에 적용할 수 있으며, 이 세계 속에서 모드(mode)의 변동과 경쟁, 그리고 가장 적합한 모드의 선별 혹은 이들의 조합의 영향으로 집단적 모드의 탄생을 통해 새로운 거시 시스템(macroscopic structure)의 발생이 일어난다.

분명한 것은, 이러한 접근방법이 학문적 모색을 지원하고, 사회 현실의 주요 발전 경향에 상응하는 운영 시스템을 구축한다는 것이다. 또한 강조해야 할 점은, 국가 경영(의식적인, 중앙집중화된, 제도화된)과 사회의 자기조직화(중앙화되어 있지 않거나 거의 제도화되어 있지 않은 과정)라는 두 개의 기본적이며 서로 밀접히 연관된 현상 간 상호작용의 분석과, 외적인 중앙집중화 경영과 사회 시스템 경영 과정에서 자치(self-government)의 최적화된 상관관계 모색에 집중해야 한다는 것이다. 사회 조직에서 정부 경영의 역할을 사회 조직의 가능한 하나의 요소 정도로 보고 (왜냐하면 거의 의미가 없거나 우연적이기 때문에), 카오스(chaos)의 창조적 가능성에 너무 확실한 우선권을 주는 것은 잘못된 것 같다.

소비에트 해체와 초중앙집중화 된 경영(supercentralized management)의 붕괴, 벨라루스의 심각한 혼란 상태 진입이라는 비극적인 경험과 〈색깔 혁명〉의 오늘날 결과는 국가 경영이라는 문제를 다시 생각해보게 한다. 오늘날 국가 권력과 국가 경영이 개별 사회, 국가의 자기 보호와 해체의 방지, 그리고 완벽한 쇠멸을 방지하는 최소한의 기제라는 원칙적 의미를 다시 인식하는 것 또한 중요하다.

그러나 시너제틱스의 유행은 과장된 기대에도 불구하고 인문사회학문에서 어떤 입증된, 혹은 실현된 발견을 가져오지 못했다. 물론 시너제틱스의 성과로서 최근 몇 십 년간 시너제틱스가 제안한 복잡한 시스템의 예측가능성을 제한하는 몇 가지 원리를 예로 들 수 있기는 하지만 말이다.

그러므로, 사회학과 인문학에서 시너제틱스의 적용 가능성을 인식하고, 이 모델의 적용 범위의 한계를 인식해야 한다는 많은 연구자들의 의견에 동의해야 한다. 다른 한편, 러시아학술원 회원인 B. 스테닌 박사가 말했던 시너제틱스가 21세기 학문의 중심에 서게 될 수도 있다는 주장도 옳을지도 모른다.

인간 활동영역 가운데 오늘날 가장 활성화된 부문은 교육이다. 이 분야에서는 역량 모델(competence model)이라는 것이 발전했는데, 이 모델에 따르면, 숙련된 전문가의 존재는 복잡한 문제의 해결을 위한 필요조건이지 충분조건은 아니라는 것이다.

가장 중요한 것은 역량 있는 전문가의 수요와 혁신의 수용과 같은 역량(competence)의 존재이다. 특히 역량은 비선형 광학(nonlinear optics)에서 처럼 혁신적 활동의 비선형 모델의 기반이 되었다(물리학에서는 이 연구 결과로 노벨상을 받았다). 혁신적 활동의 결과(P)는 다음과 같이 공식화할 수 있다.

$$P = P_{\text{л}} + P_{\text{нл}}, \qquad (1)$$

여기에서 Pнл~ χ(혁신의 수용), Pл는 선형 모델에서의 결과이다. 우리가 도입한 비선형성은 보통 경영학에서는 현대 경영학의 고전인 P. 드러커가 1997년에 자신의 강의 〈훈련으로서의 혁신(Innovation as a discipline)〉에서 언급했던 것을 연상시킨다. 〈혁신적인 사람은 뭔가 특별한 사람이 아니라, 성실한 사람이다. 그는 문제의 모색뿐 아니라, 문제의 해결 가능성의 모색에서도 성실하고 집요하다〉. 여기에서부터 〈사회경영원칙〉이 시작되었다. 〈어떤 반응이 나올지 알 수 없다〉는 시너제틱스 개념의 결과에 관련지을 수 없다. 어떤 반응이 나올지는 - 경영에서는 잘 알려져야 하며, 최소한 〈어떻게〉 반응할 지에 대한 개연성이 있어야 한다. 그러므로 전문가나 지도자에게 혁신의 수용과 같은 역량의 형성은, 우리 생각에는, 대학원 경영 교육의 현대적 시스템을 완성하는 가장 중요한 방향 중의 하나이다.

오늘날 많은 학자들이, 의식적으로 혹은 본능적으로 다음과 같이 주장한다: 21세기에는 매니지먼트가 무엇인지에 대한 의식에서 큰 변화가 일어날 것이다. 즉 경영 패러다임의 교체가 일어날 것이다. 많은 경우 이것은 사회의 시너제틱스 파라미터(parameter)와 관련된다. 개방 - 세계화, 비선형성(nonlinear) - 통합, 유동성 - 역동성. 이 새로운 경영 패러다임은 내용적으로 다음의 변형을 통해 이루어질 것이다.

· 기능적 경영에서 과정적 경영으로
· 그룹별 과제에서 집단적 과제로
· 결정의 실행에서 현안 과제의 설정으로
· 국민 위에선 권력에서 국민으로부터 나온 권력으로
· 경영을 위한 지식에서 지식 경영으로
· 교육에서 학습으로

이제는 국가경영 분석을 위한 시너제틱스 원칙으로 넘어가자. 국가경영의 시너제틱스 잠재력은 국가와 사회 간의 상호작용에 달려 있다. 사회에서 제한의 존재는 오늘날 사회 시스템의 생존 조건으로 보아진다. 왜냐하면 사회시스템은 위계적으로 조직되었기 때문이다. 위계적 보상 법칙이라는 것이 있는데,

이는 복잡한 위계적 조직 시스템에서 상부의 다양성 증가는 그 아래 단계에서 다양성의 제한을 통해 보장되고, 반대로 하부의 다양성 증가는 상부를 무너뜨리며, 그 결과 시스템 그 자체가 무너진다. 따라서 기본적인 사회 제약의 존재는 발전의 제약처럼 일방적으로 평가해서는 안 된다. 사회 시스템이 존재하고 발전하는 한, 유동성의 결과로 유동성에서 비유동성이 증가하고, 사회시스템의 발전 경향을 정의하는 몇 가지 기본적인 사상과 이미지 덕분에, 사회 시스템의 진보는 새로운 조직적 형태의 발생과 관련된다.

국가는 국가 경영을 통해, 제약하고 압력을 가하는 힘으로써 뿐 아니라, 창조하고 구축하는 힘으로써 사회생활의 조직적 근원자가 된다. 헤겔에 따르면, 국가는 사회생활의 가장 완벽한 조직이며, 이 안에서는 모든 것이 현실의 왕국을 표상하는 법적 기반에서 이루어진다. 다른 한편으로, 국가의 가장 본질적인 목적과 본질은 역사에서 그리 잘 드러나지 않았으며, 심각하게 왜곡되었다. 이는 국가 자체의 불완전성과 학문의 발전 수준을 포함하여 사회의 불완전성에 의한 것이다.

국가의 과제는 공동의, 모두에게 평등한 법적 질서를 유지하는 것이다. 이 과제의 해결은 사회와 국가의 역사를 형성했으며, 민주법치국가에서 최초로 실현되었다. 그러나 처음부터 국가 권력은 사람들 간 상호작용의 질서와 규범을 설정하면서 사회적 전체의 조직을 보장했다. 〈국가란 어떤 의미에서 법적 질서를 가리키는 조직화된 전체이다〉.

그러므로 국가의 발생은 사회의 자기조직화(selforganization)의 중요한 형태이자, 가장 원초적인 정치 메커니즘일뿐 아니라, 사회의 자기 조직화의 필수적인 경영 파라미터(질서의 시너제틱스 파라미터)이다. 이 단계에서는 아직까지 국가 활동과 사회의 자기 조직화 과정 사이에 모순이 발생하지 않았다. 국가와 사회의 가장 중요한 기능은 여기까지는 서로 상응했다.

사회의 자기조직화의 그 다음 단계의 특징은 공동체와 인간 조직 방법에서 두 개의 상대적으로 독립된 형태 - 시민사회와 민족법치국가의 등장이다. 이 단계는 이들의 최적화된 상호작용 보장을 과제로 삼았으며, 그 전 사회발전 단계의 단점을 발견했다. 민주주의를 위한 투쟁에서 제도로서 국가는 가장 결정적인 비난에 처했다: 국가는 본질적으로, 선의를 가진 사람이 세계를 경영할 수 없다는 점에서 부정적이며, 오직 인간적인 결점을 억제하기 위해 만들어졌다. 가장 급진적인 사상가들은 사회와 국가가 서로 대립한다고 보았다: 〈하나는 상호접근을 독려하고, 다른 하나는 분열을 책동 한다〉. 〈사회는 보호자이고, 국가는 형벌자이다〉: 그러므로 〈사회는 모든 상태에서 항상 선하고, 정부는 가장 좋은 의미에서 필요악이며, 최악의 경우 - 지울 수 없는 악이다〉.

역사는, 국가 권력과 국가 운영은 과거로 사라지며, 국가 권력을 대신하여 사회주의 자기지배(self-government)가 도달할 것이라는 마르크스-레닌주의자들의 예언이 이루어지지 않았음을 증명했다. 여기에는 시너제틱스 시스템에 전형적인 〈변동하는 과정〉(oscillatory process)이 좀더 적합하다. 여기에서 국가 경영 자원과 메커니즘이 변화해야 한다는 것을 예견할 수 있다. 그러나 국가경영의 기본적인 기능이 가장 발전한 사회체계의 자기 조직에서도 계속 유지된다는 가정은 시너제틱스 사상의 맥락에서 올바르지 않다. 그러므로 사회경영 체계는 그 안에 위계적인 조직, 규범적인 조절, 약하거나 우연적인 신호와 변화의 인지를 위한 새로운 구조와 기능의 통제, 긍정적인 동향의 자극, 이에 대한 규범적인 조절의 반향적인 적응을 유기적으로 연결하여, 시너지 효과를 얻어야 한다.

사회의 창조적이고 자의적인 과정들과, 사회적 자기조직의 주요한 요소로서 국가운영 사이의 새로운 관계는 유동성과 안정성을 띠고, 전통과 혁신 사이의 균형을 이루어야 한다. 위에서 언급한 바와 같이, 국가운영의 시너제틱스 잠재력은 국가와 사회의 이중구조에 달려 있다. 사회의 잠재력은 많은 경우 경영 자원을 통해 실현된다. 사회의 발전은 사이버네티즘, 체계성, 시너지를 혼합한 새로운 경영분야의 형태로서, 그리고 경영자의 끊임없는 교육과정의 혁신적 조직 테크놀로지(교육, 크레디트 테크놀러지의 컴퓨터화한 형태들)의 형태로서 벨라루스 국가 과제의 효과적인 실현을 위한 중요한 과제가 된다.

벨라루스가 참여하는 몇 가지 중요한 통합 과정을 소개하겠다: 독립국가연합(CIS), 벨라루스, 러시아, 카자흐스탄의 관세동맹, 유라시아 경제공동체, 벨라루스와 러시아의 국가동맹. 특히 마지막 동맹에 관해서는, 양 국가의 헌법에 두 주권 국가의 연합에 대한 법률과 규범이 아직 없다. 그러나, 러시아와 벨라루스의 납세자들의 돈으로 동맹국가 건설을 위한 동맹 조직들이 만들어졌고 현재에도 기능하고 있다. 이 경우에 사회-인문 연구와 효과적인 경영 작용의 새로운 메커니즘과 도구를 만들 필요성이 대두되고 있다.

그러므로 벨라루스 학술원 회원인 P.니키텐코가 언급한 바와 같이 다음과 같은 사항이 중요하다.[3]

첫째, 사회-인문학이 벨라루스 사회의 모든 새로운 변형과정에 미치는 정신-도덕적인 영향력을 강화하고, 구체적인 사회-기능적 테크놀로지, 메커니즘을 개발하고, 안정적이고 혁신적인 발전과 지식경제 구조의 구축을 위한 벨라루스 모델의 성공적인 실현을 위한 실질적인 지침서(instruction)를 개발해야 한다.

둘째, 가장 토대가 되는 연구를 수행하며, 사회민족적인 성격의 문제에 대한 국가의 연구 용역(역사, 언어, 문학, 문화, 예술, 경제, 법, 사회학 등)을 수행하는 학술단체에 대한 기본적인 재정지원 문제를 다시 검토해야 한다.

셋째, 학술연구단체의 학자들, 고등교육기관의 교수들에게 새로운 경제철학, 지식경제(창조적, 누스페어(noosphere) 경제), 서비스 분야, 전국민의 이해 보장, 단순화되고 합리화된 투명한 세금 시스템의 구축, 모든 그룹과 사회 계층의 수요와 이해의 이성적인 균형, 정신-도덕적이고 물리적인 인성의 발전, 그들의 변증법적인 상관관계의 발전에 중점을 두는 새로운 성격의 경제 성장을 위한 이론적이고 실제적인 접근방법을 개발할 것을 요구한다. 흥미로운 것은, "건강한 몸에 건강한 정신이 깃든다"라는 슬라브의 지혜는, 저자가 언급한 대로,[4] 현대 한국인들의 삶의 가치와 점점 더 관련된다.

넷째, 체계적인 기반에서 학술연구를 활성화하고 이들을 아래 주요 방향에

3) Nikitenko P.G. 「벨라루스의 사회적으로 정향된 지속적 혁신적 발전모델에서 인문학의 역할」. IsvestiyaNatsional' noiakademiinaukBelaruss, 2007. pp.42-49. (written in russian)

4) Lim Ji-young. "Korean get physical", Korea. 2011. pp.37-39.

따른 새로운 사회수요에 부합하도록 한다:

- 벨라루스 사회의 혁신적 발전과 그 새로운 역사를 위해 세계관적인, 정신-문화적인, 사상적인, 사회-경제적인 기본의 개발
- 세계화의 환경에서 벨라루스의 안정적인 사회-정치적, 경제적 발전을 완수하기 위한 전략, 개념, 프로그램 개발
- 개별 사회-정치적 문제의 해결에 적합한 사회-기능적인 테크놀로지의 개발. 여기에는 시민사회, 주권, 벨라루스 국가안보문제에 대한 연구 포함

언어와 문학 분야에서는 다음이 중요하다:

- 2중 언어/다중언어를 사용하는 인성의 형성을 지원하는 연구. 이러한 인성은 민족-문화적인 우선 순위(priority)의 가치를 인정하고 현대의 다중언어와 다문화 사회에서 성공적인 활동을 할 수 있도록 준비
- 현대 세계의 실제 언어적 수요 부응과, 벨라루스어-러시아어 이중 언어 정책을 실현하기 위한 벨라루스어와 기타 다른 언어들의 이론적 연구 및 실제 교재 준비
- 벨라루스 사회에서 일어나는 사회-문화적 변동의 반영으로서의 문학 연구. 이 연구는 민족적 가치와 보편 인류적 가치를 포함하는 풍부한 지성의 형성에 도움이 되어야 함

문화와 예술 및 매스미디어 분야에서는 다음이 중요하다.

- 역사-문화적 유산, 민족-전통적, 전문적 예술이 현대 벨라루스 국가의 민족적 특성을 형성하는데 미치는 영향 분석
- 벨라루스의 문화적 잠재력이 세계 문화, 문명에서 갖는 의미, 인문적, 비즈니스 측면에서의 벨라루스의 매력 연구
- 벨라루스의 물질 가치와 정신가치의 발전에서 건축, 회화, 연극, 영화, 음악, 민속 전통 예술이 갖는 역할 연구
- 역사-문화적 유산의 보전, 관광산업 발전, 벨라루스의 도시와 농촌에서 민족적, 지역적 특성 보존을 위한 학술 지원 방법 개발

역사 분야에서는 다음이 중요하다.

- 국사, 현대사에서 사회-경제, 정치, 문화 발전 과정 연구
- 벨라루스 역사에서 고대에서 현대시기까지 아우르는 기초적인 학술연구 준비, 새로운 세대를 위한 초 중고등 교재 개발

철학 분야에서는 다음이 중요하다:

- 정신-도덕적이고 문화적인 국가안보 문제의 사회-철학적 분석
- 벨라루스의 철학적, 사회정치적 사상 형성의 역사와 현대적 경향 연구
- 벨라루스 사회의 안정적이고 혁신적인 발전을 위한 학술-방법론적, 세계관적인, 정신-문화적인, 사상적인 토대 개발

정치학에서는 다음이 중요하다:

- 세계화의 환경에서 벨라루스 사회-정치, 경제 발전의 완성을 위한 지침서 개발
- 국가와 시민사회의 상호작용 등 개별 사회-정치 문제의 전략적 해결을 위한 사회-기능적 테크놀로지 개발

경제학에서는 다음이 중요하다:

- 구체적인 기업과 경제 분야별 조직-경제 메커니즘과 경영을 위한 교재, 프로그램, 미래 예측 개발. 이러한 교재와 프로그램과 미래 예측은 벨라루스의 새로운 경제구조, 즉 지식경제(창조적 경제와 누스피어 경제)의 우선적인 발전과 경제의 현대화에 기반 하여 21세기 혁신적인 경제의 완성을 목표로 해야 함

사회학에서는 다음이 중요하다:

- 국가, 사회, 개인 간 파트너십의 경제적, 사회적, 민족적 모델 구축
- 사회적 정치와 사회적 재생(social reproduction)의 경영을 완성하는 최적화된 방법 고안

법학에서는 다음이 중요하다:

- 안정적이고 혁신적인 발전 모델, 국제법의 문명화 된 규범과 벨라루스 법의 조화
- 벨라루스 발전 모델의 실현을 위해 일반적인 법치국가의 기능 및 형성 규칙 연구
- 국가안보보장을 위한 수단으로서의 법률 완성, 경제활동에서 사회 관계들을 조정하는 법적 메커니즘 완성, 시장경제의 상호작용 확보, 사회와 국가의 이해 보장, 개개 사회 구성원의 사회적 보장 확보

인문학과 사회학, 교육, 종교간의 상호작용에서는 다음이 중요하다:

- 고등교육체계에서 인문 교과과정의 감소 경향 극복
- 자연과학, 기술, 신학 종사자들의 인문적이고 생태적인 사고방식 강화
- 2010년 인적자본발전 수치 2010(Human Development Index 2010)에 따르면 벨라루스는 러시아와 우크라이나를 포함한 모든 CIS국가를 제치고 전 세계 61위를 차지했으며, 인적자본수준이 높은 나라들의 그룹에 포함되었음.

제 2 절 헌법 및 법률적 기반

벨라루스의 헌법과 헌법 구조의 강화는 (거의 대부분의 국가에서처럼) 국가의 기본적인 성격 규정에서부터 시작한다. 그리고 이러한 사실은 국가가 가장 중요한 정치 제도이자, 정치 시스템의 주요 요소이니 만큼 당연한 일이다. 기본법(basic Law)의 제1조에 따르면 벨라루스 공화국은 단일국가이며, 민주국가이며 복지국가이자 법치국가라고 명시하고 있다. 이 조항은 국가의 명칭, 본질, 내용, 통치형태, 정치-영토적 구조의 형태와 정치 체제를 규정하고 있다.

달리 말하며, 헌법 제1조의 내용은 헌법구조 근간의 시작이 되며, 기본법의 그 이후 조항들에서 계속 전개되고 있다.

정치 체제, 즉 국가권력실행수단에 따르면, 벨라루스 공화국은 민주주의 국가이다. 국민주권주의원칙은 벨라루스 공화국 헌법의 여러 조항에 반영되어 있다. 즉, 제3조에 따르면, 〈벨라루스 공화국에서 국가권력의 유일한 원천과 주권보유자는 국민이다. 국민은 헌법이 정하는 형태와 범위에서 대표 기관이나 그 밖의 기관을 통해 직접적으로 자신의 권력을 행사한다〉.

국민주권의 가장 높은 직접적인 표현은 국가와 사회의 중요한 문제나, 상응하는 행정-영토단위의 주민들에게 중요한 문제를 결정하기 위한 국민투표의 행사이다. 국민투표는 공화국 단위나 일정 지역 단위로 진행될 수 있다. 그러나 직접민주주의의 가장 널리 확산된 형태는 다양한 국가권력 기관(의회, 대통령)이나, 지방자치단체(지방의회, 소지역 의회 등)의 형성을 위한 투표이다. 국민협의회(공화국 단위나 지역 단위의)와 국민입법발의(national legislative initiatives)도 직접민주주의 제도로 볼 수 있다.

대의민주제(representative democracy)란 국민이 국가의 경영(상응하는 행정-영토 단위에서)과 일정 지역에 거주하는 거주민들의 의견을 반영하는 대표자를 선거를 통해 선출하는 권한을 가리킨다. 헌법 제4조에 따르면, 벨라루스의 민주주의는 정치 제도, 사상, 의견의 다양성을 기반으로 실현된다. 정당이나 종교단체 혹은 기타 사회나 일정 사회 그룹의 사상은 국민 전체의 필수적인 사상으로 인정될 수 없다.

벨라루스 공화국의 민주주의는 다음 주요 원칙에 기반 한다.

- 인종, 민족, 종교, 재산, 성, 연령과 상관없이 모두는 법 앞에 평등하다
- 국제적으로 인정된 인권을 수호한다
- 권한과 의무는 동등하게 존재한다
- 국가 기관은 선거를 통해 형성되며, 그들은 국민의 감시를 받는다
- 정치적 다원주의(다정당주의)
- 법 안에서 세계관의 자유

- 종교의 자유와 타 종교에 대한 관용
- 대다수에 의해 내려진 결정은 모두에게 효력이 있다
- 자치주의
- 소수의견을 존중하고 그들이 자신의 입장과 의견을 고수할 가능성을 인정한다
- 법으로 대중매체의 자유를 보장한다
- 국가 기관과 사회단체의 활동 내용을 개방한다

복지국가. 복지국가라는 정의는 국가가 사회에 봉사하고, 사회적 간극을 최소화하며, 인간의 존중 받는 삶과 자유로운 발전을 보장하는 환경을 창조하기 위해 노력한다는 뜻이다. 보통 사회적 정의, 국민의 안녕과 그들의 사회적 보장을 위해 노력하는 국가를 복지국가라고 부른다. 전체 사회, 모든 사회 계층, 모든 사회 그룹과 국민의 이해를 실현하기 위해 노력하는 국가가 복지 국가의 역할을 한다고 볼 수 있다. 그러한 국가의 정치는 인간의 자유로운 발전과 정당한 삶을 보장하는 환경을 구축하는 것을 목적으로 삼는다. 이때 사회적 약자(청소년, 은퇴자, 장애인 등)의 보호에 가장 큰 관심이 두어진다. 벨라루스 공화국의 헌법은 국민의 가치 있는 삶을 보장하는 환경의 구축을 목적으로 하는 정치를 수행하는 국가를 복지국가라고 정의한다(제21조). 복지국가의 본질과 벨라루스 공화국에서 실행되는 복지정책에 대해서는 아래 개별적인 문제들에서 좀더 자세히 다루겠다.

법치국가. 법치국가의 이해에 대한 여러 접근들을 종합하면 다음과 같다.
- 민주적으로 표현된 국민의 의지에 기반한 법에 최우선권 부여
- 인권, 개인의 자유, 명예의 굳건한 수호와 보장
- 국가와 개인의 상호 책임성
- 권력이 법의 테두리에서 서로를 견제하고 균형을 맞춘다는 조건에서 권력의 명료한 분할

- 인권과 자유의 준수, 법의 집행 및 다른 법적 행위에 대한 효과적인 감시 메커니즘의 존재

통치 형태, 즉 최고 국가권력 조직과 국민의 상관관계에 따르면, 벨라루스는 최고 권력이 일정한 임기를 갖고 선출되며, 그들을 선출한 국민 앞에 책임을 갖는 공화국 형태를 갖는다. 벨라루스 공화국은 대통령중심주의(국민이 국가의 원수를 선출하는 것)와 의회공화국(정부는 대통령과 의회 모두에게 동시 책무를 갖는다)의 특성이 혼합된 국가이다. 그러나 이러한 특성들의 결합은 국가별로 다를 수 있다. 벨라루스의 경우 대통령중심주의가 좀더 주요한 특성이 된다. 예를 들어, 리투아니아에서는 의회주의가 좀더 중요한 특성이 된다.

벨라루스 정치-영토적 구조의 형태는 단일한 국가(unitary state)이다. 우리는 헌법 제1조에 벨라루스 국가의 특성을 하나 더(아마 가장 중요한 특성일 수도 있는), 즉 그의 주권성을 추가하는 것이 좋을 듯하다. 주권이란 국가 권력의 내용, 그 구조, 영토의 구성에 핵심적인 영향을 미치는 모든 국가의 가장 중요한 특성이다. 국가는 국민의 의지를 반영하고, 국민의 권리와 이해를 모두 보장할 때에만 주권적이라고 할 수 있으며, 이 경우에만 국가는 다른 국가의 영향을 받지 않고 독립적으로 국내와 국외에서 자신의 기능을 다 할 수 있다. 벨라루스 공화국은 주권국가이다. 독립국가로서 벨라루스의 주권은 1990년 7월 27일 벨라루스 공화국 최고인민회의가 결의한 〈벨라루스 공화국의 국가주권 선언서〉에서 최초로 공포되었다.

국가주권은 다음과 같은 특성을 갖는다.

1) 국가권력의 최고성, 단일성과 독립성

벨라루스 공화국에서 국가권력의 최고성(supremacy of state authority)은 헌법 제1조에 명시되어 있다. 여기에는 벨라루스 공화국이 자신의 영토에서 최고성과 전권을 가지며, 독자적으로 국내, 국외정책을 실행한다고 명시되어 있다. 국가권력의 최고성은 그것의 포괄성, 즉 모든 사회구성원에 대한 적용성에서도 나타난다.

그러나 권력의 최고성이 그것의 무제한성을 의미하는 것은 아니다. 헌법국가에서 주권은 법의 의해 규정되고, 제한되어야 한다.

벨라루스 공화국은 주권국가로서 자신의 최고국가권력기관을 갖는다. 헌법 제6조에 따르면, "벨라루스 공화국에서 국가권력은 행정부, 입법부, 사법부의 분립을 통해 실행된다. 국가기관은 각자의 권한 내에서만 독립적이다: 이들은 서로 상호작용하며, 서로를 견제하고 균형을 맞춘다".

국가권력의 단일성은 권력이 단 하나의 주체, 즉 국민 안에서 응축된다는 것을 통해 표현된다. 벨라루스 공화국 헌법 제3조에 따르면, "벨라루스 공화국에서 국가권력의 유일한 원천과 주권의 보유자는 국민이다. 국민은 자신의 권력을 헌법이 정하는 형태와 범위 내에서 대표기관이나 기타 다른 기관을 통해 직접적으로 행사한다." 그러므로 국가권력이 국민에게 속해 있는 한, 국가의 영토 내에는 국민의 권리와 자유를 조정하는 또 다른 법을 제정하는 경쟁적인 다른 권한이 있을 수 없다. 즉 이중 권력은 부정된다.

국가권력의 독립성. 벨라루스 헌법 제18조에 따르면 벨라루스 국가는 자신의 대외 정책에서 모든 국가들의 평등원칙을 준수하며, 국경을 무너뜨리거나, 분쟁의 평화적인 해결을 방해하는, 또는 내정불간섭원칙이나 기타 다른 사회적으로 인정되는 원칙이나 국제법을 부정하는 어떤 무력적인 위협을 가하지 않는다. 벨라루스 공화국은 자신의 영토를 비핵화하고, 중립국가가 될 것을 국가목표로 삼는다.

2) 영토의 존재. 헌법 제9조에 따르면, "벨라루스 공화국의 영토는 국민자치권의 존재와 공간적 제한의 조건이 되고, 국민의 안녕과 벨라루스 공화국 주권의 기반이 된다. 벨라루스의 영토는 단일하고 분리될 수 없다".

3) 벨라루스 공화국은 주권 국가로서 자신의 국적을 갖는다. 벨라루스 헌법 제10조에 따르면, "누구도 벨라루스 공화국의 국적을 상실하거나 변경할 수 없다. 벨라루스 공화국 국민의 누구도, 이것이 벨라루스 공화국의 국제협약에 명시되어 있지 않다면, 외국에 넘겨질 수 없다".

4) 고유한 군사력 존재. 벨라루스 공화국 헌법 제57조에 따르면, 우리 국가

는 사회질서를 지키고 국민에게 군복무 의미를 지우거나, 전역시키고, 또는 이 군복무를 다른 것으로 대체할 수 있는 규정을 정할 주권을 가지고 있다.

5) 예산 시스템, 은행 시스템과 추가예산기금(extra-budgetary funds), 기업, 단체, 조직, 국민의 경제력을 포함하는 금융-신용 시스템 (벨라루스 공화국의 헌법 제132조)이 존재한다.

6) 학문, 문화 및 기타 다른 사회 분야 발전을 결정하는 독립성. 벨라루스 헌법 제15조에 따르면, "국가는 역사-문화적, 정신적 유산의 보존과 벨라루스 공화국에 거주하는 모든 민족 공동체 문화의 자유로운 발전의 책임이 있다".

7) 벨라루스 공화국 주권의 가장 큰 특징은 국가 엠블렘과 상징의 설정이다. 벨라루스 공화국의 헌법 제19조가 이 문제를 다루고 있다 - 〈주권국가로서 벨라루스 공화국의 상징은 국기, 국장 그리고 국가(國歌)이다〉.
국기는 정해진 규칙에 따라, 벨라루스 국기법(1995년 6월 7일자, 벨라루스 공화국 대통령령 N.214 에 따라 인준)이 정하는 경우에만 게양 한다. 국장배치의 원칙은 벨라루스 공화국국장법(1995년 6월 7일자, 벨라루스 공화국 대통령령 N.214에 따라 인준)이 정하는 바에 따른다. 벨라루스 공화국의 가장 젊은 〈상징〉은 국가(國歌), 즉 벨라루스 국가의 가사와 멜로디이다. 벨라루스 국가에 대한 법은 2002년 7월 2일자, 대통령령 N.350에 의해 인준되었다.

제 3 절 정치체제와 거버넌스

구 사회주의 국가들 사이에서 〈정치 시스템〉이라는 용어는 1971년 불가리아 헌법에서 처음 도입되었다. 소비에트 정치 시스템 개념의 법적 기반은 1977년 헌법의 수용과 관련되며, 이 헌법 1장의 제목은 〈사회의 정치 시스템〉이었다.

벨라루스 공화국도 다른 많은 국가들에서처럼, 헌법에 정치 시스템의 정의가 없다. 이는 아마도, 이 개념이 여러 가지 의미로 해석되고, 정치 시스템의 다양한 부분을 담는 다양한 정의가 가능하기 때문일 것이다. 현존하는 여러 가지 개념을 종합하면, 광의의 개념과 협의의 개념으로 정리할 수 있다. 정치 시스템의 광의의 개념은 정치권력의 실행과 관련되는 모든 요소들의 총합이다. 이러한 요소로는 정치 기구, 제도(국가, 지방자치단체, 정당, 사회단체, 노조) 등 정치권력의 실행 메커니즘을 형성하는 정치 체제, 정치 문화, 정치 의식, 정치 관계 등 모든 것이 될 수 있다. 이들은, 정도의 차이는 있겠지만, 모두 헌법과 법적 조정(constitutional and legal regulation)의 대상이 된다.

정치 시스템의 협의의 개념에 따르면, 정치 시스템에는 이것의 핵심을 형성하는 주체들(제도들)만이 포함된다. 여기에는 국가(정치 시스템의 주요 요소), 지방자치단체, 정당, 사회단체, 노조, 교회(신정국가의 경우)가 포함된다.

위에 언급한 이들 주체들은 정치 시스템의 광의의 개념에서도 주요 요소로서 기능한다. 정치 시스템에 대한 접근법이 매우 다양하다 할지라도, 이들 모두가 수용할 수 있는 정치 시스템의 정의가 존재할 것이다. 그러므로 정치 시스템이란 국가, 자치기구, 정당과 기타 사회 단체, 노조 등 국민이 헌법에 따라 자신에게 속한 권력을 실행하고, 국가를 경영하고, 국내 및 대외 정책을 수행하는 여러 기구들을 포함하는 조직적-법적 메커니즘이라고 정의할 수 있다.

이 정의는 정치권력의 실행에 참여하는 주요 주체들뿐 아니라, 정치 시스템을 좀더 넓게 볼 수 있는 여러 가지 구성요소들까지 포함한다. 이 요소들은 위의 정의에서 직접적으로 언급되지는 않지만, 그 내용에서 미루어 유추할 수 있다. 이 정의는 권력의 실현에 대해 언급하므로, 이 실현은 상응하는 주체들의 활동과 그들 사이의 상호작용에서 나타나는 정치 과정을 통해 이루어진다고 볼 수 있다.

정치 시스템의 정의가 담고 있는 내용에 따르면, 권력은 다른 누구도 아닌, 국민을 통해 실현되며, 그렇기 때문에 여기에서는 정치 체제를 염두에 두고 있음을 알 수 있다(이 경우에는 민주주의 체제). 정치 시스템에 대한 위의 정의를 분석하면서, 다른 요소들도 파악할 수 있다. 그러나 위의 예를 통해서도 알 수 있듯이, 정치 시스템의 이러한 정의는 보편성을 갖고 있어서, 정치 시스템의 광의의 개념에서도, 협의의 개념에서도 모두 적용할 수 있다.

벨라루스 공화국에서 최근 몇 년간 과도사회(過渡社會)의 새로운 정치 시스템이 형성되었다.[5] 과도사회란 짧은 시간 동안 사회 제도의 기능 및 과제가 급격히 변화하고, 사회 이상, 가치 체계의 질적인 변화가 일어나며 많은 정치 제도와 사회 규범이 무너지고, 사회적 인식의 변형을 경험하는 사회를 말한다.

국가 정치 시스템에는 사회주의 시스템에는 없던 정치적 구조, 즉 대통령제 대통령 행정실, 양원 의회, 헌법재판소 등 이 나타났다. 벨라루스 현대 정치 시스템에는 예전처럼 다양한 수준에서의 위원회가 중요한 의미를 갖는다. 벨라루스에는 정치 시스템이 끊임없이 발전했다. 그러한 발전과정의 중요한 단계가 1996년에 있던 전공화국 국민투표였는데, 이는 벨라루스 사회의 정치 시스템을 근본적으로 바꾸어 놓았다.

벨라루스 정치권력의 주요한 주체, 정치 체제의 주요한 요소는 대통령, 정부, 의회 그리고 지방자치단체이다.

벨라루스 공화국 대통령은 벨라루스 국가 원수이며, 벨라루스 헌법과 국민의 권리와 자유의 수호자이다. 그는 국가의 단일성을 상징하고, 주요한 대내외 정책의 실현을 담보하고, 다른 국가들과의 관계와 국제기구에서 벨라루스 공화국을 대표한다. 대통령은 벨라루스 공화국의 주권을 수호하고 안보와 영토의 단일성을 지키기 위한 결정을 내리고, 정치적, 경제적 안정, 국가권력기관의 계승과 상호작용을 보장하고, 국가권력 기관 사이의 협력을 실행한다.

1996년 국민투표 이후 벨라루스 국가 원수 제도는 국가 정치 시스템의 핵심이 되었다. 국가 권력기관의 형성과 그 지배에서 대통령의 전권은 그의 정치적 힘과 가능성을 입증한다. 그의 특별 권한에는 정기 국민투표 외에 헌법을 바꾸기 위한 비정기 국민투표 공포 권한도 포함된다.

대통령은 헌법이 보장하는 의회의 소집과 해산 권한을 가지고 있으며, 또한 양원이 제안하는 법안을 거부하고, 스스로 법안을 발의할 권한을 갖고 있으며

---

5) Kotlyaov I.V. 「벨라루스의 정치시스템: 이론적 고찰 및 규범적 제어. Problemy upravleniya」. 2007, pp.205-213.

이 밖에 입법적인 성격의 많은 전권을 가지고 있다. 대통령은 지방권력단체의 선출을 위한 투표를 발의하고, 국가 헌법이 정한 경우에는 이 지방권력단체의 해산을 결정할 수 있다.

대통령이 법의 힘을 지닌 칙령을 선포할 수 있는 권한을 부여 받은 결과, 국민투표 이후 벨라루스 국가 권력의 기능 시스템에는 급격한 변화가 일어났다. 벨라루스 헌법은 그러한 칙령의 선포 가능성을 제한하고 있지만, 그러나 동시에 대통령에게 법의 힘을 지닌 임시 칙령을 공포하도록 허용하고 있다. 대통령은 직접적으로 혹은 그를 통해 형성된 기관을 통해 칙령과 법령의 실행을 보장한다.

의회는 벨라루스 정치 시스템의 주요 주체 중 하나이다. 의회의 효과적이고 합목적적인 활동에 따라 벨라루스 국가에서 어떤 사상과 가치, 세계관, 규범, 종교, 행동방식이 우세할 것인지가 결정된다.

벨라루스 의회는 양원으로 구성된다.

하원(House of Representatives)은 모든 국민의 이해를 대변한다. 하원은 총선에서 다수대표선거제의 원칙에 따라 당선된 110명의 의원으로 구성된다. 상원(Council of the Republic)은 지역 대표들의 모임(chamber of territorial representation)이며, 입법 기능 외에 다른 전권을 실행한다. 상원의 활동은 질적인, 매우 정교하게 고안된 법(high-quality, well-developed laws.)의 실행 보장에 대한 것이다.

벨라루스 의회의 주요 기능은 입법이다. 의회에서는 가장 복잡한 국가의 정치적, 사회 경제적 운명을 바꿀 수 있는 중요한 문제들에 대한 건설적인 의견 교환이 이루어지며, 법안의 의결이 진행된다. 의회에서 다양한 사회 그룹과 지역적 공통체들의 이해가 제안되고, 고수되기도 하며, 가장 높은 수준에서 다양한 정치, 경제, 사회적 입장과 의견이 논의된다. 대표권은 현대 의회주의의 가장 중요한 특성이다. 대표 기능은 벨라루스 의회가 벨라루스 국민, 즉 민족국가 전체의 이해와 의지를 대변하는 것을 의미한다.

정부는 벨라루스 공화국의 내각이며, 행정부를 대표하는 국가 경영의 가장 중심적인 기관이다. 정부는 그 활동을 대통령에게 보고할 의미를 지니며, 의회 앞에서 책임이 있다. 정부는 자신에게 속한 행정 기관의 시스템을 운영한다. 벨라루스의 헌법은 대통령이 벨라루스 공화국 전 영토에서 강제적 효력을 갖는 법령을 공포하고, 각 부(Ministry)와 공화국의 여타 국가경영 기관의 법령을 취소할 권한을 확증한다. 내각은 입법 발의권을 가진 주체 중의 하나이다.

벨라루스에서 대의민주주의의(representative democracy)의 발전이라는 조건에서 현대 정치적 접근법, 규범, 가치, 사고, 개념, 사상, 행동모델의 형성은 지방정부(local Government)와 지방자치라는 시스템의 완성 없이는 불가능하다. 국민의 국가 경영과정에 대한 직접적인 참여는 국가적인, 또는 지역적인 문제의 해결에 대한 개개 국민들의 결정과 의견을 형성하고, 일정한 사상적, 교육적 기능을 수행한다.

최근 지방정부와 지방자체단체의 활동은 점점 더 다양성과 효율성을 띠고 있으며, 그들의 교육적 역할이 증대되고 있다. 그들은 대중-정치적, 문화-계몽적 업무를 수행하며, 사회 질서를 수호하고, 젊은 세대의 교육과 그들의 여가 활동 등을 담당한다.

지방정부는 그들의 전국가적 이해와 해당 지역에 거주하는 시민의 이해를 고려하여 지역 단위 현안의 해결을 위한 지방 집행 및 규제 기구(local executive and regulatory bodies)의 조직과 활동 형태이다. 벨라루스 영토에서 지방정부 기구들의 단일한 시스템은 주, 시, 구, 읍, 농촌 단위의 집행위원회와 지방행정부로 구성된다.

벨라루스 공화국의 지방자치는 지역단위 과제의 독자적인 해결을 위해 국민들이 직접적으로 혹은 자신들이 선출한 기관을 통해 참여하는 조직과 활동의 형태이다.

지방자치시스템은 지방의회와 지역 사회 자치 기구(소규모 행정단위(micro-district)와 거주 집단의 의회와 위원회, 아파트주민위원회, 구위원회, 농촌위원회, 촌락위원회나 1인 단위를 포함하는 기타 다른 기구들까지)를 포함한다. 지방자치는 행정-지역적, 영토적 단위의 경계에서 실행된다.

벨라루스 공화국에서는 3가지 수준의 의회가 존재한다: 주요 의회(primary council), 기본의회(basic council), 주의회(regional council). 각 기구들의 활동의 다양성은 〈벨라루스 공화국 지방정부와 자치에 관한 법〉을 통해 조정된다.

법은 지방정부와 지방자치의 주요 원칙을 정하는데, 이러한 원칙 가운데에는 특히 국민주권주의, 법치, 사회적 평등, 인도주의, 법이 보장하는 시민의 이해와 권리 보호, 지방정부와 지방자치 시스템의 단일성과 총체성, 의회 및 기타 자치기관의 선출성, 그들의 국민 앞에서의 책임, 그들이 내리는 결정에 대한 책임 등을 강조할 수 있다.

벨라루스 국민에 의한 자치 형태의 실현은 아직 완벽하지 못하므로, 앞으로도 발전해야 할 부분이 있다. 국민의회는 아직도 충분히 제 기능을 하지 못하고, 필수적인 소집의 기간과 국민의회 진행의 절차도 정해지지 않았으며, 국민의회의 권한은 구체적인 문제에 대한 해결이 아니라, 단순히 그들의 토론으로 제한되어 있다. 지역적인 문제 해결 방안의 하나로서 지역 국민투표(local referendum)는 거의 실시되지 않고 있다.

국가 원수는 매년 국민과 벨라루스 의회에게 보내는 메시지에서 국민주권주의를 새로운 수준으로 발전시켜야 할 시기가 왔다고 강조하고 있다. 그 결과 루카쉔코 대통령은 〈국민생활보장을 위한 지방자치기구의 역할 증대에 대한〉 법령에 서명했다. 이 법령은 지방세와 징수액의 국고 환원 문제, 1차적인 국가수입원의 목록을 포함하여 국고의 1차 금융-경제적 기반 형성의 절차를 정하고 있다. 그러한 접근은 사회적 성격의 이벤트를 좀더 효율적으로 지원하고 국민생활주거지의 복지를 증대시킬 것이다.

2011년 루카쉔코 대통령은 자신의 메시지의 제목을 "개개인의 진취성, 자주적 행동과 책임감은 국가의 밝은 미래를 보장한다."라고 했다. 이 메시지에서 그는 "벨라루스 시민사회의 강화를 강조했으며, 이를 위한 토대는 하원, 노조와 퇴역군인, 젊은이들, 각종 여성 단체들이다"라고 했다.

국가 정치 시스템의 가장 중요한 요소 가운데 하나는 전 벨라루스 국민의회이다. 이 국민의회는 벨라루스 국가의 주요 발전 방향과 여론의 활성화라는 강력한 민주주의 제도, 벨라루스 국민주권주의와 정치 시스템의 주요 연결 고리를 논의한다. 이것의 주요 정치적 사명은 국가의 주요 발전 방향과 파라미터를 정하고, 5개년 경제-사회 발전 계획을 수립하는 것이다. 이때 가장 중요한 문제들은 모든 국민의 참여 하에 결정된다. 국가원수의 의견에 따르면, 자신의 존재 이유를 이미 증명한 이 통치 형태는 벨라루스 사회-정치적 안정의 토대가 된다.

2001년 12월 6-7일 민스크에서는 제4회 〈전 벨라루스 국민의회〉가 개최되었다. 벨라루스의 각 지역에서 국민에 의해 선출된 2,500명의 참석자들은 벨라루스 공화국의 최근 15년간 사회 · 경제 발전 성과를 총합하고, 향후 2011-2015년간 벨라루스의 사회 · 경제 발전 프로그램의 주요 내용에 대해 논의했다.

제 4 절 정책결정과정과 행정체계

1 주요 내용

사회의 정치 시스템의 중요한 구성 성분은 정당이다. 그들의 법적 지위는 벨라루스 헌법과 벨라루스의 〈정당법〉에 의해 조정된다. 정당에 관한 여러 헌법 조항 가운데 무엇보다도 제4조를 주목해야 한다. 헌법 제4조는 벨라루스 정치 제도의 다양성을 확증하고, 동시에 특정 정당이나 사회단체 및 그룹의 이데올로기를 국민에게 강요하는 것을 금지하고 있다. 위의 법 제1조에 따르면, 정당이란 개인의 자의적 가입에 따라 형성된 독립적인 시민단체이며, 이 단체는 벨라루스 헌법과 법의 범위에서 활동하고, 국민의 정치적 의지를 표현하고 발현하며 선거에 참여한다.

국민의 일정한 정당의 소속 또는 비소속은 그의 권리와 자유를 제한하거나, 법이 정하는 그의 의무를 이행하지 않을 명목이 될 수 없다.

정당은 민주주의, 자치, 법치, 개방, 모든 정당의 평등 원칙에 기반해서 활동한다. 정당의 활동은 자신의 규약과 프로그램에 기반한다.

국가는 정당의 권리와 법적 이해의 보호를 보장하고, 국영대중매체의 사용 등 다양 경로로 정당이 그 목적과 과제를 달성할 수 있는 환경을 구축한다.

국가권력기관, 국영기업, 조직, 단체의 관계자들은 정당이 법과 규약에 맞추어 활동하고 있다면, 어떤 형태로든 정당의 내정에 간섭하거나, 정당의 활동을 방해할 수 없다.

정당은 입법 기관에서 다양한 사회 그룹의 정치적, 경제적 및 기타 다른 이해를 대변하고, 사회의 정치적 사회화(political socialization)에 기여한다. 많은 연구가 보여주듯이, 벨라루스에서 복수정당성은 가장 큰 중요성을 갖는다.

벨라루스 정치 시스템에서 유권자는 주요한 의미를 갖는다. 이는 국가 정치 시스템의 매우 유동적인 적극적인 요소이다. 2010년 3월에 실시된 대통령 선거에 대한 벨라루스 국민의 적극적인 참여는 이를 증명한다. 국가는 지속적으로 법적 방법을 포함해 국민의 정치 참여도를 높일 수 있는 방법을 찾는다. 개정된 벨라루스 선거규정에 따르면, 벨라루스 지방의회 의원은 예전과 달리 절대다수의 득표가 아닌, 상대적 다수의 다수결 주의에 따라 선출된다.

현대에서 자유로운 정보의 교환, 정보 보유자들 사이에 지속적인, 합목적적인 정보의 흐름이 없이는 민족국가의 향후 발전은 불가능하다. 벨라루스에서 정보 유통은 주로 국영대중매체에 의해 수행되고 있다. 벨라루스의 국영대중매체와 민영대중매체는 모두 사회 정치 시스템의 중요한 구조적 요소이며, 특화된 기술 도구를 사용하여 정보를 수집하고 가공하여 대중에게 전달하는 사회 제도, 사회 구조이다. 그들은 벨라루스 국민들에게 나라의 정치 사건을 알리고, 정치 문화를 형성하고, 올바른 정치적 결정을 내리도록 돕는다.

벨라루스에는 〈간행물과 기타 대중매체 법〉이 채택되었다. 이 법에 따르면, 일반 국민, 정당, 사회단체들은 대중매체 설립 권한을 갖는다. 민영대중매체의 출현은 벨라루스 시민사회 형성의 한 단계가 되었다.

색깔혁명의 물결 후 정당체계가 형성되었고 이는 현대 정치적 혁신의 가능한 방향에 대한 기존의 관념을 바꾸었으며, 현대 국가 정치 시스템의 형성과 발전에 대한 세밀한 연구, 분석이 필요함을 입증했다. 신생국가에서 일정한 유형의 정치 시스템과 정치 체제 형성 요인을 명확하고 구체적으로 설명할 수 없다면, 포스트-소비에트 공간에서 일어나는 현대 정치 과정을 이해하기 어려울 것이며, 앞으로 이러한 국가들의 발전 방향을 예상할 수도 없을 것이다.

최근 벨라루스 정치 시스템은 큰 변화를 겪었다. 오늘날 벨라루스는 가장 안정적이면서도 경제, 문화적 번영을 급격하게 이루고 있는 현대 국가 중의 하나이다. 정치 현실이 보여주는 바와 같이, 색깔혁명은 벨라루스에서 일어날 가능성은 거의 없다. 그러나 사회-경제적, 정치적 문제의 벨라루스적 해결 경험을 학문적으로 분석할 필요는 있다. 이는 중요한 이론적, 실제적 의미를 가지기 때문에 세밀히 연구되어야 하고, 그 연구 결과는 벨라루스의 입법 활동에 참고가 되어야 한다. 벨라루스가 2011년 4월부터 겪고 있는 경제난은 위에서 언급한 결론을 입증하는 것이지, 벨라루스 경제 모델의 위기를 입증하는 것은 아니다.

2 단체결사권(the right to associate)

벨라루스 공화국의 법은 단체결사권과 관련하여 국제법과 사회단체 활동 조정에 대한 해외 사례에 완벽히 상응하고, 벨라루스 헌법 제36조에 명시된 가장 중요한 정치권 - 단체결사의 자유와 권리의 적절한 실현을 보장한다.[6]

이 단체결사권은 사회 단체 참여에 대한 개인의 선호와 능력, 이해를 고려하여 실현된다.

벨라루스 민법 제117조의 규정에 따르면, 사회단체(public association)란 정신적 혹은 기타 비물질적 필요를 충족하기 위해 시민의 공동 이해에 기반하여 일정한 절차에 따라 형성된 자의적 단결체이다. 사회 조직(public organizations)이란 설립 목표의 달성을 위해서만 이에 상응하는 기업활동을 할 수 있

6) Golovanov V. 「이익집단의 균형 준수」. Belaruskaya dumka. 2009, pp.3-7.

는 비상업적 조직이다. 사회단체의 설립과 활동은 벨라루스 공화국의 〈사회단체법〉(2005년 개정안)으로 조정된다.

벨라루스 국가에서는 헌법이 보장하는 국민의 단체결사의 자유와 권리가 실현되고 있다. 사회단체는 시민적, 사회적, 문화적 또는 기타 다른 권리의 공동 실현을 위해 설립되며, 시민사회의 한 요소가 되고, 관심을 요구하는 시급한 사회문제의 공동해결에 대한 시민의 권리를 실현하는 형태가 된다.

벨라루스에서는 지속적으로 새로운 사회단체가 등록되고, 사회단체의 조직적 구조의 수가 증가한다. 2010년 6월 1일 벨라루스에는 15개의 정당과 35개의 노조(33개는 공화국 단위의 노조, 1개는 지역 단위 노조, 1개는 조직 단위의 노조), 2,216개의 사회단체(215개는 국제단체, 699는 공화국 내의 단체, 1,302개는 지역단체), 22개의 사회단체 연합이 존재했으며, 994개의 정당 조직구조(organizational structures)가 등록되었으며, 2만 2천 개 이상 노조의 구조적 조직과 2만 9,000개 이상 기타 사회단체의 조직적 구조가 등록되었다. 2007년 1월 1일에 벨라루스에는 11,917개의 사회단체 조직 구조가 있었고, 반면 2009년 1월 1일에는 25,308개의 사회단체의 조직구조가 존재했다. 그러므로 3년간 사회단체 조직구조는 2배 이상이 증가했다.

사회단체의 활동 영역은 매우 다양하다. 그들은 국가기구와 협력하고, 퇴역군인, 청소년들을 돌보고, 환경문제, 역사적 문화유산의 보존, 가정 보호, 어린이 양육문제를 담당한다. 벨라루스에는 348개의 복지단체와 173개의 청소년단체, 106개의 민족-문화단체, 97개의 학문-기술단체, 42개의 창조적 혹은 기타 사회성격의 사회단체가 활동하고 있다.

그들의 활동은 매우 다양하다. 국제계몽사회단체인 〈AKT〉에 의해 '국가사회적 요구(the state social order)' 문서가 작성되어서, 노동복지부에 제출되었다. 이들은 국민의 복지를 위해 다양한 소유 형태의 조직들과 연합하여 노동복지부의 사회-학술연구소 설립을 위한 토대로 사용되었다. 벨라루스에는 자의 민족 문화의 특성을 지키기 위해, 비 원주민족들이 결합한 다양한 사회단체가 존재한다. 환경적 성격의 단체들은 국민의 환경생태문화를 높이기 위해 중요한 역할을 하고 있다.

벨라루스 사회단체 〈Ecological Initiative〉는 벨라루스 공화국의 환경자연부와 밀접히 협력하고 있다. 그들은 '잔류성 유기오염물질(persistant organic pollutants)'의 문제를 대중에게 알리는 프로젝트를 성공적으로 수행하고 있다.

공화국 단위의 사회단체인 〈벨라루스 어린이 재단〉의 활동도 높은 평가를 받을 만하다. 이들의 활동은 고아와 선천적 기형아들을 돕는데 집중되어 있다. 〈어린이의 심장〉 프로그램의 일환으로 2000년부터 이 사회단체의 지원하에 400명 이상의 어린이들이 수술을 받았고, 수천 명의 어린이들은 전문적인 의료진의 상담을 받았다.

국제사회단체인 〈Volyuntas〉는 보건복지부와 교육부 산하의 단체들과 협력하고 있다. 그들은 벨라루스의 빈민들을 대상으로 인도적 구호활동을 조직하고 있다. 이 단체는 서유럽에서 검증된 다양한 사회적 테크놀러지를 벨라루스에 도입하는데 필요한 일들을 하고 있다.

사회단체 〈벨라루스 여성연합〉은 벨라루스 공화국의 사회, 문화에서 여성의 역할을 높이기 위해 노력한다.

법에 따라, 사회단체는 사회와 정치에서 그들의 적극적인 참여를 보장하는 다양한 권리를 누리고 있다. 그들은 정관에 규정된 목적을 수행하기 위한 다양한 활동을 수행하고, 아무런 방해 없이 그들의 활동과 관련된 정보를 얻고 이 정보를 확산시키고, 법이 정한 질서에 따라 대중매체를 활용하고, 자신의 대중매체를 설립하고 법이 정한 절차에 따라 간행활동을 하고, 법이 보장하는 이해와 권리를 지키고, 국가기관과 기타 조직에서 회원들의 법적 이해를 대변하고, 법이 정한 절차에 따라 선거를 준비하고 실시하며, 다른 사회단체, 연합들과 관계를 유지하고, 또 다른 연합을 설립할 수 있는 권리를 갖는다.

국가와 사회 조직 간의 상관관계에 대해 말하자면, 〈사회단체법〉 제6조는 국가기구와 사회단체의 활동을 정확히 구분하고 있으며, 상호 불간섭을 원칙으로 한다. 그러나 이는 이들 간의 어떤 연결이나 상호작용이 완전히 부재함을 의미하지는 않는다. 반대로, 법은 법적 관계의 주체로서 이들의 독립성을 법적으로 경계 지으며, 국가와 사회단체 간 협력의 법적 형태를 규정하고 타당하지 못한 상호 간섭을 제한한다. 이와 관련하여 국가에 의해 설정되는 규범은 시민의 권리와 자유를 지키는 공동 메커니즘의 주요한 구성성분이 된다. 그러한 조정은 사회단체 활동 자유의 법적 규제와 보호 장치 구축, 사회단체 활동 범위와 가능성 정의와 같은 형태를 띠며 실행된다.

사회단체의 적극적인 활동은 사람들의 더욱 신장된 정신적 요구를 충족시키고, 그들의 창조적 가능성을 실현하고, 궁극적으로 국가의 사회-경제적, 법적 개혁 추진을 지원한다.

사회단체가 정치와 국가 경영에 참여하는 데에는 여러 가지 형태가 있다. 예를 들어, 사회단체는 국가 권력기관을 형성하는데 참여하고, 그들의 활동을 감시하며, 선거를 준비하고 실시하는데 참여하며, 국가기관이 보유한 필수 정보를 공유하고, 사회에 영향을 미치는 특정 국가 정책 발의를 위한 제안을 국가기관에 보낼 수 있다.

특히 사회단체는 선거법이 그들에게 부여한 권리 내에서 선거의 준비와 실시에서 매우 중요한 역할을 한다. 사회단체는 정당, 노조, 국민들과 함께 전영토 단위의, 혹은 선거구 단위의 선거위원회에 자신의 대표자를 위원 후보로 내세울 수 있다(벨라루스 선거법 제11조). 벨라루스 제4대 의원선거기간 사회단체는 지역선거위원회(District Election Commissions)에 472명의 의원 후보를 추천했다.

사회단체의 회원들은 다른 대표자들과 함께 선거, 국민투표 실시 시 참관인으로서 그 자리에 있을 수 있는 권리와 하원 의원 및 상원의원 소환(벨라루스 선거법 제13조)의 권리를 갖는다. 사회단체의 신임장을 받은 참관인의 총수는 전체 참관인 수의 반 이상이다.

벨라루스 선거법 제45조에 따르면, 사회단체는 다른 기관들과 함께 벨라루스 대통령 후보, 의원 후보들의 선거운동 프로그램, 그들의 개인적 · 실무적 · 정치적 성향과 능력을 자유롭고, 치밀하게 토론하고 그들에 대한 찬성이나 반대 운동을 집회나 대중매체, 혹은 다른 유권자들의 만남을 통해 벌일 수 있는 권리를 갖는다.

2009년 초에 벨라루스 대통령 행정실에는 사회자문위원회가 만들어졌으며,

여기에는 여러 사회단체의 대표자들이 참여한다. 이 위원회의 목적은 국가와 사회의 발전 현안을 논의하고, 벨라루스를 국제사회에 좀더 적극적으로 편입시키기 위한 방안을 수립하고, 사회-경제적, 정치적 발전 방향을 완성하는 것이다. 위원회는 또한 다양한 심각한 현안을 논의하고, 국가가 이 문제의 해결을 위한 정책을 수립하는데 고려할 수 있도록 여러 방안을 제시한다.

벨라루스 형법(제21조)는 사회단체들이 교화 당국의 활동(prison authorities)을 감시하도록 규정한다. 2006년 9월 15일 벨라루스 공화국 내각이 채택한 N.1120호에 따르면, 형벌을 집행하는 기관과 단체의 활동을 감시하기 위해 공화국 단위와 지역 단위의 사회감시위원회가 설립되었다. 공화국 단위의 사회감시위원회는 법무부 산하에 설립되었고, 벨라루스의 전 영토에서 활동한다. 주 단위와 민스크 시 단위의 사회감시위원회는 상응하는 주집행위원회와 민스크 시집행위원회의 법률 관련 관청 산하에 설립되었다.

그러한 위원회는 다양한 사회단체 대표자들로 구성되고, 이 위원회의 정관상 목적과 활동 방향은 형을 선고받은 자를 포함해 전 국민의 권리 수호이다. 사회단체는 교화기관을 방문하고, 거기에 감금된 사람들과 대화할 권리가 있다. 형벌을 집행하는 단체의 행정 기구는 이들 위원회가 사회적 감시를 실시하는데 지원해야 한다.

모든 사회 제도의 협력은 다양한 문제의 효과적인 해결을 위해 국가 권력 전권을 사회 구조의 창조적 잠재력 및 인적 자원과 결합시킨다. 국가기구와 사회단체의 상호작용은 여론형성, 사회 문제 해결을 위한 다양한 사회 계층의 동참 독려, 시민의 적극성 증대, 시민사회의 사회적 제도 구축의 공동 작업 등 매우 다양한 형태로 실현되며, 이는 강력한 법치국가 형성을 위한 핵심 요소이다.

국가기관과 사회단체의 상호관계는 벨라루스 국민의 문화, 경제, 사회적 이해의 수호를 목표로 하는 파트너쉽에 기반해야 한다.

동시에, 벨라루스 법은 헌법 구조의 강제적인 변화, 국가의 통합성과 안보위협, 전쟁, 무력, 인종·민족·종교·사회 계층 간 적대심을 부추기는 활동을 하는 사회단체의 설립을 금지한다.

그러한 금지는 벨라루스 헌법 제5조와 1994년 10월 5일에 채택된 벨라루스 공화국 〈정당법〉(2005년 7월 19일 개정안), 2007년 1월 4일에 채택된 〈극단주의 금지법〉 에 명시되어 있다.

법은 공무원에 의한 모든 형태의 국민의 단체결사권 훼손에 대한 책임도 명시하고 있다.

사회단체, 혹은 다른 나라 식으로 하자면, 비정부기구의 존재는 시민사회 발전의 중요한 조건이다. 벨라루스에는 대단히 많은 수의 사회단체가 활동하고 있으며, 이들이 다양한 국가 활동 영역에 참여하고 있다는 사실은 벨라루스에서 국민의 시민적, 사회적, 문화적 혹은 기타 다른 권리의 실현 보장을 위해 진정한 의미에서 비정부 부문이 구축되었다는 것을 입증한다.

다른 한편, 현행법은 사회와 국가의 요구에 맞추어 지속적으로 보완되어야 한다(actualized). 현재 〈시민에 대한〉 법안이 마지막 검토를 거치고 있다. 2011년에는 〈국가기관 활동 정보의 접근성에 대한〉 법안이 마지막 단계를 거칠 것이다.

과거 사회주의 국가들의 행정시스템과 정치과정의 발전에 대한 '서구적 시각'에 대해 몇 가지 언급을 할 필요가 있다. 에스토니아의 탈린 기술대학교 티나 란드마-리이브(Tijna Randma-Lijv) 교수의 논문 포스트공산주의 국가의 국가행정에 '서구' 이론의 적용가능성에 관하여[7] 에서 올바르게 지적되어 있는 바와 같이 1990년대 초반부터 중부유럽과 동유럽의 신생 국가들에서는 새로운 국가 경영법(메니지먼트)(혹은 국가 발전에 관한 新 베버적 개념) 이 널리 유행하였다. 티나 교수는 '새로운 국가 경영법이 신생 독립국가들이 가지고 있는 많은 대내외적 문제들, 예를 들면 하이퍼 다당제(多黨制) 문제나 경제, 보건, 환경에 대한 비효율적인 제어와 같은 문제를 해결할 수 있는 강력한 국가 건설로 이어지지 않았다'고 결론을 짓고 있다. 시민의 역할을 소비자(고객)의 역할로까지 귀착시키는 소위 민주주의이라 불리는 가치의 발전에 대한 티나 교수의 고찰도 매우 흥미롭다. 란드마-리이브 교수는 '동유럽과 중부유럽

7) Randma-Lijv T. "포스트공산주의 국가의 국가행정에 '서구' 이론의 적용가능성에 관하여".

의 허약한 민주주의는 소비자보다는 시민(전체 사회 그룹들)과 함께 하는 것이 이득이 훨씬 크다'고 지적하고 있다. 그리고 마지막으로 필자는 중부유럽과 동유럽 국가의 향후 발전을 보장하는 것은 우선적으로 국가 행정의 통일성(타지키스탄의 속담 '진리는 하나다: 만일 둘로 잘라버린다면 그 어느 한쪽도 모두 거짓이다.'를 언급하고 싶다)이며 또한, 공직사회의 문화 및 질서의 통일성이라는 점을 검증하였다. 다시 말하면 강력한 국가의 확립이 선결되어야 하며 그러한 후에야 현대적인 경영기법들, 그 가운데, 웹기술을 기반으로 하는 기법들을 적용하여 새로운 요인들을 점진적으로 정착시켜가야 한다. 이 '서구' 학자의 견해에 찬성하지 않을 수 없는 점은 이것이 벨라루스적인 발전 방향이기 때문이다. 탈 제어, 탈 중앙화, 자유화와 같은 현대 경제의 필수 요소들이 공직자들의 높은 자질을 필요로 한다는 사실은 별개의 문제이다. 그리고 물론 이 지점에서 선진 외국의 경험을 학습하고 적용하며 정착시키는 폭 넓은 국제협력의 장이 펼쳐진다.

3 벨라루스 공화국의 선거 시스템

벨라루스 공화국의 정치제도의 형성과 발전은 국가의 법규에 따라 시행되는 정치선거와 밀접한 관련이 있다.[8)]

벨라루스 공화국 선거법 제2조에 따르면 선거시스템과 국민투표의 법률적 근거는 벨라루스 공화국 헌법, 선거법, 그리고 벨라루스 공화국의 하원의원들 및 지방의회의 의원들의 법률 행위이다. 선거는 자유선거이며 보통, 평등, 직접, 비밀 투표를 기본으로 한다.

참정권은 선거 시스템의 일부이며 정부의 선출기관 구성에 참여하는 시민

---

8) Astapovskii V.E. 「민주선거 - 벨라루스 정치시스템의 근간. Problemy upravleniya」, 2010, pp.49-53.

의 권리, 즉 국가기관에 대한 선거권과 피선거권을 반영하고 있으며, 정부 대표기관의 선거 시행과 국가 선거기관 구성의 조건과 법규를 조절한다.

참정권은 능동적 참정권과 피동적 참정권으로 구분된다. 능동적 참정권이란 선거와 국민투표에서 투표를 하고 개인 자격으로 이에 참여를 하는 시민의 권리를 말한다. 18세 이상의 모든 벨라루스 시민은 능동적 참정권을 가진다. 참정권자는 전권대표나 수탁인, 선거위원회위원, 시민사회단체의 참관인 등으로 선거과정에 참여할 수 있다. 시민권을 상실한 자, 법원에 의해 무능력하다고 인정된 자, 법원의 판결에 의해 구금된 자, 형사소송법에 따라 구속-구류된 자는 능동적 참정권을 상실한다. 벨라루스에 거주하고 있는 러시아연방 시민은 벨라루스 공화국과 러시아연방 간의 국제협약에 따라 지방의회 의원 선거에 참여할 권리를 가진다.

피동적 참정권이란 정부의 대표기관 혹은 여타의 선출직에 입후보할 시민의 권리를 말한다. 피동적 참정권은 후보자 자격에 있어서 연령적으로 보다 높은 제한을 가지고 있다. 예를 들면 벨라루스 공화국의 대통령은 최소 35세 이상이어야 하며 벨라루스의 참정권을 가지고 있어야 하고 선거 전 최소 10년 이상 벨라루스에 상시 거주하고 있는 벨라루스 시민이어야 한다. 벨라루스 상원의원은 30세 이상, 관할 주 및 민스크 시에 최소 5년 이상 거주한 벨라루스 시민이어야 한다. 하원 의원은 21세 이상 된 벨라루스 시민이어야 한다.

2004년 10월 17일 벨라루스 대통령의 2회 이상 재임 가능에 관한 선거법이 국민투표를 통과하였다.

참정권의 실현은 직접선거와 간접선거로 나뉜다. 직접선거란 의원 혹은 공무원이 시민에 의해 직접 선출되는 것을 말한다. 벨라루스 대통령과 하원의원, 지방의회 의원의 선출은 직접선거로 이루어진다. 상원의원 선거는 간접선거이다. 상원의원은 지방의회 의원 가운데 주(州)별 각 8인, 민스크 시의원 8인, 그리고 벨라루스 대통령이 임명한 8인으로 구성된 회의에서 선출된다.

참정권의 기본원칙은 다음과 같다. 보통, 자유, 평등, 비밀. 이와 같은 원칙이 준수되는 선거가 민주 선거이다. 이 원칙들은 벨라루스 공화국 선거법에 모두 반영되어 있다.

참정권은 선거자격에 제한을 두고 있다. 선거자격이란 법률이 정한 요건으로서 시민은 선거에 참여하는 권리를 가지면서 준수해야 하는 요건이다. 국가는 선거자격을 적용하여, 법률에 의해 투표권을 부여받은 시민의 총합, 즉 선거인단을 정한다.

앞서 언급한 연령 자격 외에도 거주 및 시민권 자격이 있다. 벨라루스에서는 성별에 따른 제한이 없으며 재산 자격도 없다.

벨라루스에는 선거, 국민투표, 의원소환투표 시행을 위해 선거권역, 투표지구가 존재하며 선거권을 가진 유권자명단이 작성되어 있다.

벨라루스 대통령 선거는 벨라루스 영토 전역을 포괄하는 단일선거권역에서 시행된다. 벨라루스 영토에는 하원의원 선출을 위한 110개의 선거권역이 있다. 지방의원 선출에는 40-60개의 선거권역이, 민스크 시의원 선출에는 40-60 선거권역이 있다. 시의회(주(州) 소속 도시들)의 선출에는 25-40개의 지역권역이, 구의원 선출에는 15-25 선거권역이 할당되어 있다.

선거권역은 거의 동수(同數)의 유권자 수로 구획되며 지역에 따른 유권자 수의 차이는 10%를 넘어서는 안 된다. 선거권역은 고유한 명칭, 번호, 경계를 가진다. 선거위원회가 위치한 장소, 유권자 수는 하원 선거일 지정 후 최소 5일 이내에 중앙위원회에 의해 공표된다. 지방의회 의원선거 시, 지방선거위원회는 지방의회 선거 최소 80일 이전에 공표해야 한다.

선거시행과 개표를 위해 투표지구는 유권자 수가 최소 20인 이상, 최대 3,000인 이하로 구성된다. 투표 지구는 선거일 기준으로 늦어도 2달 전, 국민투표의 경우 늦어도 25일 전, 의원소환투표의 경우 시행결정 후 늦어도 7일 안에 구성된다. 선거인명단은 각 지구별로 작성되며 지역위원회 의장과 간사가 서명한다. 투표권을 가진 시민은 오직 하나의 투표지구 명단에만 기재되어야 한다.

국민투표, 하원의원 및 상원의원의 소환투표 결정에 대한 전권은 벨라루스 대통령에게 있다. 이때 하원이 결정하는 대통령 선거는 제외한다. 대통령은 선거 시행을 조직하며 공화국 예산편성 시 국민투표와 모든 선거 시행에 필요한 비용을 지시한다.

벨라루스 대통령선거, 하원의원 선거, 지방의원선거, 국민투표, 의원소환투표는 위원회가 주관한다.

2010년 1월 4일부터 벨라루스 공화국 법률 99-3항 선거와 국민투표시행에 대한 벨라루스 법률 일부 보충 및 변경과 벨라루스 법률 벨라루스 공화국 선거 및 공화국 국민투표시행 위원회의 무효화에 따라 위원회의 활동은 벨라루스 공화국 헌법과 선거법, 여타의 법률행위를 따른다. 위원회는 본 기관의 전권 내에서 국가기관으로부터 독립적이며 정치정당 및 여타의 사회기관들의 결정과 무관하다.

모든 국가기관, 정당, 사회단체 및 시민은 위원회의 전권 하에서 결의된 사항을 반드시 준수한다.

벨라루스 공화국 선거법 8장 중앙위원회 구성, 조직 및 전권 이 개정되었다. 중앙위원회는 벨라루스 공화국 시민 12인으로 구성된다. 이들은 원칙적으로 고도의 법률교육 및 선거와 국민투표의 조직과 시행 경험이 있는 이들이어야 한다. 중앙위원회의 위원 6인은 벨라루스 공화국 대통령이 임명한다. 중앙위원회의 전권 기간은 5년이다. 정당인 출신 중앙위원회 위원은 반드시 당원 자격을 일시 정지시켜야 한다.

선거위원회 구성법도 개정되었다. 원칙적으로 위원회 구성원의 3분의 1 이상은 정당과 기타 사회단체의 대표자들로 구성된다. 해당 조항은 병원 및 입원, 치료, 예방기관에 조직된 관할지역위원회의 구성이나 벨라루스 공화국을 벗어난 곳에는 적용되지 않는다.

공무원들은 위원회 전체 구성원의 3분의 1을 초과할 수 없다. 해당 조항은 벨라루스 공화국을 벗어난 관할지역위원회 구성에 적용되지 않는다.

벨라루스 대통령선거를 위해 주위원회 및 민스크 시위원회는 적어도 선거 80일 전에 9-13인으로 구성되어야 한다. 지방의원 선거를 위해 지방선거위원회 및 민스크 시지역선거위원회는 선거 85일 전 9-13인으로 구성되어야 한다. 하원의원 및 주의원 선거를 위해 지구별 선거위원회는 선거 75일 전

9-13인으로 구성되어야 한다. 벨라루스 대통령 선거를 위한 지역위원회 및 시위원회, 지방의원 선거를 위한 지역위원회 및 시위원회는 선거 80-85일 전에, 국민투표는 1달 전에, 9-13인으로 구성되어야 한다. 시(市)와 구(區)선거위원회는 선거 85일 전에, 국민투표는 1달 전에 7-11인으로 구성되어야 한다. 관할지구 위원회는 선거 45일 전에, 국민투표는 20일 전에, 의원소환투표결정일로부터 10일 이내에 5-19인으로 구성되어야 한다.

시민은 지원서를 제출하는 방법으로 지방과 지역 및 관할지구 위원회에 자신들의 대표자를 추천할 수 있다. 지원서는 선거권이 있으며 상응하는 지역 거주 거주민 10인 이상의 서명이 필요하다.

선거위원회에 대표자를 추천한 주체들은 선거위원회 구성 문제 의결 시 지역집행위원회 회의와 대표기관회의에 참석할 수 있는 권한을 갖는다. 이 회의의 결정사항은 법정에서 논박될 수 있다.

대통령 및 국회의원 선거 시행 시 심의권을 갖게 되는 중앙위원회 위원기관은 선거법에 직접적으로 명기되었으며, 과거에는 선거 기간 동안에 심의권을 갖는 중앙위원회 위원이 벨라루스 대통령령으로 발포되었다.

후보자 추천은 선거에 있어 중요한 단계이다. 벨라루스 대통령 후보자는 10만 명 이상의 유권자의 서명을 제출한 벨라루스 시민에 의해 추천된다.

벨라루스 대통령 후보자 추천 기간은 선거일 80일 전에 시작되어 50일 전에 마감된다. 의원 후보자 추천기간은 선거일 70일 전에 시작되어 40일 전에 마감된다. 정당의 후보자 추천 방식은 법규에 따라 간소화될 수 있다. 정당은 선거구에 정당조직이 없을 때 하원의원과 지방의원을 추천할 수 있다.

집행위원회에서 발의단이 수집한 서명의 확인을 명령하는 기준은 법규에서 제외된다. 서명의 무효성을 판단하는 최소 숫자를 줄였으며 특히 벨라루스 대통령 후보자 추천 시 서명인 명단에는 동일한 도시와 지방, 도시 내에 거주하는 유권자들의 명단이 반드시 포함되어 있어야 하며, 의원 선거에는 선거권역 내에 거주하는 유권자들의 명단이 반드시 포함되어야 한다. 해당 요구조건을 충족시키지 못할 시 그 서명은 전체 서명인 수에서 간단히 제외될 것이다. 과거에는 명단 전체가 무효화되었다.

선거법에는 벨라루스 대통령 후보자로 추천된 인물들과 배우자 및 친척들의 소득과 재산 신고와 관련된 문제들이 명시되어 있다. 불확실성의 성격을 규정하는 것은 중앙위원회의 권한이다.

선거운동의 범위와 형태가 확대되었다. 입후보자도 선거운동을 하지만 여러 정치집단의 대표자들도 법률이 정한 절차에 따라 추천을 받아 선거위원회에 등록된 입후보자들을 찬성하거나 반대하는 등 선거운동을 펼친다.

선거운동은 유권자와의 만남, 회의, 논쟁, 토론, 집회와 같은 행사의 형식으로 언론을 통하거나 인쇄선전물의 출판과 보급을 통해 이루어진다.

지역의 집행기관 및 행정기관은 관계 선거위원회와 협의하여 벨라루스 대통령 후보자들, 의원 후보자들과 유권자와의 만남을 진행하기 위한 장소를 결정한다. 또한 옥외 선거 집회, 시위, 피켓팅을 위한 장소도 결정한다. 해당 행사는 안내적 성격을 지닐 수 있으며 후보자들과 그들의 대리인에게만 허용된다. 지방자치단체와 경찰은 사회의 질서와 안녕을 보장한다.

선거자금은 한도 내에서 개인적인 재원으로 충당할 수 있다. 선거자금을 이용하여 후보자는 선거운동을 위한 공간을 임대하고 방송시간과 신문지면을 구입할 수 있다. 선거운동은 투표 당일에는 금지된다. 이전에 투표소 옥외에 게시된 선거 인쇄물은 그 자리에 그대로 게시한다.

벨라루스 공화국의 선거는 다수대표제 선거이다. 벨라루스 대통령 선거와 하원의원선거에는 절대다수대표제 선거시스템이 적용된다.

모든 선거는 소선거구제를 채택하고 있으며 벨라루스 대통령 선거의 경우 전국의 선거민을 포괄하는 단일 선거구를 채택하고 있다.

절대다수대표선거제 시스템 하에서는 전체 유권자 수의 최소 50%와 1표 이상을 득표한 후보자가 당선된다. 1차 투표에서 필수 득표수를 받은 후보자가 없을 경우 중앙위원회의 결정에 따라 2차 투표가 이루어진다. 이 경우 득표수가 많은 2명의 후보자를 놓고 2주 안에 투표가 이루어져야 한다.

만일 선거명부상 유권자 수의 50% 이상이 투표에 참여하게 되면 2차 투표는 성사된 것으로 한다. 투표 참여 유권자 수의 50% 이상 득표한 후보자가 벨라루스 대통령에 당선된다.

지방의원 선거에는 상대다수대표선거 방식이 법률에 의해 적용된다. 즉 선거가 유효하다는 판단을 위해 필수적인 투표자수는 배제된다.

투표 조직 의무와 선거인의 의사표현 자유 보장, 투표소의 기자재, 투표소 내부의 질서유지는 지구위원회가 담당한다. 투표는 일요일 오전 8시부터 20시까지 진행된다. 투표용지의 형식과 내용은 중앙위원회가 정한다.

서로 다른 내용의 여러 지방의회 선거 진행 시 투표용지의 색으로 구분하거나 특정한 기호를 사용해야 한다.

벨라루스 공화국에서 조기투표는 선거일 전 5일간 시행된다. 조기투표 첫째 날 투표함은 밀봉 혹은 날인된다. 조기투표 기간에는 본 투표가 마감할 때까지 지구위원회의 대표 혹은 대표 대리인이 매일 투표용지 투하를 위해 잘라낸 곳을 종이로 덧바른다. 그 종이에는 지구위원회 대표 혹은 대표대리인과 다른 위원 1인의 날인이 있어야 한다. 투표를 위해 잘라낸 곳을 종이로 바르거나 개봉할 시에 언론 관계자들과 참관인들은 동석할 권리가 있다.

조기투표 기간에 지구위원회의 대표 혹은 대표 대리인은 지구위원회가 받은 투표용지 수, 투표용지를 받은 유권자 수를 매일 기록하고, 조기투표 마지막 날 투표용지를 받은 유권자 총수와 훼손된 투표용지 수 그리고 사용되지 않은 투표용지 수를 기록하는 의정서를 작성해야 한다. 의정서에는 지구위원회 대표 혹은 대표 대리인과 위원회 위원 1인의 서명이 있어야 한다.

조기투표는 요양원, 예방시설, 휴양시설, 병원, 기타 입원치료시설에서는 시행되지 않는다. 제2차 투표도 이와 같다.

투표함을 개봉하기에 앞서 미사용 투표용지의 수를 세어 공표한 후 무효로 만들어 포장한 후 밀봉한다. 투표결과는 위원회 대표인이 공표한다. 투표에 참여한 유권자 총수, 그 중 조기투표에 참여한 유권자 수, 거주지별 표결 유권자 수, 선거당일 지구 투표소에서 투표한 유권자 수를 공표하고 의정서를 작성한다. 벨라루스 대통령 후보자와 의원후보자는 개표 시 투표 관할 시설에 참석할 권리가 있다.

벨라루스 선거에서는 내부(자국) 참관인 못지 않게 외부(국외) 참관인도 중요한 역할을 한다. 참관인의 참여는 선거결과의 진실성을 판단할 수 있는 효과적인 수단이다.

1990년 6월 코펜하겐에서 열린 인권부문회의(Conferences on Human Dimension)에서는 참관인의 참여가 선거과정의 권위를 높이며, 따라서 본 회의의 참여국들은 선거과정에 개입하지 않는 참관인들을 반드시 초청해야 한다는 점을 분명히 하였다.

파리에서 열린 유럽안보협력기구(OSCE) 연례회의에서 국가 수반들과 본 기구의 수뇌부들은 선거관련 정보 교환과 교류를 돕기 위하여 바르샤바에 민주주의제도 및 인권 담당 사무소를 세울 것을 결의하였다.

CIS 국가에서 초청된 국제 참관인들의 견해에 따르면 지난 2008년 치루어진 벨라루스 공화국 하원의원선거는 개방적이며 투명한 선거였다.

동시에 OSCE 의원총회 부의장이자 OSCE 벨라루스 선거참관인단장인 아니-마리 리젠은 2008년 9월 29일 민스크에서 열린 기자회견을 통해 벨라루스의 선거는 자국 법에 따라 시행되었다는 점을 인정하지만 OSCE 기준에는 미치지 못했다고 공표하였다. 2010년 1월 4일 선거와 국민투표시행에 대한 벨라루스 법률 일부 보충 및 변경과 벨라루스 법률 벨라루스 공화국 선거 및 공화국 국민투표시행 위원회의 무효화 법안이 가결되었다. 본 법안은 공화국내에 선거시스템의 완결성을 높이고 국제기준에 완벽히 일치하도록 입안되었다. 그런데 시행된 법률개정에 대한 국제사회의 긍정적 반응이 2010년 12월 19일 시행된 벨라루스 공화국 대통령 선거에 대한 긍정적 평가를 만들어내지는 못했다.

공화국에서는 하원의원을 다수대표선거제에서 혼합선거제로 선출하는 문제도 논의되고 있다. 즉 지역구별 투표방식과 함께 정당명부를 통해 하원의원을 선출하는 방식이다. 그러나 또 한 차례 국내법 개정이 수반되어야 하는 이 문제는 루카센코 대통령의 표현에 따르면 '하루 이틀 일이 아니며' 2012년 하원의원 정기 선거는 현재의 법규에 따라 시행될 예정이다.

제 5 절 벨라루스의 공공정책: 벨라루스와 대한민국 간의 핵심고리인 자원-에너지 정책

현재 아태지역은 글로벌 비즈니스 활동에 있어 가장 역동적으로 성장하고 있는 지역이다. 벨라루스 산업이 여러 원인들로 인하여 외국 산업과 경쟁하기 힘든 상황에서 현재 성장하는 국제무역 수지 70%는 주요 산업국들에게 돌아간다는 사실을 고려할 때, 벨라루스 공화국의 견고한 국가 발전을 확실히 보장하기 위해서는 빠르게 성장하는 아시아 시장을 더욱 적극적으로 확보해야 한다.

아태지역에 대해 보다 역동적인 대외 정책을 취하지 않고 이를 지연시키거나 형식적인 태도로 일관한다면 벨라루스의 효과적 성장에 역효과를 낼 뿐 아니라 위험에 빠뜨릴 수 있다. 전문가들에 따르면 현재 '아시아적 역동성, 특히 통합적 역동성에 보조를 맞추지 못할 경우 국가의 장래에 문제가 야기될 것이다.'[9]

한편, 특히 경제블록에 한정된 문제들이나 해당 국가와의 협력에 영향을 미치는 사회정치적 요소들을 기계적으로 언급하는 출판물조차도 상대적으로 소수에 그치고 있으며 그것도 극히 한정된 전문 출판물이라는 점은 벨라루스뿐 아니라 러시아, 우크라이나의 대외정치의 우선순위에서 아태지역이 실질적으로 빠져 있음을 보여주는 명백한 증거이다.

바로 이러한 점에서 다음과 같은 말이 널리 퍼져 있다. "벨라루스는 러시아 혹은 중국처럼 한국에 폭넓은 투자기회를 제공할 능력이 없다".

중요한 협력 전망에도 불구하고 정치와 경제 분야에서 벨라루스와 한국의 상호협력의 제약요인은 다음과 같다.

1) 대한민국의 대외정책의 방향과 우선순위

2) 벨라루스 공화국의 불충분한 마케팅활동과 한국 시장에서의 벨라루스

9) Voronovich V. 「아태지역국가와 벨라루스 협력에 영향을 주는 몇가지 요인들」. Zhurnalmezhdunarodnogoprabaimezhdunarodnykhotnoshenii. 2008, pp.30-35.

브랜드의 미진한 진입

3) 비자 문제, 거리, 이로 인한 교통과 물류 이동의 고(高)비용

4) 상품이 아닌 선진외국기술 구입을 우선시하는 한국의 모델 구조, 여러 부문에서 벨라루스 공화국과 대한민국의 수출구조의 일치

예를 들어 한국의 수출구조에서 반도체, 통신 기기, 컴퓨터, 디지털 기기가 차지하는 비중은 30% 이상이며, 자동차 및 제강은 20%, 석유와 화학제품이 약 7%이다. 다시 말하면 한국과 벨라루스는 잠재적인 경쟁국이라는 것이다. 반면, 이는 동시에 명기된 분야에서 양국의 합작투자를 통한 시설 건립이 가능함을 보여준다. 게다가 한국의 수출에서 전자제품이 다수를 차지하고 있으며 이는 벨라루스 기업에 대한 투자를 유치하고 직접적으로 첨단산업 기지에 투자자들을 불러 모을 추가적 기회가 있음을 의미한다.

벨라루스와 한국의 협력 강화에 기여할 요인들은 다음과 같다

· 정치체제의 중심이 전통적으로 대통령과 정부와 같은 행정부에 있다. 따라서 모든 수위에서 상호영향이 용이하며 구체적인 프로젝트 현실화를 위한 적절한 제어가 보장된다.

· 한국에서는 정치적 고려가 경제적 이익이나 건전한 실용주의보다 우선시되지 않는다.

· 국가가 선도하는 조절과 경제발전 계획은 직접법의 형식이다. 현재 벨라루스처럼 1990년대 중반까지 한국은 관세 및 비관세방식을 이용하여 내수시장을 보호하는 엄격한 보호관세주의 정책을 폈으며, 수입대체품에 관한 국가프로그램이 시행되었고, 자국상품 생산자의 활동을 적극 권장하였다.

한국 정부는 전통적으로 국가의 지속적인 발전을 보장하기 위해서는 경제추진 지렛대만을 사용하는 것이 부족하다고 여긴다. 그러므로 개별 사업이 국가적 목표와 과제에 부합하는지 여부에 대한 수뇌부의 개인적인 신념에 따라 많은 금지 조항이 허가가 발생할 수 있다.

· 환율의 조정과 제어는 대체로 한국의 점증하는 에너지 자원 수입 의존도에 달려 있다.

· 벨라루스에서는 거대 국영기업(정부가 통제지분을 가진 주식회사)이, 한국에서는 유사한 활동원칙을 가진 상공업 분야의 민영 기업('재벌')들이 양국 경제의 선도적 위치를 차지하고 있다.

비교 : 5개의 벨라루스 기업(〈벨라루스 금속〉, 〈민스크 자동차(Minsk Automobile Plant)〉, 〈민스크 트렉터(Minsk Tractor Works)〉, 〈벨라루스 자동차(BELAZ)〉, 〈아틀란타〉(냉장고 및 세탁기 생산)은 벨라루스 산업자원부 수출의 70%에 달하며, 한국의 30대 재벌기업은 GDP의 75%, 국가 총수출의 76%를 차지한다.

· KOTRA와 일련의 정부 조직들(대사관에서 경제부처의 위상을 지님)이 개별 국가의 경제상황에 대한 정보를 수집하고, 비즈니스 기업들 간의 직접적인 접촉에 도움을 주며, 상호 방문을 조직하며, 전자 데이터 은행(electronic data banks)을 유지 관리한다.

· 한국의 자유무역지대 —군산(1,234개의 기업), 마산(793), 대불(1,158)—의 잠재력을 이용할 수 있으며, 특히 벨라루스 장비를 공급할 전망이 있다. 모든 기업은 '원자재 및 수입기계에 대한 비과세' 혜택을 받기 때문이다.

· 벨라루스는 충분한 산업 잠재력과 준비된 인력, 과학기술 기반의 잠재력, 그리고 러시아와 유럽 시장에 동시에 접근할 수 있는 근접성이 있다.

· 대한민국의 전자정부는 높은 수준으로 발전되었으며 벨라루스 측은 정보화사회 발전전략의 범위 내에서 게임 산업을 포함한 전자기술 발전에 높은 관심을 가지고 있다.

· 양국은 모두 재생에너지를 포함한 에너지 부문의 발전에 높은 관심을 가지고 있다. 벨라루스에서 원자력 발전소는 국가 안보를 실질적으로 보장하는 대체불가의 요소이자 국가의 에너지보급에 위기상황을 방지하는 요소이다. 원자력 발전소는 총 2천 메가와트의 전력으로 에너지균형을 유지하여 국가 전체의 전력에너지 수급량의 25%를 담당하고 있으며 13%의 에너지 원가절감 효과를 가져오고 있다.

S. 시도르스키 벨라루스 총리는 민스크에서 손경식 대한상공회의소 회장과

만난 자리에서, "양국 간의 상품교역은 점차 증대되어 2008년 2억 달러를 달성했다. 그러나 이는 양국의 경제 잠재력과 양국이 이룰 수 있는 잠재력에 상응하지 않는다."라고 말했다.

시도르스키 총리는 "우리는 과학기술협력과 투자협력을 확대하고 교육과 스포츠 및 기타 분야에서 접촉을 확대하고 있다.", "한국과 벨라루스의 사업가들은 양국을 상호 방문하고 있으며, 수도인 서울과 민스크의 행정기관의 교류가 이루어지고 있으며 학문-과학기술 분야의 프로젝트를 적극 추진하고 있다."고 말했다.

S. 시도르스키 총리는 양측이 "이미 2007년에 자동차제조, 전자 및 금융분야에서 양국 경제의 상호 영향과 발전 전망을 논의한 바 있다. 그래서 오늘 이러한 협정을 논의하고 확실히 할 수 있게 된 것이다."라고 말했다.

한국대표단의 민스크 방문은 양국의 비즈니스협력이 더 높은 단계로 올라섰음을 입증해주었다. 벨라루스 총리가 한국의 기업가들을 초청한 자리에서, "당연히 양국 시장에서 상호 수출이 확대될 수 있다"고 말했다. 대표단에는 손경식 회장이 벨라루스와의 협력을 추진하고 있는 'CJ' 그룹도 있었다.

한편, 한국대표단 단장은 경제협력에 있어 벨라루스와 한국은 서로 보충적 관계에 있다는 사실에 동의하였다. 한국대표단 단장은 "우리는 경제협력 증진에 커다란 잠재력을 가지고 있다"고 강조했다.

대한상공회의소 회장은 비즈니스 활동을 위해 조성된 벨라루스의 여건이 매우 안전하며 좋은 조건이라고 높게 평가하였다. 손 회장은 "그 여건들은 양국 협력증대의 기회가 될 것"이라고 말했다.

손경식 회장은 "우리는 투자와 통상 분야에서 협력을 더욱 증대할 것이다."라고 말했다. 손회장은 벨라루스 방문에서 한국대표단은 "벨라루스 기술발전의 높은 잠재력을 확인했다"고 강조했다.

수출중심의 국가정책을 살펴볼 때 1990년대 중반까지의 대한민국과 현재의 벨라루스의 수출 방향은 공통된 특징을 가지고 있음을 지적해야 한다. 그것은 양국 사이의 연관성을 보여준다.

그러나 일련의 근본적 차이들도 지적해야 한다.[10)]

첫째, 산업 잠재력을 증대시키는 데 있어서 한국은 경쟁력 있는 산업 발전이라는 목적을 가지고 국채와 해외 크레디트를 폭넓게 이용하였다. 이때 매우 엄격한 제어방식이 취해졌다. 주변 환경 보호 차원에서 제품의 출고량, 생산성, 품질과 품종에 대한 엄격한 요구 조건들이 중앙에서 결정되었다. 이 조건의 엄격한 준수는 투자사업의 승인과 사업현실화의 허가를 위한 필수 조건이(수출량의 증대 과제와는 별도로) 되었다. 그러나 지나친 외자도입은 반대급부가 있다. 1980년대 한국은 대외 부채로 세계 4위를 차지하였다. 이 당시 벨라루스의 대외 부채는 그 규모가 매우 미비한 실정이었다.

둘째, 이 나라의 지도부는 우선순위 분야의 발전(한정된 시기에 있어)을 따르는 '성장거점'정책을 시행하면서 동시에 경제구조개혁을 시행하였다. 개혁은 비효율산업을 강제적으로 축소하는 방식을 통해 이루어졌다. 이로 인해 특정 사기업들은 파산에 이르렀다. 자본집약부문의 수출 성장이 모든 면에서 장려되는 동안 자신의 비교우위를 상실한 기업의 활동은 빈번히 저지되었다. 1970년대 초반 무역 및 산업자원부의 활동이 이를 증명하고 있다. 산업자원부는 기기, 원자재, 수출품생산, 재료의 수입에 대한 규칙 및 권장 목록들을 가지고 있었다. 그 목록에 따라 정부가 정하고, 주기적으로 심의되는 최소한도를 상회하는 가격으로 세계 시장에 제품을 출시할 수 있는 기업에게만 무관세 수입이 허용되었다. 그 밖에도 해외납품이 정해진 경우 몇몇 분야에서 기기 반입이 금지되기도 했다.

애초에 한국 상품의 수출은 일본과 미국 같은 경쟁력이 높은 포화 시장을 겨냥한 것임을 지적해야 한다. 그 시장으로의 침투 전략은 국가가 그 손실분을 배상한 것을 감안하면 빈번히 제로수익성을 면치 못했다. 시장 점유율의 의미는 단기 이익보다 훨씬 높은 평가를 받았다. 벨라루스의 수출상품은 선진 산업국의 소비자를 겨냥하고 있지 않으며 그 목표시장은 여전히 러시아와

---

10) Danil'chenko A., Petrovskaya L. 「'호랑이' 추격」. Belaruskayadumka, 2006, pp. 59-66.

CIS 국가들이다. 이때 과학집약적 상품의 비율은 상대적으로 높지 않다.

그 밖에도 한국에서는 상품생산자뿐만 아니라 정부로부터 특별전권을 부여받은 일반무역회사들(선두 재벌들과 밀접한 연관이 있는 회사들)도 수출전략 실현을 이행하였다. 천연 원자재 및 국가와 국민에게 필요한 여타 상품의 구매와 수입은 실질적으로 한국 정부의 독점 하에 이루어지고 있다.

마지막으로, 아시아의 경제 강국인 한국의 연간 수출 성장률은 전 세계적으로 높은 수준을 오랫동안 유지해왔다. 1965년부터 2000년까지 22.4%의 성장을 이루었으며 특히 성공적인 해에는 해외공급물량이 두 배로 늘어나기도 했다. 이러한 경향이 유지되고 있으며 앞으로도 지속될 것이다. 이 기간 동안 벨라루스에도 유사한 상황이 관찰되었다. 그러나 만일 한국에서 대외무역균형도가 원칙적으로 긍정적이었다면 벨라루스에서는 1998년부터 부정적이었다. 그러나 2011년에는 균형지표를 향한 꾸준한 추세가 목격되고 있다.

이때 한국식 경제성장 경험의 특수성은 경제 대책과 함께 개별 기업가에 대한 행정적 압박 시스템이 만들어졌다는 것이다. 그 압박 시스템은 그들로 하여금 정부 정책과 계획된 목표의 틀을 따르도록 만들었다. 기업 활동은 직접행동법(direct-action law)를 통해서 또는 암시적인 행정적 강제의 형식(신청 등록 거부, 은행대출갱신 거부 등)으로 조정되었다. '게임의 규칙'의 변경은 개별 기업들로 하여금 자회사 프로그램을 끊임없이 개조하도록 강요했기 때문에 불만이 야기되는 경우도 드물지 않았다. 그러나 이와 같은 전술은 긍정적인 결과를 가져왔다. 재정부는 어떤 사업이나 프로젝트가 국가의 목표와 과제에 부합하는지에 따라 합자기업의 설립이나 산업시설 건설을 위한 외자유치를 허가할 수도, 불허할 수도 있었다. 이와 함께 당사자의 권리와 의무는 어떠한 다른 해석, 부처별 지시사항, 여타의 관료주의적 왜곡도 허용되지 않는 직접행동법에 따라 엄격한 규제를 받았다.

양국의 수출주도형 모델을 비교할 때 강점과 약점들이 발견된다. 벨라루스의 강점은 주도적 수출 기업들이 국가 소유 혹은 혼합 소유로서 통제지분은 국가에 있다는 사실이다. 따라서 그러한 기업의 운영은 용이할 뿐더러 수출진

흥을 위한 내부자금 모집은 더욱 용이하다. 그러나 이것도 예산의 규모에 의해 제한을 받는다. 중앙은행과 함께 한국 정부의 공로는 이러한 목적을 위해 외채와 크레디트를 능숙하게 이용하였다는 점이다.

이와 함께 체르노빌 참사를 극복하기 위한 추가적 국가 지출이라는 무거운 짐에도 불구하고, 수출 산업뿐만 아니라 국가경제 전 영역의 조화로운 발전이라는 벨라루스 모델의 사회적 지향성을 지적해야 한다.

경제위기 이후 한국의 발전 경험을 고려한 벨라루스의 전망은 어떠한가? 벨라루스는 주도적인 수출 기업들에 대한 국가 지원을 최대한으로 하고 이러한 관점에서 전망이 있는 경제 부문들의 근본적 현대화를 도모해야 한다. 2011년-2015년 사회경제발전 프로그램은 이러한 목적 하에 조직되었다. 이때 전략적으로 외국 투자자뿐만 아니라 국내 개인 투자자들을 더욱 적극적으로 끌어들여야 하며 우선순위 부문과 산업의 발전을 위한 외채 및 크레디트도 고려할 수 있다. 해외 시장에 벨라루스 상품을 보다 효과적으로 진입시키기 위해서는 이미 보유하고 발전된 품목을 기초로 국외 유통망의 속도를 더 높일 필요가 있다.

한편, 벨라루스 기업들은 내수시장의 자유화와 향후 국내경제개방에 대비해야 한다. 2011년-2015년 국가 사회경제발전 프로그램은 2015년 외국 투자자들을 효과적으로 유치할 수 있는 선도 국가 30위 안에 벨라루스를 진입시킬 계획을 포함하고 있다. 투자 환경과 국가 이미지 향상이 그러한 결과의 단초가 되어야 한다.

결론적으로, 2009년 벨라루스 총리가 언급한 벨라루스와 한국의 현재 경제통상협력 수준이 양국의 경제적 잠재력을 제대로 실현하지 못하고 있다는 의견은 아직까지 유효하다.

벨라루스 공화국과 대한민국 간에는 다음과 같은 국제 협정이 체결되어 있다.

(벨라루스 공화국 대통령 산하 경영 아카데미와 한국국가경영연구소(KIPA) 간 협정(2010), 7개의 국가 간 협정과 17개의 부처 간 협정들. 25개 이상의 학술 부분의 양해각서 및 협정 제외)

1. 투자의 시행 및 상호 보장 협정(1997);
2. 이중과세 방지를 위한 정부 간 협정(2002, 2009년 개정);
3. 경제, 과학 및 기술 협력에 관한 정부 간 협정(2004);
4. 정부 간 통상 협정(2004);
5. 문화부문에서의 협력에 대한 정부 간 협정(2008);
6. 외교 및 관용(공식) 여권 소지자의 사증면제에 대한 정부 간 협정(2008);
7. 양국 영토 간, 그 경계 이외 지역에서의 항공에 대한 정부 간 협정(2008);
8. 양국 외교부 간 협의 의정서(1997);
9. 벨라루스 국립학술원과 대한민국 산업자원부 간의 협력 협정(2004);
10. 벨라루스 공화국 감사원과 대한민국 감사원 간의 협력 협정(2005);
11. 벨라루스 비상사태부와 대한민국 소방방재청 간의 협력 협정(2006);
12. 벨라루스 국가기술표준위원회와 대한민국 산업자원부 기술표준원 간 계측 인증 및 적합성 평가분야에서의 협력 협정(2007);
13. 벨라루스 민스크시와 대한민국 서울시 간 우호관계 및 협력에 관한 상호이해 양해각서(2008);
14. 벨라루스 모길료프시와 대한민국 포천시 간 자매관계 및 협력 협정(2005);
15. 벨라루스 상공회의소와 대한민국 상공회의소 간 확대 협력 협정(2007);
16. 벨라루스 상공회의소와 대한민국 KOTRA 간 협력 협정(2007);
17. 벨라루스 여성연합과 한국여성단체연합 간 협력 협정(2007);
18. 벨라루스 국가 과학기술위원회와 대한민국 산업자원부 간 협력 양해각서(2004);
19. 정보화 및 컴퓨터화 분야에서의 협력 및 상호 협조에 대한 벨라루스 국립 관세위원회와 한국 관세청 간 양해각서(2007);
20. 벨라루스 고등기술단지와 한국의 기술단지 '대덕 이노폴리스' 간 상호이해 및 협력 양해각서(2007);
21. 벨라루스 상공회의소 민스크 지점과 대한민국 경기도 중소기업청 간 협

력 양해각서(2007);

22. 벨라루스 상공회의소 민스크 지점과 SBC 한국 중소기업법인 간 협력 양해각서(2008).

23. 벨라루스 국립 과학기술위원회와 대한민국 교육과학기술부 간 협력 양해각서(2008);

24. 벨라루스 국립 학술원과 한국 과학기술원 간 상호이해 양해각서(2008);

25. 벨라루스의 중앙통신사(벨타)와 한국의 통신사(연합뉴스) 간 협력 협정(2009);

26. 양국 수도 민스크와 서울 간 협력 프로그램(2009).

마지막으로, 오늘날 널리 인정받은 벨라루스식 발전 모델의 현상을 지적해야 한다. 이 모델의 가장 큰 특징은 초 중앙집권적인 경제 · 사회 관리시스템에서 시장경제체제의 민주사회로의 이행을 전제로 하는 점진적인 발전 방식[11]이다. 고유한 국가 및 사회구조 시스템을 가진 서구(서유럽과 미국)식 발전 모델의 상당한 경제적 성과를 인정하지만, 벨라루스적 발전 노선은 경영 방식을 변화하는 과정이 고도의 관성력을 가지고 있음을 인정하고, 국민들의 심리를 이해하고, 뛰어난 전통의 유지가 중요하다는 것을 인식하는 것에서부터 시작한다. 벨라루스적 모델은 극단적인 빈부격차의 억제를 전제로 한다. 벨라루스 정부의 대외정치는 다차원적이다. 그 가운데 하나가 바로 벨라루스와 한국의 관계이다.

11) Rubinov A, 「벨라루스 모델: 현 단계 정치의 몇 가지 문제들」, Belaruskayadumka, 2010, pp.3-9.

참고문헌

Astapovskii V.E, 「민주선거 - 벨라루스 정치시스템의 근간. Problemy upravleniya」, 2010.

Danil'chenko A., Petrovskaya L, 「'호랑이' 추격」, Belaruskayadumka, 2006.

Rubinov A, 「벨라루스 모델: 현 단계 정치의 몇 가지 문제들」, Belaruskayadumka, 2010.

찾아보기

연구 책임자

서용석(한국행정연구원 사회통합연구부)

참여 연구진

김　혁(고려대학교 러시아・CIS연구소)
박상우(경희대학교)
성동기(인하대학교 국제관계연구소)
Ihar Ivanavich HANCHARONAK(벨라루스 행정아카데미)
(가나다 순)

집필진 약력(가나다 순)

■ **김 혁**

《현재소속》

고려대학교 러시아 · CIS연구소 연구교수

《학위》

고려대학교 노어학 박사

《주요 관심분야》

언어정책, 러시아-CIS지역

《대표저서 및 논문》

우크라이나의 이해(2009)

실증적 분석을 통한 중앙아시아 언어지위의 재구성 연구: 카자흐스탄, 우즈베키스탄을 중심으로(2010)

■ **박 상 우**

《현재소속》

경희대학교 겸임교수

《학위》

상트 페테르부르크대(SPbSU) 정치학 박사

《주요 관심분야》

국제관계이론과 현실, 러시아정치외교, 중앙아시아정치문화

《대표저서 및 논문》

국제관계이론과 구소련지역에서의 정치과정(2002)

러일전쟁 전후 한반도 및 동북아 정세 변화(2005)

■ **서 용 석**

《현재소속》

한국행정연구원 사회통합연구부 부장

《학위》

미국 하와이대학교 정치학 박사

《주요 관심분야》

미래전략, 사회변동, ODA(공적개발원조) 정책

《대표저서 및 논문》

황혜신 외, 한국의 미래모습과 정책과제, 한국행정연구원 미래 연구총서Ⅱ, 서울: 법문사(2009)

최호진 외, 미래 선진한국의 행정연구, 서울: 법문사(2008)

Yongseok Seo, "Age-Cohort Shift and Values Change: Futures for Democracy in Korea", in Futures and Democracy, Helsinki: Finland Parliament (2006)

Jim Dator, Dick Pratt and Yongseok Seo. Fairness, Globalization, and Public Institutions: East Asia and Beyond, Honolulu: University of Hawaii Press (2005)

Jim Dator and Yongseok Seo "Korea as the Wave of a Future: The Emerging Dream Society of Icons and Aesthetic Experience", The Korean Society, the United Kingdom (August, 2004)

■ **성 동 기**

《현재소속》

인하대학교 국제관계연구소 연구교수

《학위》

우즈베키스탄 과학아카데미 역사연구소 역사학 박사

《주요 관심분야》

중앙아시아 민족문제, 중앙아시아 국제관계, 중앙아시아 지역학

《대표저서 및 논문》

한국의 대(對)중앙아시아 협력 방안과 외교적 방향에 대한 고찰: '신아시아 외교 구상'의 개념을 중심으로(2011) 중앙아시아 개발독재의 패러독스?: 카자흐스탄과 우즈베키스탄 사례의 다면적 분석을 중심으로(2010)

■ **Ihar Ivanavich HANCHARONAK**

《현재소속》

벨라루스 대통령실 산하 행정아카데미 학술담당 부총장

1994. 벨라루스 국립대학 교수

《학위》

벨라루스 국립대학 물리학 박사

《주요 관심분야》

행정관리, 공무원 교육, 국제관계

《대표저서 및 논문》

Internationalisation in Belarus: The Post Soviet Era(2010)

Dakar Framework of Action in Belarus// Bulletin of UNESCO Chairs on Human Rights, Democracy, Peace and Tolerance (2002)

독립국가연합의 행정과 정책연구

2011년 12월 21일 초판인쇄
2011년 12월 31일 초판발행

편저자 서 용 석
발행인 이 명 재
발행처 **신 조 사**
서울특별시 마포구 염리동 161-5 201호
電 話 (02) 713-0402 FAX (02) 713-0403
登 錄 1994. 7. 4, 제17-179호(倫)
E-mail: sinjosa@sinjosa.co.kr http: //www.sinjosa.co.kr

편저자와 협의하에 인지첩부를 생략함

파본은 바꿔드립니다.

정 가 29,000 원
ISBN 978-89-92841-46-7